PHILOSOPHY
OF
XX-CHU

TOSHIHIKO MIURA

下半身の論理学

三浦俊彦

青土社

下半身の論理学　もくじ

下半身の論理学

・インターネット特有の概念をテーマとしているため、引用に呼応する形で、本文においてもネットスラングその他の俗語を用いることがある。
・性別を表わす名詞は、基本的に「男」「女」とし、「男性」「女性」は引用に関わる箇所か、集合や属性を表わす成句に限った。新聞記事では性付きを基本とし、容疑者や不審人物に限って性抜きで指示する慣例がある。一般の著述では、非難や親しみを仄めかす場合に性抜き表記が多く用いられる。本書では、暗黙の価値判断によって読者の印象を誘導することがないように、性付きと性抜きの使い分けを避けた。「男性」「女性」でなく「男」「女」で通す書き方が違和感を与えるかもしれないが、ご理解いただきたい。

序章　「隠れた意識」の自覚

一連の「STAP細胞」をめぐる騒動で、科学実験のデータ捏造や論文審査の杜撰さが明るみに出た。しかしそれ以上に、マスコミによる女性研究者のアイドル視、リケジョ・イメージの誇張などが、性差別意識の露呈として話題になったようだ。あの事件と並行して、都議会におけるセクハラヤジ（晩婚化対策について女性議員が質問していた最中に男声で「早く結婚した方がいいんじゃないか」「産めないのか」等）のような一悶着も発生した。そういった「性別に関わる問題」が浮上する中で、〈「眠っているときもあれば、表に顔を出すときもある」偏見〉に注目して性差別を論じる企画が朝日新聞で始まった。初回にはこんな声明が含まれている。

このシリーズを始めるにあたって、この「隠れた意識」に向き合いたい。それを自覚することが、誰もが生きやすい社会を実現する最初の一歩になるかもしれないと考えるからだ。（「女が生きる　男が生きる」二〇一四年七月九日朝刊一面）

隠れた意識の自覚。これは大切な**メタ意識**（意識を対象とする意識）であり、社会悪の摘出のためにも知的レベルの増進のためにも最も有効な態度と言える。

しかし、読者層が多岐にわたるためＮＧワードが多すぎる〈新聞〉という媒体では、「隠れた意識」を洗い出せるレベルには限界がありそうだ。新聞は社会的建前から逃れることが難しいだろう。建前と本音の関係を、個人レベルと社会レベルの両面で徹底的に追究するには、やはり〈書籍〉という媒体が適している。書籍にはＮＧワードはないし、読書という枠づけられた体験でこそ、公共化される前の私秘的な思考と向き合う余裕を個々の読者が持つことができるからだ。

そこでいきなりだが、次のクイズを考えていただこう。

問　男女が異性に求める属性はいろいろありますが、決め手となる属性として、男も女もそれぞれ建前と本音を持っています。男が女の本音を知っている度合いと、女が男の本音を知っている度合いは、どちらの方が大きいでしょうか？

「度合い」なんて比べられるわけないでしょ、と反発の声が聞こえてきそうだ。何が「本音」かなんて、どうやって調べるんだよ、と。

むろん、確実な正解を求めようと思ったら、「無理です」と答えざるをえないだろう。男女それぞれの中での個人差もあるし、「本音」とは何かという定義の揺れも関わってくるからだ。しかしそういう諦め方は敗北主義であり、非生産的だ。「最も正解らしいもの」を探り当てることができないわけではないのだから。

ではどうやればよいか。男と女の現実の振る舞いなどに関わるさまざまな問いに答えて、解答どうしの辻褄が合った最適システムを見つけるというやり方はどうか。

辻褄合わせを徹底させること——論理的整合性を探ること——によって、一見して白黒つけようのないさまざまな〈下半身系トピック〉を、互いの隠れた関連を解きほぐしながらできるかぎり解明していこう。これが本書のモチーフである。さまざまなトピックとはいえ、本気で解明を志せば自ずと〈一つの重要トピック〉を軸とした体系的考察になるのだが。

体系的考察。

そう、体系的考察に最も適した方法として、**「分析哲学」**の流儀を採用する。

「分析哲学」などとあえて宣言すると特殊な哲学のように感じるかもしれない。「分析哲学 analytic philosophy」という呼称は、二〇世紀初頭に、論理学の革命とともに一新された英語圏の哲学を指すのに使われ始めた。が、単に「論理的に分析してゆく（細かく考えてゆく）哲学」というほどの意味である。「学」すなわち学問が、論理的で（つまり感性やイデオロギーによって進めるのでなく）分析的なのは（つまり一挙に結論に飛躍しようとせずに一歩一歩明晰な論証を細かく分けて進めるのは）当然のことなので、「分析哲学」とは「最も学問らしい哲学」のことにすぎない。一九世紀以前にも、ソクラテス、デカルト、ヒューム、カントといった大哲学者たちが実践していたのは事実上紛れもなく分析哲学である。

だから「分析哲学」と宣言する必要はなくただ「哲学」と申告しても差し支えない。とはいえ、「哲学」の名のもとに、分析的でない多様な言説（多義的なレトリックを重ねることで連想を楽しむ文芸的「哲学」、始めに社会改革上の結論を設定してそれを説得的に提示することを目指す政治的「哲学」……等）が流通し歓迎されていることが現代の知的特徴なので、本書が単に「哲学」ではなく「分析哲学」の試みであることは一応明言しておくべきだろう。

つまり本書は、自己表現やプロパガンダではなく「学問的論述」の流儀にしたがって、男女の下半身問題の中核を「論理的に分析する」ことを目的とする。

狭義の分析哲学（二〇世紀以降の英語圏哲学の主流）は、倫理、政治、芸術、宗教など個人的価値観に関わる人生論分野をも幅広く研究対象としてきた。しかし恋愛やセクシュアリティの研究については見るべき成果を生んでいないようだ。それはたまたま分析哲学者の興味が性愛へと向かうことがなかっただけであって、分析哲学の手法が愛やセックスを論ずるのに不向きだということは全くない。哲学的分析にトピックごとの得手不得手の差はない。それを本書は実証するつもりである。

本書に出てくる個々のセンテンスは、卑近な下半身トピックを語る文がほとんどなので、学術的著作でよく扱われる種類の文とは異質に感じられるかもしれない。しかし、センテンスの形式や、センテンスどうしの関係、いくつかの段落が織り成す構造などは、分析哲学の議論で現われる種類のパターンをそっくりなぞっている。たとえば、概念の定義、論証形式の明示、場合分け、仮説への名づけ（◎◎説、△△主義……）、暫定的結論への賛否両論の提示、証拠の比較、仮説検定（対立する仮説のうちどれが正しそうかを根拠によって示す作業）等々。飛躍や誤魔化しがないように一歩一歩確かめながら進むスタイルということだ。一見遠回りなその種の分析的手続きの中で、下半身問題全般に意外な洞察が開けることが期待できるだろう。先ほど本書はプロパガンダを目的としないと述べたが、テーマの性質上、社会改革に繋がる一定の提案をしばしば掲げることにもなるだろう。

♥

さて、下半身だろうが上半身だろうが、男女問題の中核に位置するのは、「男女の相互理解」だ。そして相互理解を阻む最大の原因は、

〈男女が互いに理解し合う仕方、および理解の度合いに、隠れた格差があるということ〉

である。

「理解度の隠れた格差」こそが、真の相互理解を妨げ、各々の幸福度を下げかねない「真に厄介な男女不平等」を形成している。

「隠れた」というところが曲者だ。当の理解格差が必ずしも男女双方に意識されていないため、さらに格差が広がっていく。現代日本の社会はその格差増幅の真っ只中にあり、セクハラヤジの背景となった非婚化や少子化も、その「理解格差」の付随的効果にすぎない。異性間理解の格差の構造をすっきり意識できるように分析的議論を重ねてみようというのが、本書を貫く問題意識なのである。

そして、「分析による意識化」によって男と女の相互理解が少しは進展し、その少しの進展で幸福の量が激増するだろう（というより不幸の量が激減するだろう）というのが、著者が望み、信じていることである。

さて、冒頭に掲げたクイズに戻ろう。改めて「問1」とする。

問1 異性に求める属性について、男が女の本音を知っている度合いと、女が男の本音を知っている度合いは、どちらの方が大きいでしょうか？

言い換えれば、「男と女、異性の本音をわかっていないのはどっちの方？」

いかがだろう。

男女がお互いを理解している度合いには、ハッキリと格差があるのだ。さあどっち。

正解から先に言おう（その正解はもちろん分析的考察の末に辿り着くべき結論だが、その結論にすでに辿り着いた分析プロセスをこの序章では逆に辿っていくわけである）。

男が女の本音を理解している度合いより、女が男の本音を理解している度合いの方が、はるかに……小さい。

つまり、男が女の好みをわかっているほどには、女は男の好みというものをわかっていない。

言い換えれば、女が男を選ぶ基準に比べて、男が女を選ぶ基準の方が、選ばれる側にとってわかりにくい。あるいは、誤解されている。

え？ それが正解？ と思う人も多いだろう。

なんでそんなことが言えるのだと。

筆者よおまえが男だから、そう思い込んでいるだけではないのか、と。

男女間の先入観にありがちな、「うぬぼれ」と「被害妄想」のせいではないのかと。

つまり筆者よおまえは、うぬぼれて女をわかっているつもりになっているだけなのでは。そして、女からわかってもらえないという被害妄想に駆られているだけではないのか、と。

つまり主観的なうぬぼれと被害妄想（優越感と劣等感）を、全男性・全女性に投影しているだけじゃないのか、と。

ありがちな反論だ。実際この種の話題を試みたときに、私も投げかけられたことのある反論である。

しかしその反論は論理的でない。その反論は、議論やメンタルマジックでしばしば現われる「**エキボック**（どちらにもとれる理由づけ）」という詭弁だ。格好の分析的実例になっているので、さっそく本筋から外れるが、こだわっておこう。

その反論が論理的でないのは、一面的だからである。「筆者のうぬぼれと被害妄想」による偏見を疑うなら、次のような指摘になってもよかったはずだ。つまり、

筆者よおまえは男だから、うぬぼれて女によくわかってもらえているつもりなんじゃないか。（そして女なんか理解の対象じゃなくて行為の対象だからわからなくて大丈夫、とか思ってるんじゃないのか）。

筆者よおまえは男だから、男にゃ女がわからないという被害妄想に駆られているんじゃないのか。（そして女にすぐ見透かされてしまう、見破られてしまうという被害妄想に駆られているんじゃないのか）。

このような、先ほどとは真逆の解釈になってもいいはずだろう。つまり、私が問1について全く逆の答えを提示したとしても、同じ反論ができてしまうということだ。

これは反論としては失格だ。男である筆者のうぬぼれと被害妄想という主観的な要因では、先ほど私が――

A 女が男の好みをわかってる度合 ＞ 男が女の好みをわかってる度合

ではなく、

B 男が女の好みをわかってる度合 ＞ 女が男の好みをわかってる度合

という認識を提出した動機を暴いたことにはならないのだ。

「うぬぼれと被害妄想」が、Aの動機としてもBの動機としても通用してしまうなら、AでなくBが主張されたことの説明としてはあまりに大ざっぱすぎるのである。

うぬぼれ、被害妄想、男目線、その他、発言者の能力や性格や身元をあげつらうことで発言内容を否定しようとするやり方は**「人身攻撃による論証」**と呼ばれる。人身攻撃は、単にマナーとしてよくないという以前に、論理的に無力である場合が多い。今の例で見たように、人身攻撃は、特定の主張内容を否定できるだけの根拠になりえないのである。

結局、「うぬぼれと被害妄想」という説明原理は、どんなことを説明するためにも使えそうな曖昧な指針なので、役に立たない。「○○が起こったのは神の思し召しだからだ」といった説明と同じく、空疎であることがわかるだろう。

実際のところ私個人はどう感じているかというと、恋愛や性愛のあれこれの個別の場面では、鈍感な男にとって女の本音はわかりにくいと感じているし、ほとんどの女は男の本音を迷惑なくらい鋭く察してしまうものではないかと疑っている。私に被害妄想があるとしたら〈わかってもらえない系〉ではなく〈見破られてしまう系〉だ。

だから、私は個人的な感想や希望や怖れを述べているのではない。

個々の細かい事例ではなく、一般的な論理にもとづいた傾向を述べているのである。

「男が女の好みをわかっているほどには、女は男の好みというものをわかっていない」と判断すべき、合理的な根拠があるのだ。

とくに、具体的場面での駆け引きや洞察はともかくとして、一般的傾向として男性心理がどういうものであるかを、女は、呆れるほどに理解していない。そう判断すべき合理的な根拠があるのだ。個人的な思い込みとは別の、論理的な根拠である。

そこで本筋に戻って、第二のクイズ。

問2 「女が男を選ぶための本音の基準」を男がわかっているほどには、「男が女を選ぶための本音の基準」を女はわかっていません。なぜでしょうか？

いかがだろう。

「なぜか？」という問いはとらえどころがなく、答えづらいものだが、それは、理由（論理的な「なにゆえに」）を問われているのか、原因（物理的な「いかにして」）を問われているのかが曖昧だからである。ここでは、原因（物理的な「いかにして」）が問われているものと考えていただきたい。そちらの方が答えやすいので。

男より女の方が、相手の選択基準がわからなくなっている原因は何か？

そう。いちばん簡単に考えれば正解だ。

わかる機会が多いか少ないかの違いなのだ。つまり、「女は男に向かってしばしば本音を語るが、男が女の前で本音を語ることはめったにない」からである。

♥

え？　ほんとに？　と思う人も多いだろう。

なんでそんなことが言えるのだと。女だって隠し事が多いではないかと。

女の方が羞恥心が強いぶん、本音を隠しがちではないのか、と。

いやいや、個々の経験や出来事については女は男より隠し事が多かったりするかもしれないが、今は一般的な「好みの異性」の話をしている。どんな異性が望ましいかについて、女は本音を言いやすく、男は本音を言いづらい。そういう社会的かつ論理的な理由がちゃんとあるのだ。

そこで、次のクイズ。

問3　男が女に比べて、異性選びの自らの基準を本音で喋りづらい理由は？

いかがだろう。今度は「原因」ではなく「理由」が問われている。

言い換えれば、男が女に比べて、異性選びの自らの基準を語らずにいる動機は？

そう。これも答えは難しくない。人は一般に、自分が有利になることはしたがるが、不利になることはしたがらない。そういう一般原則にもとづいて考えればいい。つまり、男が異性選びの基準を本音で喋りづらいのは、「異性選びの基準について、女は本音を語ると有利になるが、男は本音を語ると不利になる」からだ。

しかしどうして？　と思う人も多いだろう。そこで、次のクイズ。

問4　異性選びの基準について、女は本音を語ると有利になり、男は本音を語ると不利になる、というときの「有利」「不利」とは、具体的にどういう利害のことでしょうか？

これも簡単に正解できるのではなかろうか。テーマが「異性選び」なのだから、そのことについての利害だと見当がつく。とすると？

そう。「女は、本音の望みを語ると（望みどおりの）男をゲットしやすくなるが、男は、本音の望みを語ると（望みどおりの）女をゲットしにくくなる」ということだ。

どうだろう……？　そろそろ全貌が見えてきただろうか？

その「ゲットしやすさ」のメカニズムを解明できさえすれば、男女の「異性理解度」の格差・非対称性の謎がいよいよ解けることになる。まだ完全に解けはしないまでも、解くためのルートが整備されたことになる。

このあたりでいい加減、「なんだか、まだるっこしい進み方だなあ！」と思った人もいるだろう。もっと一挙に進もうよと。しかしこのペースがまさに「分析的方法」の特徴なので、どうかお付き合いいただきたい。理由づけや含意関係を細かいステップに分けることによって、誤魔化しのないフェアな議論が保証されるし、万一誤謬が入り込んだときにどの部分に問題があったかを正確に診断できる見込みが高まるのだ。そして、途中で派生した周辺的話題に意識的になることによって、他の分野への同じ論証の応用可能性にも目を向けることができるようになる。

というわけで……、

問5　異性選びの基準について、女が男に本音をアピールすると望みどおりの男をゲットしやすくなるのに対し、男がそれをすると逆効果になる理由とは？

いかがだろう。

ヒント。問題文中の「をゲット」を「と結婚」と読んでみていただきたい。

実はこの答えも簡単なのだ。こんなことは誰でも知っている。正解は、そう――女にとっては、恋愛相手として望ましいタイプと、結婚相手として望ましいタイプがさほど食い違わないのに対し、男の観点からすると食い違いが甚だしい。

つまり、男にとっては、恋人として好ましい女が、結婚相手として好ましいとは限らない。多くの男にとって、恋愛と結婚では、むしろ正反対の属性を持つ女が好ましいのだ（バス、2000, pp.132-4）。だから、「男は、結婚相手に求める本音の望みを語ると、恋愛相手として望ましい女に引かれ、恋人をゲットしにくくなってしまう」のだ。

恋愛と結婚が比較的連続しており、同一基準で男選びをする傾向の強い女からすると、男のこの**「二重基準（ダブルスタンダード）」**は理解できない。かりに頭では理解したとしても、よほどしっかりした説明を受ける機会でもないことには、実感として納得することはできないだろう。

ニートのイケメンと安定高収入のフツメンがいて、同程度に親しい間柄の場合、どちらを選ぶか女に尋ねてみればいい。恋愛対象としても結婚対象としてもだいたい答えは決まっている。そして「男は経済力がなきゃ」と女が臆面もなく公言すればするほど、その女は有利になる。貧乏男が白けて去っていき、女の望まない恋愛や結婚を強いられる確率が減るのだから。

ところが男にとっては、好ましい女のタイプが恋愛対象と結婚対象とで矛盾するため、結婚での自らの好みを公言できないのだ。公言しようものなら、恋人にしたい女に嫌われてしまう。

結果、女の好みは男に知れわたるのに対し、男の好みは女から隠され続けるという「理解の格差」が定着する。

しかし、それは本当だろうか。次のクイズで一連の助走を完成させよう。

問6　「女にとって、恋愛相手と結婚相手とでは望ましいタイプがさほど食い違わず、男にとっては食い違いが甚だしい」——なぜそんなことが言えるのでしょうか？
　それが正しいと言えるための根拠を、巷の男女関係の傾向から、具体的に一つ挙げてみてください。

女も、排卵期とそれ以外のときとで「惹かれる男のタイプ」が異なる、という生理学的研究がある。したがって、女に「二重基準」がないなどとは言えない（このことには第2章で触れる）。しかし傾向として、男と女では二重基準の強さに明白な差異があるのだ。

それを証明する根拠はいろいろあるだろう。最もわかりやすい例を挙げると——

「やり逃げ」

という概念の流通だ。——「やり逃げ」または「やり捨て」。

これは考えてみれば不思議な概念ではなかろうか。

双方合意の上でセックスした後、女の方は交際が始まると期待していたのに、男にその気がまったくないと判明したとき「やり逃げ」が成立する。レイプがなされたわけでもないのに、なぜ「やり逃げ」などという犯罪めいた概念が成り立ちうるのだろうか？

やり逃げ被害者が男女半々であれば「そのつど個人の認識（愛の程度）にズレがあった」で説明がつく。

しかし逃げられる被害者は常に女である。男が「やり逃げされた」と苦情を述べることはまずない。このことは、単に個人間に認識のズレがあるというだけでなく、男女間に体系的な認識のズレがあることの証拠である。

「やり逃げ」を嘆く女はまことに多い。インターネットで「やり逃げ」「やり捨て」を検索すれば、「やり逃げされて、鬱状態です」「立ち直れません」「やり逃げ男に復讐したい」「法律的には泣き寝入りしろと言うんですか」等々重たいうらみつらみがどっさり出てくる。「愛が男の側になく女の側にだけあるセックス」が多すぎる、という事実がありありと読み取れるのだ。

妊娠したらもちろんのこと、たとえ妊娠しなかったとしても――つまり物理的被害を一切受けなかったとしても――女は「セックスしたあと付き合えなかった」ことを多かれ少なかれ被害と感じる傾向がある。女にとって男との親密な接触は妊娠と子育てを本能的に予感させるため、「セックスと恋愛」「恋愛と結婚」が生理的に結びつく。大多数の女は、いかなる短期的関係をも永続的関係の始まりとして捉える傾向が強いのだ。これは理屈でも統計でも裏づけられている（バス、2000, ミラー、2002, サーモン&サイモンズ、2004, フィッシャー、1993参照）。いかなる恋愛も女にとっては結婚のシミュレーションであり、コピーなのである。

対して男は、可能なかぎり女の流儀に合わせながらも、本能的に、セックスと恋愛は別ものと考える。恋愛と結婚も別ものと考える。セックスは体の関係。恋愛は心あるいは心身の関係。結婚は法的信頼関係。それぞれ全然違う関係と捉える。だから、セックスしたからといって付き合わなきゃならないってことはない。付き合ったからって結婚しなきゃならないってことはない。それが男の感覚である。

男は妊娠するわけではないし精子は無尽蔵なので、同時に別口の短期的関係を次々更新していった方が効率的なのは当然である。結婚の願望は、協力して我が子を無事育て上げたいと思うほど気に入った女が現われた場合にだけ生ずる。結婚相手は、カジュアルセックスの対象とは完全に区別されるのだ。男女の繁殖戦略はかくも正反対なのだ。認識の甚だしい食い違いが、女の側の「やり逃げされた」という一方的な被害申告となって世に流通するわけである。

♥

女は男に比べて、恋愛関係に入るとき「付き合おう」という明確な言葉による契約を欲しがる傾向があるが、これは男女の繁殖戦略の差異を示すもう一つの証拠と言えるだろう。長期的関係を結ぶ意思の確認を、女はたえず求めているのである。

もちろん、始めから一回限りと割り切って行きずりのセックスを楽しめる女はいるし、結婚するまでセックスしたくないという男もいる（女のさまざまな変異の具体例は大場、2014参照）。しかし、例外を指摘しても反論にはならない。理論的考察も実践的対策も、まずは一般論を立てないと前へ進めないからだ。男女間の性愛トラブルへの理解と対処は、明らかな男女間差異を認めないことには始まらない。差異を認めてその理由等を探究したあと、例外は別個に考察するのが手順である。

というわけで、女に比べて男には、セックスと恋愛は別、恋愛と結婚は別、という暗黙の基準があると言える。つまり正確には「二重基準（ダブルスタンダード）」というより「三重基準（トリプルスタンダード）」と言うべきかもしれない。

いや、男個人の中での価値の区別はもっと細かい。すべての女は（男の愛が深まる順に）ざっと次のように分類されている。これは私が多くの男に確認して検証した分類だ。

レベル1 付き合うのはもちろんセックスもNG（めったにいない）
レベル2 セックス歓迎、ただし付き合うのは御免（時間と手間をかけたくない女）
レベル3 セックスさせてくれるなら付き合う気あり（通俗的恋愛対象）
レベル4 セックスさせてくれなくても付き合う気あり（時間と手間が惜しくない女）
レベル5 この女なら結婚したい（めったに出会わない）

女としては、目の前の男にとって自分がどのレベルなのかを慎重に見極めねばならない。レベル4の女のうちごく一部がレベル5に該当するので、結婚したい女は、当の男にとって自分が少なくともレベル4に属するかどうかをまず確かめるのが重要課題となる。

どの男にとっても、大多数の女がレベル2に属する。レベル2がやり逃げ対象、レベル3がいわゆる「都合のいい女」（広義のやり逃げ対象……結婚話出されたらサヨナラ）と言えるだろう。男の価値観にこれほどのレベル差が存在するとは夢にも思わない女は、レベル差を確かめる用心深さも発揮しようがなく、「やり逃げ」に遭う確率が高いわけである。

レベル差の存在を察知している女であっても、意外と騙されやすい。かりに頭ではわかっているつもりの女も、情緒的に勘違いしてしまうのだ。「彼は他の男とは違う」といった恋愛特有の盲目的心理にも惑わされる。

さらに深刻なのは、「セックス」と「付き合う」の許容レベルが女では男の逆だということだ。一般に、異性と関係に入るさい、男にとっては「セックス」より「付き合う」の方が敷居が高いのに対して、女にとってはその逆なのである（サーモン&サイモンズ、2004, pp.70-5）。たとえば女にとってレベル3は「付き合ってくれるならセックスする気あり」と自然に読み替えられる。そのように自分の敷居構造を基準にして男の敷居構造を推し量ると、レベル2の女が自分はレベル4だと勘違いしたりしてしまうのだ。「セックスまでするくらいだから当然私と付き合いたいんでしょう」と。この勘違いもまた、やり逃げ被害が後を絶たない大きな原因になっている。

本書では、この五区分レベル表に対応した話題を適宜扱うことになるが、大筋ではここまで細かい区別は必要としない。なので、この五区分を念頭に置きつつもとりあえずレベル3と4の間にのみ明確な線引きをしよう。あるいはもう少し厳しく、レベル4の内部でのみ線引きをしよう。すなわち、「セックスのみorセックス寄りの恋愛」と「結婚寄りの恋愛or結婚」の二場面にのみ分けることにしよう。

つまり「セックスだけの関係、または体めあての軽い恋愛関係」と「結婚、または結婚を視野に入れた真剣な恋愛関係」という二つの場面をそれぞれ「恋愛」「結婚」と省略形で書くことにしよう。恋愛と結婚について「男の二重基準」があることを前提にこれから論じてゆくのである。

男は女よりも「恋愛」の相手と「結婚」の相手の選択基準を明確に分けているというのは、とにもかくにも事実である。男が女選びに用いる二重基準は、女にとって理解しがたいばかりか、たいていの女は二重基準の存在すら知らないのだ。あるいは、聞いたことはあっても、真面目に受け取ろうとしていない。

現代の電脳都市環境では、恋愛がますます容易になってきた。オフ会や出会い系で簡単に男女が仲良くなれる。いろいろな人との相性を試すことができる。その機会の多さに比例して、誤解が重なってゆくのである。

「これほど恋愛が増えているのに、どうして結婚が難しくなっているのだろうか？」というありがちな問いには、「恋愛が増えているがゆえに、結婚が難しくなってきた」と答えるべきなのだ。「のに」ではなく「ゆえに」だ。恋愛の増加に伴って、女が、恋愛についての男の本音に慣れ、当然視するようになり、その結果、結婚についての男の本音を誤解しやすくなってきたのである。

では、本題。

男が恋愛と結婚とで異性選びの基準を変える仕方は、具体的にどのようなものか？

恋愛で好まれる女と、結婚相手として好まれる女とは、具体的属性としてどういう違いがあるのか？

実は、男が女を二種類に分けて（「良妻賢母と娼婦」「淑女と遊女」「聖女と淫婦」など）異なる基準を当てはめる、というのは大昔から何度も言われてきたことであり（最近の言説ではたとえば上野、2010参照）周知の事実なのだが、この二一世紀の日本でそれがどのような二種類として登場してきているかは、よく考えないと案外難しいかもしれない。

とはいえ、今さっき提示された五区分レベル表を見直せば、正解は明白だろう。ただしそれは男自身にとっても「隠れた意識」に沈潜していることが多いのである。男女がともにこの系統の諸問題を自覚的に整理するためには、明確な言葉で体系化し、関連トピックとの論理関係を明らかにする「哲学的考察」に乗り出さねばならない。ここからは、本文にバトンタッチすることにしよう。

本文では、まず、男も女もますます結婚を望まなくなっているという現代日本の風潮――「非婚化」――の原因をひととおり探るところから議論を展開していくことにする。

第1章 ×♀厨の認識論 男女相互理解を問う

少子化は深刻な社会問題だとされている。少子化の原因は何か。

主に非婚化、つまり結婚しない人が増えていることだ。

一人の女が一生に産む子供の平均数を「合計特殊出生率」というが、理論上はこれが二を上回るかどうかで、人口が増えるか減るかが決まる。生殖年齢より若い人の死亡などを勘定に入れねばならないため、人口維持のためには実際は二より大きな合計特殊出生率が必要だ。日本では二・〇七を上回らないと人口減となる。この値を人口置換水準という。

日本では一九七四年以来ずっと、人口置換水準を合計特殊出生率が下回っているので（二〇〇五年に過去最低の一・二六、二〇一三年は一・四三）、少子化・人口減の問題はまさに深刻なのである。

ところで、合計特殊出生率は、有配偶率（結婚している人の率）と有配偶出生率（一夫婦当たりの出生率）によって決まる（もう一つ「非婚カップルに生まれる婚外子出生率」も影響するが、日本ではこれはきわめて少ないので普通は無視して考える）。

「産婦人科デビュー.com」の記事から引用しよう。

一九七〇年代までの合計特殊出生率の低下は、有配偶出生率と有配偶率の両方の低下が要因ですが、特に有配偶出生率（中略）の影響が大きいといわれています。一方、一九八〇年代以降は、有配偶者出生率は上昇したにもかかわらず、それを相殺して余りある程に有配偶率が大きく減少し、結果として合計特殊出生率が低下しています。したがって（中略）少子化の原因は何かを考えるなら、一九八〇年以降の少子化の要因は「有配偶率」の低下、つまり結婚率の低下であるという結論になります。(http://www.sanfujinka-debut.com/topics/birthrate/main05.htm)

厚生労働省の二〇一三年人口動態統計の年間推計では、図表1－1のようになっている。念のため、「婚姻率」とは、ある期間（図表1－1では一年ごと）にどれほどの結婚がなされたかという尺度であり、「全婚姻数を総人口で割った値」のことだ。

さて、学術用語ばかり並べて申し訳ないが、もう一つ。「生涯未婚率」という概念がある。五〇歳の時点で未婚である人の比率のことだ。五〇歳で未婚である人は、生涯独身である可能性が高いわけで、まあ妥当な定義と言えるだろう。

七〇歳とか九〇歳とか、もっと高い年齢時での未婚者の比率をとった方が正確ではないかと思われるかもしれないが、そうすると結婚経験の有無が死亡率の違いに影響してくるかもしれず、正確な「生涯未婚の率」が算出できない。では年齢にかかわらず死亡時点で統計をとればどうかというと、それだと別々の世代が混じり合うので、趨勢を知るための意味ある数字が得られなくなる。結局、五〇歳時点で

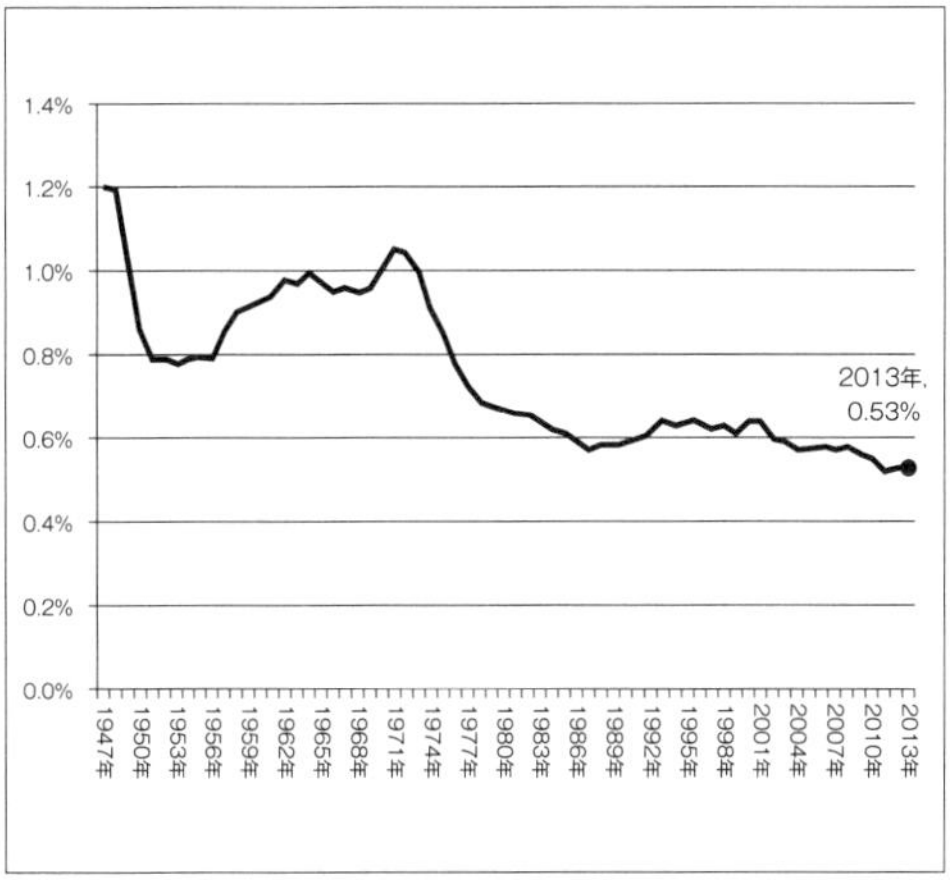

図表 1-1　戦後の婚姻率（2013 年は概算値）Garbage NEWS.com（http://www.garbagenews.net/archives/2013777.html）より改変して引用

の未婚率というのは、「生涯未婚率」の定義として穏当と言えるだろう。

で、二〇一〇年の国勢調査によると、その時点での生涯未婚率は、男二〇・一四パーセント、女一〇・六一パーセントだったという。

結構高い比率、と言えるのではないか？　男の五人に一人が、生涯独身なのだ！

この数字と、過去の推移をもとに予測すると、二〇一〇年現在二〇歳前後の人々が五〇歳になる頃には、男三五・四パーセント、女二七パーセントほどが未婚のままであろう、と推測されている。

なんだかすごい比率だ……。

では、非婚化の原因は何なのか？

そもそも結婚そのものが、経済的要請により国策で義務づけられた不自然なシステムであり、日本の文化に根差したシステムではなかったとも言われる（森永、1997, pp.13-4）。戦後の「結婚の市場化（自由化）」により、結婚へのプレッシャーがなくなった当然の結果が非婚化にすぎないのだと。これを**「結婚自由化説」**と呼ぼう。

一定の世界観を主張する立場が学説名を持たない場合、急ごしらえの学説名を付けて思考を整理しやすくするのは、分析哲学の常套手段である。場合によっては、現実には主張者が一人もいないと思われる架空の理論(可能性として主張できるだけの理論)に対しても便宜的に名前を付けて、諸学説間の関係を検討するための触媒として使ったりする。他の論文で引用されることが重なって学説名が定着すると、学界での議論がさらにスムーズに進むようになり、学問が進歩した一つのしるしとなる。急ごしらえではあっても、学説名の提示は重要な作業なのである。そういった理由で、本書では今後、学説名をどんどんこしらえてゆくことにする。「勝手に名前つけられても……」と閉口するかもしれないが、分析哲学的議論の実践サンプルとして、ご理解いただきたい。

さて、結婚自由化説は、「自由」というベースにおいて非婚化が「進む」方向に向かう理由を積極的に説明していない。たとえば、①結婚したくてもできない人が多い現状、②離婚・再婚が受容されやすくなり結婚に重々しい覚悟が要らなくなってきた風潮、という二点を考えると、「プレッシャーの解除」だけでは非婚化の説明がつかないのだ。結婚自由化説は、もっと具体的な説のための単なる前提にすぎないと言える。自由にさせると、どうして人は結婚せずにいる率が高まるのだろうか?

単純に考えると、結婚に魅力がなくなってきたからだろう。結婚したくてもできない人も増えたかもしれないが、それ以上に、「結婚したいと思わない」男女が増えたのが非婚化の最大原因であるらしい。独身者を対象としたどの調査を見ても(国立社会保障・人口問題研究所の「出生動向基本調査」など)、「結婚しない理由」のダントツトップは「適当な相手にめぐり会わない」で、「資金不足」「住居がない」などの物理的理由を大きく引き離している。

つまり、「結婚できないといっても、心理的にできないだけ」ということである。

ではその心理とは？

よく言われるのが、例の「女性の社会進出」だ。

妊娠、子育てのための便宜が図られていないから、働きたい女が子どもを産みたがらなくなっていると。なるほど、子どもを産まないなら結婚は必要ない。

より具体的にはこういうことだ。女の意識が進んで外向きになっており、ガンガン働いてキャリアアップを目指すようになっている。その動向に反し、男の意識は保守的で、「女は内、男は外」の意識が抜けず、家事や子育てを手伝おうとしない。女の方にばかり家事の負担がかかる。そこで、子どものほしい女が結婚を躊躇うようになってきた。

……とまあ、そんなことがよく言われる非婚化の原因である。

これを**「共同参画説」**と呼ぼう。

さて、共同参画説は正しいのだろうか。

社会学者の調査では、どうも正しくないらしい（山田、2007, pp. 8-14)。女が「働きたいと思っている」というのは都市伝説で、実際は因果関係が逆だという。「働きたいから結婚しない」ではなく、「結婚できないから働く」の方が実態に近いのだと。婚活業界でも、「私は家事が得意ですので」「子育て大いにやりますんで」とアピールする男の人気は最低レベルであるらしい。子育てや家事に協力的な優しい夫というのは、どうも魅力に欠けるようなのだ。女は未だに、バリバリ働く男を配偶者として求めており、女自身の職業のうち一番人気は、依然として専業主婦なのだという（女子大の私の教室で行なったアンケートでも、「結婚したら仕事を辞める」「子どもが産まれたら仕事を辞める」が合わせて過半数を占めた）。

でありながら、経済が低迷しているために、女の目から見て自分の父親以上の経済力を持てそうな男の数が減っており、男の魅力が激減している。そこで女の結婚意欲が薄らいでいるのだ、と。

なるほど。女は働きたくて働いているわけではなく、結婚相手として魅力的な男がいないために仕方なく働いているにすぎない、というわけだ。非婚化の主因はズバリ、「男が不甲斐なくなった」からだ、と。

不甲斐ないというのは、男の精神力や積極性が昔に比べ衰えたというより、経済状況の結果にすぎない。とはいえ、現在の女の本能的選別眼から見た現在の男たちは、高度経済成長期の女たちから見た当時の男たちに比べて、はるかに魅力に乏しい不甲斐ない男たちなのである。

なるほど、わかりやすい説だ。

これを**「経済低迷説」**と呼ぼう。

女が結婚相手として求めるのは「収入の高い男」あるいは少なくとも「安定した収入のある男」だが、それが稀少な存在に思われてきたので、なかなか結婚に踏み切れない、という理論だ。

女の本音が「働くよりも家庭で子どもと平穏に」だというのが本当だとすれば（専業主婦を夢見る適齢期女性が未だに多いことはいわば公然の秘密であるわけだが）、そうだとすれば、共同参画説よりも経済低迷説の方にはるかに信憑性が感じられるだろう。

しかし、経済低迷説もまだ甘いかもしれない。非婚化の核心を突いているとはどうも言えそうにない。

少なくとも、非婚化の原因の約半分、いやもしかするとそれ以上を占める重要原因が見落とされているからだ。

その重要原因とは何か？

「共同参画説」も「経済低迷説」も、女から見て「適格な結婚相手」が減った、という見方だった。「共同参画説」では男が相変わらず働きすぎるから。「経済低迷説」では男の稼ぎが低すぎるから。正反対の理由にもとづいていながら、両説とも、原因は男にある、あるいは「女にとって男の配偶者適性が下がっている」という点で一致していた。

では、男から見た女の「配偶者適性」は下がっていないのだろうか。

結婚意欲が減退しているのはひたすら女の方で、男には結婚願望があるのに女に相手にされなくなっている、という風潮が非婚化をもたらしているのだろうか。

実は、女に劣らず男の結婚意欲が減退している、という有力な根拠があるのだ。

むしろ、女が依然として結婚したがっているのに対し、男が乗り気でなくなっている、というのが実情に近い。女に結婚相手としての魅力を感じなくなってきているらしいのだ、多くの男が。

女にとって魅力的な結婚相手が「稼ぎのいい男」であるとしたら、男にとって魅力的な結婚相手とはどんな女なのだろうか。

美人だろうか。可愛い女だろうか。優しい女だろうか。健康な女だろうか。従順な女だろうか。進んで外で働く女だろうか。家事のできる機能的な女だろうか。

そういう要因は、「強い男」「頼りがいのある男」などというのと同じく、感受性の違いによって判定・評価の個人差が大きい。「美人度」はかなり生理学的・客観的に計れるらしいが、男はさまざまなフェチ傾向を示すので好みが美醜を直接反映するとは言いがたい。「年収の高い男」というのと同じくらい、誰が判定しても好みが一致する客観的な性質が何かあるはずだ。

はっきりとした客観的性質。

魅力というより、最低条件を探った方がわかりやすいだろう。「こういう女でなきゃだめ」という、男側の譲れない条件。

♥

一つ思い浮かぶだろう。どの文化圏でも伝統的に最も重んじられてきた条件が。

「貞淑な女」という性質だ。

生まれてくる子どもが自分の子かどうか確信を持つのが難しい夫としては、妻が夫に求めるよりもずっと強く、妻に対して貞淑を求める。女の配偶者選択の基準として〈稼いでくれるかどうか〉があるように、男の配偶者選択の傾向としては〈浮気をしないかどうか〉がある。アメリカ人男性を対象とした調査で、パートナーの資質として六七項目を示して評価させたところ、貞節及び身持ちの固さが最も望ましい資質、貞操観念の欠如は最も望ましくない資質と見なされた（バス、2000, p.118-9）。この傾向はどの文化圏でも同じだという。

しかし「貞淑」は長期的な生活の中での行動傾向を表わす性質なので、ただちに見て取ることはできない。認定が曖昧である。この曖昧な「貞淑」という性質を客観的・物理的に計ることのできる指標があれば、その属性を持つ女こそが「男が本音で欲しがる結婚相手」ということになる。

貞淑さの指標・証拠となる物理的・身体的属性とは？

簡単にセックスしない気質・体質の表われが何かあればよいのだが……。

「貞淑」という単語の道徳的ニュアンスに囚われると、難解になってしまう。本書では、「貞淑」「貞操」「貞節」を広い意味で使うこととする。つまり、精神的・道徳的な意味だけでなく単なる生理的な意味も含むものとする。不必要なセックスを悪と考える倫理観を持つかどうかにかかわらず、「そう簡単にセックスしたくならない女」であれば「貞淑な女」「貞操観念のある女」に含むこととするのだ。ただ潔癖なだけ、性欲が弱いだけ、セックスが怖いだけ等のいわば「天然貞淑」も貞淑のうち、ということである。

「簡単にセックスしたくならない」という性質を客観的に示すのは、なんといっても「結婚前に男に体を許していないかどうか」である。これは1か0かで計れる客観的な属性だ。

そう。端的に言うと、結婚市場で人気がある、というより最低条件として固執されてきたのは、「年収の高い男」と「処女」なのである。

処女。

本当だろうか？

小倉千加子は『結婚の条件』で次のように述べている（小倉、2007, p.32）。「大学生を対象にアンケートを取ると、女性が男性に求める最大の条件は「経済力」であり、男性が、容易には口にしないが本音のところで固執しているのは「美人」であることである。結婚とは「カネ」と「カオ」の交換であり、女性は自分の「カオ」を棚に上げて「カネ」を求め、男性は自分の「カネ」を棚に上げて「カオ」を求めている。誰かが本当のことを教えてやらねばならない」。

この認識は甘すぎる。男が美人好きなどということは一応知れ渡っていて、「本音」と呼ぶに値しない。しかも「美人」を男が求めるとしてもそれは贅沢な恋愛においてであって、結婚相手ならたとえば「若さ」の方がはるかに重要である。どんな美人でも四十過ぎでは並の二十歳に太刀打ちできない。そして「若さ」の価値の本質は「処女性」との相関関係だ。

というわけで、処女。

……この話題はなぜかタブーである。炎上のもとである。

「童貞」についてはあれこれ面白おかしく語られるのに対し、「処女」についてはみな口をつぐむ。なぜ「処女」がNGワードになるのかは後で解明するとして、なぜ処女が男のこだわりの対象となってきたかを手短かに説明しておこう。

♥

序章の終わりで触れたように、歴史上、男が女を「聖母系と娼婦系」の両極に区別してダブルスタンダードを当てはめてきたことはよく知られている。この二重性は、家庭の安定と性的快楽とが必ずしも両立しないゆえの自然な男性的帰結であり、社会的一夫一妻制と性的多夫多妻乱婚志向との妥協の産物であった。そして、聖母系は上層階級、娼婦系は下層階級の女と相場が決まっていた。

ところが現代日本では、社会の民主化も成熟して、階級の差などは見えないものになってきた。誰もが同じレベルの身なりをし、同じ大学の同じ教室で深窓の令嬢とデリヘル嬢が混じって講義を受けている社会である。男が女を二種に分けて理性と情欲のバランスをとろうにも二種の見分けがつかない。生活スタイルで区分するなら、「真面目で彼氏もいそうにないお嬢さんたち（一部のオタク女子を含む）」と「チャラ男どもとつるんでいるギャルたち（一部の体育会系女子を含む）」との見分けがつくくらいである。

その区別を象徴するレッテルとして、「処女」と「非処女」が選ばれた。外見で処女と非処女が確実に見分けられるわけではないが、黒髪のハーフアップなら確率的に処女でしょ、茶髪にピアスならまあ非処女でしょ、と強引に区別してしまう。それほどに男のダブルスタンダードは伝統的区分を暗黙に必要としているということだ。古き「淑女vs.遊女」の戦略的区別の現代的通俗版が、「処女vs.非処女」なのである（この区別は女も自発的に鋭く内面化している傾向があって、たとえばアキバ系女子とシブヤ系女子との相互の偏見と敵意は根深いものがある）。

個人間のこのコントラストは、適齢期に至って、個人内の葛藤へと転化する。

恋愛のときは、彼氏の年収をさほど気にせずロマンス優先だった女も、結婚となると急に条件が厳しくなり、「その年で年収四〇〇万じゃちょっと……」などと二の足を踏む。男も同じで、恋愛の相手としては（遊びでなく真面目な恋愛でも）彼女の男遍歴なんてあまり気にならなかった男でも、結婚となるとたんに条件が厳しくなり、元彼とどんな関係だったかを気にし始めるのである。

オスカー・ワイルドの有名な箴言――「男は女の最初の恋人でありたいと願う。女は男の最後の恋人でありたいと願う」。――この言葉で、男の願いがオチでなくマクラに置かれているのは、「そんなことは当たり前」だからだ。

となると、フリーセックス時代の波とともに何が起こったか。そう、「魅力的な妻候補」が激減した。そして男の結婚モチベーションが下がったのだ。経済低迷の結果として「魅力的な夫候補」が減り、女の結婚モチベーションが下がったのとまったくパラレルに。

しかし……？

「恋愛は女が主導権を握り、結婚は男が主導権を握る」という恋愛心理学の格言（？）がある（齊藤、2009, p.126）。男は本命の女の他に、多くの女に同時に欲情する傾向がある（序章の五区分レベル表参照）。そこで女は、彼氏にとって自分が本命であることを確信できるまでは、セックスという報酬を与えない。肉体関係なしの愛情交換の儀式を延々と続けさせて焦らす。男がこれに耐えて付き合い続けられるなら、合格である。セックスは誠実さを証明できた男へのご褒美だ。

最も戦略的な女は「結婚まではセックスさせない」という態度に出る（レベル5の女に対してなら男はいくらでもセックスを我慢できるので、この戦略は正解である）。男は逆に、あれこれ女の機嫌をとって、結婚の責任を伴わないセックスへ持ち込もうとする。この駆け引きが恋愛なのだが、売り手の女の方が優位であるのは当然だ。性欲の切迫度の格差が女に有利に働く。「女に自発的な性欲はない」と断定する与謝野晶子の証言（与謝野、1915, 1916）等を参考にするまでもなく、異性に対するときの女の余裕は男の比ではない。よって、男を性的欲求不満にとどめておくことが女の武器になるのだ（ハキム（2012）にならって「**エロティック・キャピタル**（性的資源）の有効利用」と呼ぼう）。

手を繋いだり抱擁したりキスしたりいちゃいちゃしたりするくらいで深い満足が得られる大多数の女は、概して男より取引上強い立場にいる。「やれそうでやれない状態」を引き延ばして、男のセックス衝動を生殺し状態にとどめおくことができる。男は射精を伴うセックスに応じてもらいたいあまり、妥協して女の希望にできるだけ合わせる。いっしょにディズニーランドに行ったり誕生日やらクリスマスやらのプレゼント交換をしたりメールを一日に何通も交わしたり、気の進まない儀式にもせっせと応じる（そしてそういったことが楽しく感じられるまでに教育されていく）。恋愛は女によるエロティック・キャピタルの活用であり、男にとって試練なのである。

女が自らの性欲に関する自己決定権を持ち、男に対して権力を行使する。この戦略を、赤川学は「性的縮小均衡戦略」と呼んでいる（赤川、1999, p.312. 平塚らいてうら日本の第一波フェミニストは、この線で男の性的放縦を抑止しようとしたという）。

ところが、恋愛が「誰もがするトレンド」になってくると、彼氏がいないことが女どうしの間で大いなるコンプレックスになる。そこで男に愛想を尽かされないよう、女も男の歓心を買う行動に出るようになるのだ。

女にとって最も簡単な「彼氏つなぎとめ法」は、セックスに応じる敷居を低くすることである。しかしそうなると、恋愛はもはや男にとって試練ではなくなる。単なる快楽となってしまう。恋愛が男にとって好都合な快楽であるならば、誠実な男も不誠実な男も難なく恋愛に耐えられることになり、誠実さテストとして恋愛は機能しなくなる。序章で見た五区分レベル表のレベル3とレベル4の違いが男の態度に反映されなくなり、女が評価権・主導権を放棄したも同然となってしまうのである。

本来、結婚という目標のために恋愛で男を試していたはずの女が、自由恋愛の名のもとに、男の肉体的本音に従属し始めたのだ。恋愛の自由化が、恋愛から駆け引きの自由を奪ったというのは皮肉である。

フリーセックスは、見かけ上、女の性的権利の実現のように捉えられやすい。男女同等な性の解放のように人々の目には映る（赤川学の言う「性的拡大均衡の戦略」。赤川、1999, p.416）。

女が自らの性欲に忠実にセックスに乗り出しているのなら、そのとおりだろう。しかし性欲を司る男性ホルモンの分泌のピークは、男で一八〜一九歳、女で四〇代くらいというズレを考えると、若い男女の大多数が本当に互いの自由意思によりセックスをしているのかどうかは改めて疑問の余地がある。セックスカウンセリングや意識調査を手がけている産婦人科医は次のように述べる。「たとえば同じ二〇歳の男女が出会い、恋愛関係を育んだとすると、普通は男性のほうがやたらとセックスをしたがり、女性は嫌われたくないためにイヤイヤそれに応じる、という構図になります」（北村、2011, p.111. 医師はだいたいこの認識で一致している。他の産婦人科医の臨床観察も後に参照する）。つまり、女が自分の意思を通せば、恋愛関係は男の性欲をコントロールする形で進行する率が高いはずである。

換言すれば、婚前セックス率の推移を見れば、大ざっぱに、未婚カップルにおける男女の力関係の変動を観測できるということだ。

「付き合って二ヶ月になるのに二回しかセックスがない未婚カップル」をセックスレスとして問題視しているルポもある（杉浦、2011, pp.98-105）。こうした「付き合ったらセックスするのが当たり前」という週刊誌的風潮は、完全に男性中心的イデオロギーにもとづいていると言えよう。

迎合ぶりがマゾヒズムの域に達している女も少なくない。「彼氏の歓心を買うためにセックス」どころか「彼氏に嫌われたくないので『ゴムを付けて』と言い出せない」女が驚くほど多いのだ（私は個人的にそうしたケースをいくつも見聞きしているし、臨床例としては河野（1999）を参照していただきたい）。「言い出せない女」の中には自らの隷従状態に耐えかねる者もおり、〈嫌われたくないvs.避妊しなきゃ〉のジレンマを友だちに相談することになる。彼氏とでなく友だちと押し問答しているうちに妊娠の不安や性感染症などをひととおり経験して、それでも恋愛トレンドから脱落することを恐れて女たちは男の歓心を買い続ける。

実質的にデートレイプそのものなのだが、女に「不安感」はあっても「被害者意識」はない（ラディカルフェミニストの極論「すべてのセックスはレイプである」も、「合意」に内在する暴力性を指摘した点で真実味がある。ドウォーキン、1990, 田村、2009参照）。セックスお預けの恋愛こそ長続きする、という事実に女たちは気づかず、性の見返りにちやほやされることで「愛された」と思い込む。

♥

以上は恋愛の内部の話だが、恋愛の外部でも、女の「性的自由」が喧伝されるようになってきた。「彼氏でなくても好きな人とならやってもいいじゃん」という進歩的性愛観、すなわち一切の安定的関係と無関係と思われる場でも女の性的自由が発揮されるありさまが注目されるようになった。

さらに、結婚・恋愛どころか、好意そのものとも無関係な「女の性的自由」が報道されるようになったのも大きい。

九〇年代には援助交際ブームにより女子高生の実態が知られ始めた。各種調査でも高校生のセックス経験率は女子が男子を上回るようになった。男女同等どころか、同年齢で比べると女の方が性的冒険のはるか先を走っているというのが常識となったのである。一〇代後半のクラミジア感染者数は女子が男子の三倍以上であり（厚生労働省・感染症発生動向調査二〇一二年四月定点報告）、性交経験ある女子高生の感染率は日本が一三パーセント超で先進国中断トツ（今井、2007）。日本の男にとって、身近な女が得体の知れない存在になってきた。恋人や女友だちの素性を信じることができなくなったのである。

女は、「安定した家庭を協力して作るパートナー」とは程遠い存在になってきたのだ。もともと一人に束縛される結婚制度に乗り気でない男の本能が、ますます結婚を忌避するようになるのは当然だろう。そもそも男が本能的性的自由を放棄する覚悟があったのは、「容赦ない一夫多妻的競争を勝ち抜く義務から解放されて貞淑な妻が少なくとも一人確保できる」という最低条件を当てにしてのことだった。肝心の「女の貞淑さ」が恋愛の内外で崩れ始めているとなると、結婚への男の動機など限りなくゼロに近づいてゆく。

「不甲斐ない男」が増えたから女が結婚を躊躇うようになったのと同時に、「ふしだらな女」が増えたために男が結婚を控えるようになった、というわけだ。

これを**「貞操低減説」**と呼ぼう。

ふむ、いい考えかも。……私は、この説を独自に思いついたつもりでいた。

恋愛とセックスの関係を述べた恋愛観そのものとしてはわりと普通の考えだとはいえ、それを少子化の原因と結びつけるのは聞き慣れない見解だろう。だが、この説を唱えたのは私が初めてではなかった。

私よりずっと前、数年前から、インターネットではあちこちで、あっさりとこの見方が提示されていた。リアル世界では新説となるべき考えが、ネットでは当たり前のように呟かれていたのである（電子ネット世界に対して物理的な世界を「リアル世界」と呼ぶことにしよう）。

「非婚化 原因 非処女」で検索すれば、2ちゃんねる、Yahoo! 知恵袋、発言小町、増田（はてな匿名ダイアリー）その他、次のような言説があちこちに見られる。

2ちゃんねる　男性論女性論板▽非婚、晩婚化が進んだ最大の原因
1　名無しさん　投稿日：2009/03/17 21:29:53
非婚、晩婚化が進んだ最大の原因は貞操観念が低下した事が最大の原因でしょ？

マスコミはこの事を言わないがみんな本能的に分かっているはず。

そりゃ、普通は他の男に抱かれた女なんて遊ぶのはいいが、養いたくはないよな。

自分の子供に
「お前のお母さんはお父さん以外の男ともSEXした事あるんだよ」

と言えますか？

（http://desktop2ch.tv/gender/1237292993/　まとめサイト）


ミルクカフェ▽非処女と結婚してはいけない
1　名前：名無しさん［2007/03/10（土）16:47］
君らは社会的な受験生存競争に勝利し、高級官僚・医師・弁護士
ならびに一流企業の社員となるような特別な人材だ
しかしこの国ではこれほどのエリートでも若くて綺麗な処女と結婚できるのは一握りだけ

ほとんどの男は他人の使い古した女と結婚することになるがほんとにそんな女を一生愛せるのか？
ここで少し考えて欲しい
女なんて25を過ぎるとあとは加速度的に劣化していく
君らが必死で勉強していた10代の頃に女どもは一番美しい時期の肉体と処女を
ろくに勉強もせず女にもてようと必死な低学歴の遊び人やチャラ男に捧げる
そして一通りの遊びやロマンスを経験した女は容姿の衰え始める20代の半ばで今度は
経済力のある勝ち組みの男やエリートに永久寄生をしようと結婚する
君らのようなエリートは低学歴の尻拭いをさせられているようなもんだ
それが嫌なら20歳を過ぎて劣化していくだけの中古女とは絶対に結婚をするなよ
美人というだけで安易に妥協するぐらいなら一生独身の方がマシだ
金さえあれば遊ぶ女には不自由しないからな
この国から処女が消えたせめてもの抗議として結婚せずにこの国の少子化を少しでも進めてやれ
(http://kako.milkcafe.net/daigakunikki/1173512877)

いかがだろう？

リアル世界では、酒の席でも、男だけの席であっても顰蹙を買いそうな発言だが……。

非処女を「中古」と呼ぶ「モノ化発言」は聞くに堪えないという読者も多いだろう。が、男を「肉ＡＴＭ」と呼ぶ女（あるいはセックスレス妻に対する「俺はＡＴＭじゃない」発言）もネットに氾濫しているので、お互い様かもしれない。ネット特有のお下劣表現として寛容に受け止めるのが望ましいだろう（お互い常に口を慎む平等よりも言いたい放題を許し合う平等の方が安定した平等ゆえ）。

というわけで、リアル世界での暗黙の自主規制はどこへやら、少子化原因としての「貞操低減説」は、ネットではかなり前から常識だったのだ。インターネット恐るべし。

さてそこでどうなのだろう、諸説を比較して。

「共同参画説」は、頭で判断したときの結婚の得失に関わっている。女が、「結婚しないで一人で働いた方がラク」と考えた結果が非婚化、という見方だ。

それに対し、「経済低迷説」と「貞操低減説」は、「どんな異性に魅力を感じるか」という、意識や建前ではどうにも変えられない本能的感性的な事情に関わっている。

知性のレベルでいかに男女平等のお題目が唱えられても、「こういう人を好きになれ」「こういう人を好きになるな」と個々人に命ずるわけにはいかない。個人の打算ではなく好みが、非婚化・少子化といった形で社会に反映してくる。「経済低迷説」も「貞操低減説」も、社会改革の盲点を突いている。

しかし「経済低迷説」と「貞操低減説」の意義は同等ではない。「経済低迷説」はマクロな経済状況による説明であるのに対し、「貞操低減説」は、個々人の性愛行動パターンというミクロ要因による説明である。「経済低迷説」では、景気回復とともに結婚も増える可能性が認められている。対して「貞操低減説」では、何が起これば非婚化に歯止めがかかるのか、明確なシナリオが思い描けない。家庭や学校での性道徳の厳格化が有効だろうか。条例による未成年セックス禁止が名案だろうか。女性誌に自主規制させるべきか。そういったことを政治によって実現するのは困難だろう。漠然とした文化的風潮を重視する貞操低減説は、経済政策が少子化対策になりうると仄めかす経済低迷説に比べて、悲観的な理論であると言えるだろう。

ところで、少子化の原因としてセックスに注目した考えはもう一つある。しかもそれは、貞操低減説とは正反対の理論なのだ。

「メール社会によるコミュ障増加、二次元の純愛ブーム、レクリエーションの多様化、高性能オナホールの普及などにより、若者がセックスに興味を持たなくなったこと」が結婚内外での性交頻度を減少させ、少子化を生んでいる、とする説だ（北村、2011参照）。これを**「セックス離れ説」**と呼ぼう。

「セックス離れ説」を唱える論者は、人口動態統計の読み方にやや問題があり、少子化の主原因を「非婚化」ではなく「性交頻度減少」に求める点で間違っていると思われる。貞操低減説の観点からすれば、未婚者のセックス離れは、むしろ処女を増やして結婚のモチベーションを高め、少子化防止に繋がるはずなのだ。「セックス離れ説」が妥当かどうかについては本書では論じないが、貞操低減説と真っ向から対立する一仮説として、念頭にとどめる価値はあるかもしれない。

♥

さて、貞操低減説が提示する非婚化の原因を、正確な言葉で言い表わしてみよう。

「処女が減ったから、男がなかなか『適当な相手にめぐり会わない』と判断するようになった」

これはまだ掘り下げが足りないようだ。処女の減り方はあとで統計数字を示すが、処女減少の度合よりもずっと激しく非婚化が進んでいる形跡があるからである。処女減少の効果を拡大するような社会心理的メカニズムが働いているに違いない。すなわち――

「処女が減ったと一般に考えられ、そして処女を守っている女は魅力に乏しい女である、と一般に考えられるようになったから、男が『適当な相手』が少ないと過度に思い込むようになった」

処女が減少したという事実そのものではなく、「結婚前にセックスを自由に楽しむのが当然。だからいまどき処女なんてほとんどいない」というマスコミ的煽りが常識として浸透したことが第一の問題なのである。この「常識的前提」を信じる人は、次のような「常識的帰結」も受け入れがちになる。

「女も男並みに自由を好む。だから女も男並みにセックスしたがっている。したいことができない女がいるとしたらモテないからだ。つまり処女なんてブスかコミュ障ばかり」。

（ちなみに男の性欲にとって、女の顔の美醜はほとんど重要でない。萎えるのは、不細工よりも不健康な外見に対してだ。のみならず、造形的不細工は「ブサカワ」「キモカワ」に転化しやすい。そのため、「ブス」が否定的評価語として用いられるのは建前上のことが多く、個性的な顔のうち美形に属さないものをまとめて指す記述語――評価を含まない語――であることがほとんどである）。

婚前セックスが非常識だった時代には、女はセックスを慎むのが当然だから、あえてそれに逆らう非処女の方が「変な女」だった。しかし今や常識が逆転したので、処女の方が「したいこともできない変な女」「たぶん男に相手にされない女」と考えられるようになった。実際、ネットには「今どき適齢期の処女探そうなんて、絶滅危惧種を探すより難しいだろ」といった書き込みが頻繁に見られる。

ある未婚の男の前に、魅力的な女が現われたとしよう。女が魅力的だというだけで「処女ではない」と判断する思考経路が男の中に育まれている。恋愛全盛の「今どき」こんないい女が処女のはずないと。こうして魅力的な女ほど、「どうせ非処女」という前提で「大切にされず」、男の頭の中で結婚対象から外され、遊びの対象として扱われる。女の方も「こんな時代」だから恋愛しようと思ったら仕方ない、と応じる敷居を低くしている。こうして実際、魅力的な女ほど早く非処女化する、という傾向が進行する。

むろん、恋人と良質な恋愛を楽しみながら、セックスを許さない女――自己の確立した女――も少なくない。彼氏が我慢できずに迫ったとき容赦なく顔面をぶん殴った気丈な処女も私は知っている。だがまわりの男の目にはそんなことはわからない。「彼氏がいる」「元彼がいる」はすなわちセックス経験済みということ。なにしろ「こんな時代」なのだから。――こうして恋愛経験ある魅力的な女が軒並み非処女視されることにより、「処女＝恋愛経験なし」「処女は男に相手にされないブスかコミュ障ばかり」という「常識」が強化されてゆく。

その常識が広く「理解」されるようになると、容姿に自信のない女ほど、処女のままでいることへの恐怖を強く感じるようになる。自信のない女こそ、「ブス決定、コミュ障決定」を避けたがる。そこで見栄を張って処女なのに非処女を詐称し、セックス経験話をしたがる。女にとって、同性間での評判は死活問題だからだ。〈嘘をつかない〉〈処女がバレない〉を両立させるために、無理してでも処女喪失に乗り出していく。わざわざ出会い系で見知らぬ男相手に処女喪失をしたりする。

この悪循環の中で、もともと（本能的に）非処女を結婚相手として好ましく思っていない男にとって（常識的に）処女もまた好ましからざる種類の女ということになり、さらには、好ましからざる種類の女の処女性すら疑わしくなる。観念的に女全体の魅力が下がっていく。つまりこういう図式だ。

1　マスコミのセンセーショナリズムとフェミニズム的人権意識の普及が進む
2　「恋愛&女の自由→婚前セックス」のイメージが普及する
3　恋したい女、自由でありたい女が婚前セックスを許容、非処女が増加する
4　非処女増加は、男の性欲にとっては喜ばしい事態である
5　非処女増加は、男の結婚意欲にとっては萎える事態である
6　非処女増加に異を唱えると4の旨みを享受できなくなるので男は5の本音を隠す
7　男の「愛」も4に反映されていると誤認した処女が、非処女を詐称したりする
8　非処女増加が公認の事実として定着し、5の本音はますます潜伏
9　実際の減少率以上に処女が減った、と考えることが男にとって常識となる
10　魅力的ゆえ自由度の高い女（非ブス）は処女率が低い、と男が考えるようになる
11　恋愛経験のある女（非コミュ障）は処女率が低い、と男が考えるようになる
12　「処女なんてブスとコミュ障ばかり」が常識となる
13　評判上の保身（ブス、コミュ障認定回避）のため脱処女のモチベーション拡散

14 処女なんて論外、という建前が定着する

15 男の本音の表明としては、「結婚しない」という選択肢だけが残る

以上が、男の側から辿った非婚化の因果的構造だ。形式的構造をわかりやすくするため、多少誇張した書き方にしてあるが、構造的には真実を反映できているだろう。

「希少種」となった処女の代わりに、それでは現代の常識的多数派（?）の地位を占めるに至った非処女が何らかの新しい魅力を提供してくれているかというと、ノーである。活動力旺盛で、恋も性愛も仕事もバリバリこなす女。男にとって魅力的だろうか? ノーである。「女の本音はどうせ依然として男への経済的依存だろ」という感触に変わりがないからだ。

バリバリ働いて収入を分担できる女も、ふとした拍子に気が変わって専業主婦に収まりたがるのでは、と男は疑っている（有能な女ほど自分以上に高収入の男を求めたりするのを見るにつけ。ブラウン、2003, ピンカー、2009 参照）。だから、「他の男に抱かれた女なんて、養いたくはないよな」という古風なぼやきに変わりない。男の中での非処女のイメージは、一昔前のような例外的自堕落な淫乱女ではなくなっているが、自分をしっかり持たずに空気に流される軽い女、のままである。それ以上の積極的価値を、非処女像がアピールできるには至っていない。

こうして女全体が、男にとって魅力の乏しい存在になってきた。

しかしどうなのだろう。非処女は、男にとって本当に魅力がないのだろうか?

もちろん非処女は、カジュアルな恋愛や遊びの相手としては「便利」である。付き合う相手としては

処女よりも物わかりがよく、気むずかしくなく、手っ取り早く楽しむことができる。気軽にサヨナラしても罪悪感を覚えずにすむ。男にとって、恋愛のよき相手と結婚のよき相手が食い違う、という序章で述べたポイントは、ひとえにこの事実のことだ。非処女は便利だという、身も蓋もないこの事実のことなのである。

しかし――、遊びや恋愛の対象として望ましい非処女が、結婚相手としての魅力に欠ける、というのは本当なのだろうか？　改めて考えてみよう。

♥

非処女は一般にどう見られているのか。

前述のように、リアル世界ではめったに語られることがない非処女ネタだが、ネットではごくありふれた話題である。

そして、非処女がネットで叩かれるありさまがけっこうすごい。

すでに先ほど、非処女を「中古」と貶した投稿を紹介したので感触は摑んでもらえたと思うが、「2ちゃんねる」ほかの匿名掲示板、「Yahoo! 知恵袋」「教えて！goo」「OKWeb」などの質問サイト、個人の各種ブログに至るまで、非処女への罵倒、中傷、揶揄が目をみはる、いや目を覆う勢い。二〇一四年八月現在、2ちゃんねるの「非処女と結婚したら、いつか必ず後悔する」スレッドはpart82まで、「非処女は中古」スレッドに至ってはPart285まで伸びている。

リアル世界で処女か非処女かが表だって問題視されることがほとんどないのは、「性の解放」「男女平等のフリーセックス」がすっかり建前化したからだろう。リアル世界では、恋愛・結婚関係の文脈ですら、処女性が話題になることはあまりない。それがネット世界では、処女・非処女は、シモネタおよび恋愛・結婚関係の文脈を越えて、多分野で主たるトピックの一つになっている。これは、性の解放というのが実は建前にすぎず、処女尊重傾向が社会の本音として衰えることなく持続している、という証拠かもしれない。

さてそれでは、ネットで叩かれる「非処女」とはどういう女のことだろうか？

それはもちろん、「セックスを経験した女」のことだろう。

と思いきや、違う。

ネットでは、セックス経験済の女であっても「処女」と認定されることがある。つまり、ネット言説における「非処女」の定義は辞書的意味より狭い。

ネット語法での「非処女」とは、〈初経験の相手と結婚しない女〉を指す。

したがって、「処女」というのは未経験の女とは限らない。初経験の相手と結婚した女も「処女」に含まれることになる。つまり「処女」の定義は辞書的意味より広い。

ただ一人を相手にセックス経験済みだが未婚である女は、当の相手とまだ付き合っていれば暫定的に「処女」と呼ばれ、別れたら「非処女」に分類される。

初体験の相手とそのまま結婚しても、結婚前に他の相手と関係を持てば、これも「非処女」である。つまり、「未婚のときに結婚相手以外とセックスしていない女」が「処女」なのだ。したがって処女は「いずれ失われるもの」ではない。処女は、いったん処女で結婚すれば、一生、処女なのである。

離婚や死別によって別の男と婚姻可能になった場合は「非処女」となるようだが、処女婚というステータスは失われない。処女が結婚後に不倫した場合については明確でないが、一応「処女」に分類されるようだ。「処女でも不倫することはある」等の言説が見られる反面、「不倫によって非処女になる」という言い方は聞かないからだ。つまり、ひとえに結婚までのプロセスによって処女か非処女かが決まることになる（「処女」「非処女」の大まかな定義はこれで伝わったと思われるが、論理的に正確な定義は意外と難しい。正確な定義は末尾の〈付録1〉で試みる）。

「童貞」「非童貞」もその用法に準ずる。ただし童貞の場合は、風俗店で経験を済ませていながら素人女性とはやったことがない「素人童貞」がけっこういるので、分類が処女よりも複雑になりがちだ。それでも、素人童貞は基本的に童貞と同一視されるので、童貞と処女については同じ構造の語り方ができることになる。

「非処女」の意味を上記のように理解すると、次のことがわかるだろう。ネットで非難されているのは、婚前交渉そのものではない、ということだ。婚前交渉の相手と結婚しても「貞操中古」の烙印を押して非難する言説が増えている気配もあるが（たとえば2ちゃんねる「非処女は中古」スレッド）、基本的には、初めてセックスした男と結婚しなかった場合に限り、その女は「非処女」として軽蔑され、嘲笑され、中傷され、敵視され、罵倒される。

対して、非童貞が非難されることはめったにない。むしろ憫笑を誘うのは童貞の方である。男は経験がないことが汚点であり、女は経験があることが汚点である。そのように、あからさまに対照的な倫理がネットでは成立している（理由は、処女喪失には魅力も努力も要らないのに、童貞喪失には魅力と努力が必要とされるからだろう)。

いずれにせよ、セックスそのものではなく〈セックスと結婚との関係〉によって「処女」「非処女」が判断されるというネット風潮は、「非婚化」の主原因を処女の減少に求める「貞操低減説」の信頼性を高く見積もるための根拠となる。そこに作用している力は、結婚制度という環境において現われる「男の本能」であると言ってよい(環境と遺伝的本能の関係については第5章で考察する)。

非処女のうち、性経験の人数が付き合った人数より多ければ、「ビッチ」である。ただしそれはビッチの**十分条件**であって**必要条件**ではない。処女と非処女の差に比べれば非処女の中での段階差はどれも微々たるものとされるため、非処女はすべてビッチと呼ばれることがあるのだ。とくに、多くの恋愛遍歴があるために経験人数も多い非処女は、間違いなくビッチ呼ばわりされる。

ちなみに、「ヤリマン」は「ビッチ」と違って価値判断を含まない記述語として用いられることが多い。ヤリマンは事実としては軽蔑されるのだが、「ヤリチン」という対語があるせいか、「蔑むべき存在」という意味合いを概して含まない。だから、非処女の大半はヤリマンとは呼ばれない。ただし、非処女であればそれだけで「ひょっとしてヤリマンだったのでは」という疑いをかけられかねないという試練にさらされることになる。

「ヤリマン」は嫌われるが「ヤリチン」は一目置かれる。つまり処女と童貞に対する対照的な倫理と同じ評価傾向がここでも成立する。ただしヤリチンの中でも、軽くて不誠実な「チャラ男」は軽蔑の対象となりがちである。そして、処女をヤリ捨てる男は「万死に値する」と徹底非難されるのが通例だ。

♥

さて、非処女罵倒に劣らず展開されているのが「処女厨《しょじょちゅう》批判」。処女厨、すなわち「非処女を罵倒する人々」への反撃である。

……処女厨？　聞き慣れないな、という読者もいるかもしれない。ネットではポピュラーな用語だが、紙の本にはまだほとんど出てきていない言葉なので。

処女厨とは、「ニコニコ大百科」の定義によると、「処女信仰の中でも度を超えた迷惑行為をする者に対する呼称」とある。引用しよう。

処女信仰の中でもアイドルやアイドル声優と言ったエンターテインメントの世界の人から、二次元の女性キャラクターにまで処女であることを異常に押し付ける傾向が人一倍強い事で知られる。

後者の主な例が漫画「かんなぎ」の非処女疑惑騒動であり、この騒動は似たような顧客層を持つ美少女ゲーム界隈にも影響を与え、純愛系ゲームのヒロインは全員必ず処女にする、あるいは初Hシーンで必ず破瓜表現をつけるといった対策が施される事になった。

女性アイドルの交際が発覚したり、非処女であった事が発覚した場合突如アンチ側に移り、関連グッズを破いたり叩き割る、タレントに危害を加えたりするはた迷惑な存在として知られている。

(http://dic.nicovideo.jp/a/%E5%87%A6%E5%A5%B3%E5%8E%A8)

処女厨は、「厨」つまり「厨房」の一種なのだ。「厨房」とは、「中坊」の誤字変換に由来するネットスラングである。中学生あるいは思春期のように自意識過剰で独善的な書き込みをする人々、ネット上で迷惑行為をする人々、くらいの意味だ。いろんな単語に「厨」を接尾辞として付けて、「○○厨」として流布した。「○○房」という言い方もあるが、「○○厨」の方が多い。

「ニコニコ大百科」の説明する「処女厨」は、女性アイドルや声優、アニメやゲームの女性キャラクターに処女であることを過度に要求する者たち、に限定しているが、ネット世界での「処女厨」の呼称はもう少し広く、アイドル・アニメ処女厨ではない者たちも含む。すなわち、リアル世界の三次元女性のうち処女に固執する者も含む。さらに、三次元の恋愛をしているかどうかにかかわらず、恋愛関連のネット掲示板、質問サイト、ブログなどで非処女罵倒の荒らしなど迷惑行為をする者たちを含む。さらには、迷惑行為はせず単に非処女への否定的感情を表明する投稿者や、処女崇拝または非処女忌避的エピソードをネットで報告する者らも、「処女厨」と呼ばれる。

決して非モテではないゆえに、三次元の女との間に現実的な恋愛感情も性欲も手応えも感じていながら、その女らが〈ふしだら化〉してきた風潮に幻滅を覚えた草食系男子たちが、アニメやゲームの中の清純少女へ逃避し始めた。そんな彼らが、狭義の処女厨（二次元処女厨）と広義の処女厨（三次元処女厨を含む）を結びつける核となっていると言えるだろう。

本書では以下、「処女厨」という語で三次元処女厨を指すことにする。

処女厨の主流を占めるのは、「結婚相手は絶対に処女」「付き合っていても非処女なら結婚相手と考えない」「非処女が諸悪の根元」などと公言する男だ。43－44頁に引用した掲示板、質問サイトの投稿者二人は処女厨の範疇に属するだろう。

ネット用語での「処女」は「夫以外の男とセックスしてない女」なので、できちゃった婚をおめでた婚として祝福する寛容さを持ち合わせた処女厨も少なくない。したがって処女厨は、処女膜が貫通されたかどうかを第一の問題とする「処女膜フェチ」とは決定的に異なった価値観を持つ。膜の物理的存在によってではなく、過去の人間関係すなわち「純潔」によって「処女」「非処女」に差別をつける精神主義者なのである。現に、事故やレイプで処女膜を失った女は、処女厨の批判対象にはならない。

処女厨を批判する側も、すべての処女厨を敵視しているわけではない。一般に、処女厨の中でも、自分も童貞を守る気でいる人は、処女厨というより**「OEO思想**の信奉者」と見なされ、風当たりは弱くなるようだ（場合によっては尊敬すらされる）。OEOとは、「Only Each Other（お互いだけ）」の略で、恋愛にまで生涯一夫一妻制的な倫理もしくは理想を拡張するのが「OEO思想」である。婚前交渉否定論者ほど潔癖ではないが、一切の浮気・二股・乗り換えを否定する点では、非処女を論外とする貞操思想の一種と言えるだろう。

「OEO思想」はローカルなネット語で、リアル社会では普及していない。これに近いリアル社会の用語としては、「**オンリーユー・フォーエヴァー**症候群」あるいは**「ロマンチック・ラブ・イデオロギー」**がよく知られている。その理念は、恋愛・セックス・結婚の三つがお互いの**必要十分条件**であるとする（どれか一つでも欠けた関係を容認しない）三位一体思想だ。OEO思想や処女厨はそれほどに厳格な立場ではないが、ここではとりあえず「ロマンチック・ラブ・イデオロギーのバリエーション」として捉えておいてかまわないだろう（ロマンチック・ラブ・イデオロギーについては森永、1997、第2章の分析が示唆的。それをもとにした発展的分類表を、本書末尾の〈付録2〉として示した）。

ヤリマン、ビッチらに反感を抱き処女厨男子に共感する処女や、自らの処女喪失をいたく後悔する非処女をも「処女厨」に含めているスレッドも稀に見られる。本書の基本方針としては、処女と非処女の間に明確な価値の差別を認める男子に限定して「処女厨」と呼ぶことにしよう。

♥

以上のように、非処女を忌避するのが「処女厨」だが、逆方向の性質で処女厨を定義することもできる。すなわち、飲み会等で女が「付き合った経験がない」などと言おうものなら俄然魅力を感じ、熱心に口説き始める、といったタイプの男。このタイプを**「積極的処女厨」**、前述の非処女拒否症タイプを**「消極的処女厨」**と分けるのが便利かもしれない。

本書では、単に「処女厨」と言った場合は、消極的処女厨を指すことにする。なにかと物議を醸すのは非処女叩きという否定的言動の方であり、それはもっぱら消極的処女厨の属性だからだ。ただし、消極的処女厨は多くの場合積極的処女厨傾向も持ち合わせているので、たえず積極的処女厨傾向も視野に収めることにしたい。

「処女厨」は、非処女をはじめ処女厨に反感を持つ者たちによる蔑称とされている。他方、処女厨に反感を持つ者たちは、しばしば「非処女厨」と呼ばれるが、「非処女厨」という言葉は、ネットでは必ずしも推奨されていない。「非・処女厨」（処女厨でない者）なのか「非処女・厨」（非処女を好み処女を貶める者）なのか、曖昧だからだ。

実際に用いられている「非処女厨」の用法は、「非・処女厨（処女厨でない者）」「非処女・厨（非処女崇拝者またはアンチ処女）」のどちらの意味でもなく、**「アンチ処女厨」**の意味であることが圧倒的に多い。本書では、処女厨の論敵を指すさい、誤解を避けるために「非処女厨」という語は使わず、「アンチ処女厨」という語を用いることにする。

ともあれ「処女厨」は、アンチ処女厨が処女厨を攻撃するときに使い始めた蔑称とされている。したがって、〈学問としての哲学〉的な論述を心がける本書としては、「処女厨」という蔑称を避けて、別の呼び方、たとえば「処女崇拝者」などという価値中立的な言葉を使うのが適切かもしれない。しかしすでに見たように、処女崇拝という積極的意図よりも、非処女蔑視という消極的意図の方が処女厨の主流を形作っていることから、「処女崇拝者」という語はふさわしくない。

また、「処女厨」は、〈非処女蔑視・非処女回避〉の心理傾向、行動傾向、その傾向を持つ人間、人間たち、人物類型、等々をひっくるめて指すことができる点で便利な言葉である。以上の理由により、本書では「処女厨」という語を使うことにしたい。蔑称としてでなく、単に「処女と非処女の間に価値の大差を認める男子」を指す中立的な語として。

♥

さて表面上は、「処女厨」と「アンチ処女厨」が互いに罵倒しあっている、というのがネットでの「処女非処女論争」のありさまのように見える。

処女厨とアンチ処女厨の灼熱バトルについては、2ちゃんねるの「【非処女厨の怖さ】処女関連スレ被害者の会」スレッドを参照するのが便利だ。ちなみに、恋愛・結婚ネタでは処女厨およびアンチ・アンチ処女厨が集まるスレが次から次へと作られるのに対して、アンチ処女厨は連帯の場があまり見られず、各々単独で処女厨スレへ叩きに来る傾向がある（ちなみに、エロゲー掲示板ではアンチ処女厨が集まったスレ（「処占厨アンチスレ」など）が異様に多く、逆は少ない）。いずれにせよ、恋愛・結婚系の処女ネタでは穏健な立場はほとんど見られず、まっぷたつに過激な言説がぶつかり合う光景がほとんどである。

言説は端的にまっぷたつでも、言説の担い手の構成は単純ではない。これはインターネットから社会動向を読むときの一般的注意点に通じることだが、「処女厨発言をしているのが本当は誰なのか」について、さまざまな可能性を考えねばならないのだ。この注意は、アンチ処女厨の身元を推測するさいにはとくに重要となる。処女厨の非処女叩きに対して過剰に反発する動機を持つ層は、多岐にわたるからだ。

もちろん、攻撃対象である非処女自身がアンチ処女厨発言の主力であると考えられてはいる。しかし、それら「非処女」のうち何割かは、非処女になりすました男であるという推測（邪推？）がしばしば噂されるのである。

具体的には、非処女と結婚した男、女に本音がばれるとセックスチャンスが減ってマズイと危惧する男、処女厨言説を家父長制イデオロギーとして警戒するフェミニスト、処女厨の必死さが単に気に食わない人々、掲示板を荒らしたいだけの愉快犯、等々である。実際、匿名掲示板はもちろんのこと、質問サイトのいかなるトピックについても、複数のＩＤをとって自作自演を繰り返す投稿者が後を絶たないのは事実だ。処女厨発言、アンチ処女厨発言が例外でないのは確かだろう。

さらには、処女厨は処女にも嫌われがちだという証拠もある。「処女膜で評価されるのは有難迷惑。ていうかキモい」系統の処女の書き込みが参照されることがしばしばあるのだ。しかし、そうした投稿をする「処女」の大部分は非処女またはアンチ処女厨男のなりすましだ、と考えているユーザが多い。

他方、非処女やアンチ処女厨を攻撃するのも処女厨に限ったことではない。自らは処女厨でないものの、非処女が不必要なほどヒステリックに反論している姿に「どう見ても無理がある」と反感を覚えて非処女批判に回る書き手も多いようだ。社会常識的にあまりに愚かしい処女喪失体験をあっけらかんと語る投稿者も多いので、彼女らを叱りつける回答者の大半は、処女厨ではなく、ただ常識人であるにすぎないように見える。

処女厨の言論に力を与えるもとになっている、「無自覚な処女喪失」の事例を見よう。

掲示板ミクル　No.1943286 by 匿名さん　13/04/28 14:24

初めまして。18の女です。

私の先輩で妻子持ちで女性経験豊富な方がいます。私は処女ですが話を盛り上げるのに必死で元彼と週何回ヤったとか経験人数やプレイの話など話を超盛って話してたのでヤリマンだと思われてます。

この前その先輩と初めてヤったのですが絶対処女だとバレましたよね？

ヤリマンのふりした女が処女だったらドン引きしますか？

(http://mikle.jp/threadres/1943286/)

安易に処女を捨てたことを悔いるのではなく、自分が処女だったことを未だに恥じている（しかも不倫相手に対し）という、男から見て勘違い路線としか言いようのない質問者。処女厨の起爆剤の一つは、このような女の存在だろう。すなわち、処女であることの市場価値をまったく認識できず、むしろ欠点であるかのように誤解している女。その種の「バカ女」が増える傾向を食い止め、処女を増やす（将来の自分の結婚相手候補を増やす）ことが処女厨の切実な原動力となっていることは間違いない。

少し違う展開を辿った相談者もいる。

Yahoo! 知恵袋　rika_233_s_11 さん　2013/11/18 22:25:14
彼氏に処女だと知られたくありません。恥ずかしくて絶対言えません。だから適当な人としようと思っています。
こういうのも浮気に入りますか？　浮気と言われたからやめようとかそういうふうに考えているわけじゃないのですが回答お願いします。
初めては好きな人としたほうがいいという回答はやめてください。
(http://detail.chiebukuro.yahoo.co.jp/qa/question_detail/q11116689941)

最後の一文は、処女を守れ的な親目線の教訓は、「社会の建前」にすぎないという質問者の信念を示している。そんな親目線は「男の本音」とは無関係であると。「無内容で惰性的なお題目はお断り」と。

質問者はあくまで「浮気の定義」を知りたがっているにすぎない。「彼氏以外を好きになるわけでなく、体の関係を持つ『だけ』ですが浮気でしょうか」と。男は心の不貞より体の不貞を嫌がるものだという初歩的な知見（バス、2000参照）は質問者の想像外だ。

一週間もしないうちに五七個の回答を得た質問者は、最後に次のように書き込んでいる。

ここに質問するまで処女のことを恥ずかしいと思っていました。でもたくさんの人の回答を読みその考えはなくなりました。処女は一番大切な人のために取っておくことにしました。皆さん回答本当にありがとうございました＞＞この質問回答を読んで私みたいに処女が恥ずかしいと思っている女性が少しでも減ってくれたら嬉しいです。

コメント日時：2013/11/24 20:50:17

お題目は決して表面的な建前道徳ではなかった、と質問者は今度こそ納得したようである。ネットの回答欄で大勢が異口同音に心にもない建前を述べるはずもないので、質問者の納得と転向は当然である。新聞の人生相談よりはるかに大きな啓蒙パワーをインターネットが有することの実例と言えようか。

ちなみに、「適当な男とやってから好きな人と」というやり方は、処女厨ッ気のない男から見ても、見当外れに感じられるのではなかろうか。「信じられん。こういうアホな質問はさすがに釣りだろ？」と思われるかもしれない。そういう場合は、同一ＩＤの質問者が他にどんな質問や回答をしているか検索してみる手がある（「rika_233_s_11さんのMy知恵袋」の「質問一覧」等を検討した限りでは、まあ釣りではなかろう、と推測できた）。

というわけでこちらは、処女厨的には胸をなで下ろしたといったところだろう。一人救えた、と。掲示板で暴れまくった甲斐があった、と。

それにしても処女を恥じる女は非常に多い。投稿をもう一つ見よう。

Yahoo! 知恵袋　ーD非公開さん　2011/9/22 23:25:16

明後日までに、なんとしても処女じゃなくならなきゃなりません。

というか明後日までには、セックスをした時に痛いと感じない状態、かつ、相手の男性に、自分が男性経験が無いことがばれない状態、にならなくてはなりません。

さすがにその辺の男性に頼むわけにもいきません。

指などを入れてみるだけでは処女膜を破ることは不可能ですか？　後は道具を使うとか…？　バイブ？　本当に困って焦っています。どんな方法でも構いません。教えて下さい。

※真面目に質問しています。

(http://detail.chiebukuro.yahoo.co.jp/qa/question_detail/q1271863087)

「男性器くらいの太さの物を入れてみればいい」「出血しても処女じゃないと言い張ればいい」『セカンドバージン』はいかがでしょうか」「こんな大きなのは初めて!!　と言えばいい」「どうせ痛くて不器用になるから、処女を隠し通せても『マグロ』と思われてしまいますよ」「潔く処女だと告げてください」等々、いろんな回答がある中で、質問者が「ほんとにありがとう」と選んだベストアンサーはこういうものだった。

「お前の処女を嫌がる奴に、無頓着な奴に、人生で一度きりのものを捧げて本当にお前の心は穢れないか？……お前の処女を嫌がる奴は、責任を感じない遊びのセックスにしか興味が無いから非処女を求めてるだけのゲス野郎だぞ。……非処女になるなんて簡単だよ。股を開いて終わり。でもねそれで何になるの？　股を開かなきゃ一人前の仲間扱いされない界隈で生きていたいかい。……今の君に言われるがまま知恵を貸すやつはカスだぜ。君を心配しない、君を大切にしない世界に、君は自分の価値を無にしてまで自らの輪郭を削って噛み合わせる意味があるのかい。頼むから女はあたたかい夢だけ見て好きな優しい男と真っ直ぐ幸せになるために生きてくれよ」（alice0of1さん）

懇切丁寧な諸回答を制して、難詰調のこれがベストアンサーに選ばれたことに、処女厨でなくても何かホッとするのではなかろうか。

こうした発言が効果を持つには、それまでの処女厨言説の言い回し、説得法、恫喝法などの蓄積が貢献しているはずである。それは処女厨の狙いどおりだ。

つまり処女厨といっても、自分の処女偏愛を吐露したり、彼女が非処女だったことを嘆いたりする私的段階にとどまっている**「実存的処女厨」**はむしろ少数派である。非処女一般、そして処女を大切にしない男女一般への叱責と罵倒へ進むのだ。**「ゲリラ処女厨」**と呼ぶべき存在である。彼らのモチベーションを供給するのは、掲示板や質問サイトで「成果」をモニターできることだろう。非処女罵倒傾向の拡散によって、「安易な処女喪失への義憤」をネット民が共有しているかのようなネット風土が形成される。そこへ、ひとたび自らの処女を粗末にする女から質問があったときに、処女厨以外の一般回答者までが憚ることなく「正しい回答」を発してくれる、といった目覚ましい効果が表われるのである。

このように処女厨の動機には、私的怨嗟だけでなく、「男の本音をあまりにもわかっていない女全般に対する苛立ち」が大きな比重を占めるのだ。男と女が安定した関係を築くために、無駄に非処女化しようとする女を諭す**「啓蒙的処女厨」**も存在する。

処女厨の活動具合（実存的処女厨、ゲリラ処女厨、啓蒙的処女厨の比率など）は、掲示板や質問サイトで差があり、「BIGLOBE なんでも相談室」には次のような質問が寄せられている。処女厨の動機と背景が見てとれるだろう。

QNo.6042287　yurugi
yahoo! 知恵袋というサイトでは、未婚の非処女を批判・誹謗・中傷することが「正義」で、それに反論すると「悪」になるみたいです。

しかも非処女批判に反論する＝貞操観念を持つ人、または処女・童貞を批判しているとみなされるという訳のわからない図式になっています。

皆さんは未婚の非処女を批判・誹謗・中傷することは「正義」だと思いますか？

未婚の非処女は無条件で「悪」ですか？

未婚の非処女と言っても、性犯罪にあわれたり、婚前交渉していても処女をあげた相手と結婚すれば批判対象にならないようです。

投稿日時 - 2010-07-16 12:31:13

回答No.21　jaaacckk

（前略）非処女なら経済力くらい備えないと結婚は難しいでしょ。経済力もなく、男に依存して生きなきゃいけない非処女が淘汰される時代。男が家庭の女として一生守りたいと思うのは処女であることが条件で、それが男の本能。それを周りも非処女が普通だからなんて理由で正当化し、結婚してもらうのが当然という態度だから叩かれる。（中略）男の本音を知らない女が多いから教えてあげてるということ。正義とか悪というより、道理というべきものです。

回答No.6　nero51

男性だって無職だと「女性より遥かにクズ扱い」されます　女性なら「○○ちゃんは結婚すればいいよ」と大目にみられます　女性は無職ニートでも美人なら結婚できるが　男性はイケメンでもニートじゃ結婚はほぼ無理です　（中略）　あ、私は女性ですよ

（http://soudan1.biglobe.ne.jp/qa6042287.html）

結婚市場での男女のセールスポイントの非対称性を、男はきっちりわかっているのに（だから懸命に働いて年収を保とうとするのに）女がいっこうにわかろうとしない（安易にセックスしといて順調に結婚できる気でいる）、その歪んだ現状への荒っぽい啓蒙活動が、処女厨の罵声となって現われているというわけだ。

質問者が注釈しているように、処女厨の攻撃対象から「レイプで処女膜喪失した女」「処女をあげた相手と結婚する女」が除外されているのがその証拠である。前者は本人の意思と関係ない事故によるものなので啓蒙の対象外だし、すでに見たように後者は結婚の規範を守っているので、ともに「非処女」の定義から除外されるのである。

また、非処女に属していながらほとんど批判されることがないのは、上の回答からもわかるように「経済的に男に依存しない女」である。つまり「夫が自分より低収入でかまわない女」「結婚する気のない女」などは批判対象外となる。問題視されるのは非処女のうち、専業主婦志向の女——とくに高スペック男・安定収入ある男と結婚したがる女（「年収厨」と呼ぼう）——なのだ。女の年収厨と男の処女厨がセットになっていることがわかる。

ちなみに、売る女も処女厨の批判対象外となる傾向がある。売春は純潔の理念から遠すぎて論外、ということもあるのだろうが、売春は女自身にとってのセックスの価値を理解したうえでの行動だという理由も大きいだろう。「売春士と呼ぼう」「彼女を作らず風俗行こう」といった投稿をする処女厨もいる。「素人女性の貞操を守るための防波堤」としてセックスワーカーが尊重されてきた歴史的系譜に連なっているように見える処女厨だが、防波堤としてよりもっと積極的に、「エロティック・キャピタルを自覚し運用できている賢い女」としてセックスワーカーに敬意を払っているとも言える。結局、処女厨が苛立つのは、「結婚前に自由意思で、結婚相手以外と、タダ同然でセックスした専業主婦志向の女」に対してであり、セックスの真価を理解できていない勘違い女が攻撃対象となるのである。

ただし注意すべきことがある。

処女厨の大半は、個人としての非処女そのものを嫌っているわけではない、ということである。処女厨も含め男は、結婚以外の文脈で非処女に対して嫌悪感を抱くということは一般にない。風俗嬢やＡＶ女優に対して嫌悪を感じる男などめったにいないのと同じだ。単に、「愛した女」が処女であれば嬉しいとか、結婚は処女でなきゃ無理、とか思うだけなのである。

「非処女は恋人にできない」とこだわる童貞もいることはいるが、多数派ではない。「彼女が非処女だとわかったので別れた」というレポートは多いが、それは結婚を意識するほど真剣な恋愛になったためか、結婚を切り出されたからか、ビッチぶりが半端でなかったことがわかったからか、いずれかである。

したがって、ネットでの非処女叩きは、「非処女増加傾向への苛立ち（社会的問題意識）」が「非処女個々人への罵倒（私的感情吐露）」という形で現われた神経症症状、と見るのが妥当かもしれない。処女厨の言説を文字通りにとると、処女厨は人間として非処女を憎み貶める差別主義者ととられそうだが、それは誤解なのである（処女厨言説と男尊女卑の関係については、第5章で再度考える）。

もう一つ注意点を挙げるとしたら、すでに注釈した「なりすまし問題」だろう。

先ほど引用したような「愚かな処女喪失談」「無意味な処女喪失願望」のたぐいの何割かが捏造かもしれないということだ。

どんなトピックにも確信犯的自作自演はありうるが、処女非処女関連については、体験談の内容・価値判断の多様さを考えると、少数の人間が一人何役も演じてエピソードをでっち上げ続けている可能性はきわめて低い。しかも、虚実いずれにしても、ネットに山ほど提示されている下半身エピソードと多様な反応から見てとれる事実として、次のことが決定的に重要なのである。すなわち――

「処女厨はその口調はともかくとして、反対者の言説を上回る熱意と説得力を持った非処女批判を展開しているように見える。そのため今どきのリアル世界では思いもよらなかったような処女肯定・非処女排斥の風潮がネットには吹き荒れている」

それに加えて、次の二つの事実。

・結婚市場において、処女の価値を認める度合いに著しい男女差がある。
・結婚市場と恋愛市場とを比べたときにも、処女の価値に大差がある。

男の本音を聞く機会を持たぬまま、恋愛市場しか見ていない女は、こうした事実に気づいていない。それが、男女双方にとって不幸な結果をもたらしているらしいのである。

♥

ただし、処女厨が「朗報」と呼ぶ傾向も報告されている（「朗報」は、主に、女性アイドルが「彼氏いたことありません」等の発言をして「処女確定」したときに掲示板などで掲げられる定型シグナル）。

たとえば、リクルートの『R18［アールジュウハチ］』二〇一四年一月二〇－三月三一日特別号 p.4が「大学生女子の処女率66％」と調査レポートしているが、発行と同時に「【朗報】最新の『女子大生の処女率』がヤバすぎる　奇跡の6割越え」とネットのあちこちで囁かれている。『週刊SPA!』二〇一二年九／一八・二五合併号からも引用しておこう。

男性の草食化が叫ばれて久しい。しかし、草食化しているのは男性だけではなかった。最近発表された日本性教育協会の調査によると、’74年から上昇を続けていた女子大生のSEX経験率が、’11年に61・1％から46・8％と、約14ポイントも減少。約53％の女子大生が処女という結果になった。

この調査は、日本全国の中学生から大学生までを対象に若者の性行動の実態を、6年おきに調査しているもの。’05年の調査時は女子大生（62・3％）と男子大生（63・0％）とSEX経験率がほぼ同じになった。高校生に至っては、女性のSEX経験率が男性を上回るという逆転現象まで起きていた。

しかし、’11年の調査では学生全体のSEX経験率が減少傾向に転じ、その中でも特に女子大生の経験率の低下が著しいという。今まで上昇を続けていた、女子大生たちのSEX経験率は’99年の水準に落ち込んでしまったのだ。（p.48. データ出典は日本性教育協会編、2013, p.18）

『週刊SPA!』の記事には「処女女子大生たちは〝痛み〟を避けずに他人との関係性を見直すべき」等々、上から目線の大仰なキャプションがついて、精神科医と社会学者の定型コメントがある。二人とも処女率低下を危惧感をもって受け止めているようだ。

「〝SEXも妊娠もコントロールするもの〟という意識が強くなりすぎてしまい、SEXがエロスや恋愛と関係のない話になってしまう。恋愛・SEX・妊娠など本来ならば関連しているのに、すべ

てを切り離して考えてしまうのです」(香山リカ)
「実りのない性愛で友達関係を犠牲にしたくないと思って退却気味だから、性愛に実りが生まれない。悪循環です」「お互いを曝け出さないと、いいSEXは無理ですが、お互いを曝け出さないと、いい家庭も無理」「恋愛を犠牲にする態度が最後に孤独死を招く。SEXや恋愛でボロボロになりつつ勉強や就活をしなさい」(宮台真司)

恋愛とSEXがセットになるのは当たり前、妊娠だって覚悟するくらいの恋愛をしろと。いかにもマスコミ的な注文に応じた無難な過激さを備えたコメントと言えよう。こういった逆説的事なかれ主義者のマスコミ文化人こそ、処女厨の天敵である。勉学や青春謳歌や孤独死防止のためになぜ性器の挿入が必要なのかは不問にしたまま、「大学生にもなってSEXなしは問題」というマスコミ的上から目線は一貫していると言えよう。

『SPA!』と『R18』の記事を単純に結ぶと、一年半ほどの間にも「女子大生の処女率」は着実に上昇しているようであり、処女厨のなりふりかまわぬ努力が報われ始めた形跡が見られる。

だいたいの傾向を把握するために、インターネットアンケートの結果も見ておこう。

日本家族計画協会の発表(二〇一四年一月二〇日　二〇時五六分　共同通信)では、二〇代男性の童貞率四二パーセント、二〇代女性の処女率二二パーセント、三〇代男性で一〇パーセント、三〇代女性で七パーセント。童貞より処女の方が圧倒的に少ないのは、①女は「自分さえその気になれば」相手に拒まれる確率が低い、②女が選ぶ男が特定少数に集中する、③年の差カップルが多い、等々の事情から当然推測できたことだ。ただし、男女の未婚率の違いが最大の理由とも考えられる。

日本家族計画協会は民間団体だが、国（厚生労働省の付属機関）からのレポートも見てみよう。これは独身者に限定した調査である。

	未婚男性の童貞率	**未婚女性の処女率**
18～19歳	68・5％	68・1％
20～24歳	40・5％	40・1％
25～29歳	25・1％	29・3％
30～34歳	26・1％	23・8％
35～39歳	27・7％	25・5％

「第14回出生動向基本調査」（国立社会保障・人口問題研究所、二〇一〇年）
(http://www.ipss.go.jp/ps-doukou/j/doukou14_s/doukou14_s.pdf)

ほぼ五年ごとに行なわれるこの調査によると、一八～三四歳の未婚女性の処女率は一九八七年から六五・三パーセント↓五六・三パーセント↓四三・五パーセント↓三七・三パーセント↓三六・三パーセント↓三八・七パーセントと推移しており、一貫した処女減少傾向に最近逆転が起きているというのは真実らしいことが確認できる（男にも同じ傾向が観察される）。

ネット民が最も関心を持つ「二〇代処女」に限ると、二〇～二四歳で四〇・一パーセント、二五～二九歳で二九・三パーセント。適齢期女性の三〜四割は処女であることになる。唯一のセックス相手とそのまま結婚するケースを含めると、処女厨用語での「処女」は五割を超えるかもしれない。

♥

以上、さまざまな情報源からの数字を見たが、処女は、マスコミのみならずネットでも当然視されている「希少種」ではないことがわかるだろう。貞操低減説の説明原理の枢軸となった都市伝説「いまどき二〇代の処女なんてほとんどいない」「いたとしてもブスかコミュ障ばかり」は、杞憂だったのである。

いやもちろん、ブスやコミュ障の多くが処女に集中している、という俗説が完全に反駁されたわけではない。その検証には別途調査が必要だろう。ただし、直接調査がされなくても、間接的な判断材料はある。具体的には、「学歴が高いほど処女・童貞率が高く、偏差値の高い高校・大学ほど処女・童貞率が高い」というのがさまざまな調査で一致した傾向であることだ。

たとえば、首都圏の大学生を対象にした調査（飯田&荻上、2013）によると、女子大生は、入試難易度（偏差値）が1上がるごとに処女率が四・二パーセント上昇するという。他には、中学・高校時代の運動部活経験、喫煙習慣、飲酒習慣、着ている服の値段が、処女率と負の相関があるなど、だいたいイメージどおりの相関関係が報告されている。

この種の調査を信ずるなら、そして偏差値が知能と相関すると仮定するなら（知能の指標として他の基準がないのだからさしあたり仕方あるまい）、知能が高い層には処女が多い、と見て間違いないだろう。逆にいえば、処女には非処女より高学歴女性・高知能女性が占める比率が高いことはほぼ確実である。つまり、「高学歴女性は低学歴女性よりブス・コミュ障率が高いか」を調べれば、間接的に、「処女はブスかコミュ障」説の真偽を推測することができるはずだ（学歴、容貌、性格の相関関係は蔵、1993参照）。

別の側面から、「処女はブスかコミュ障」説にとって不利な論拠を一つ紹介しておこう。

進化心理学でのさまざまな調査によると、「容姿レベル」と「初体験の早さ・セックス相手の人数」との相関関係は、男の場合は正の相関関係があり（つまりイケメンほど若いときから多くの女とやっており、ブサメンほどそれが困難になる）、女の場合は相関関係なし（美人だろうがブサイクだろうが、初体験年齢や人数に差はナシ）という結果が報告されている（ソーンヒル&パーマー、2006, pp.99-103）。

これは理屈で考えても当然だろう。まず、容姿レベルが高いと、異性の受けがよく、自分の思い通りに行動できる確率が高まる。これは男女共通の原理だ。

思い通りに行動するとは、男の場合、セックスすることである。つまり女にセックスに応じてもらうことである。したがって、イケメンの方がブサメンよりセックスできる機会が多くなる。

対して、女の場合、思い通りに行動するというのは、必ずしもセックスすることではない。もしセックスしたくなったなら、好ましい男を自分から誘えばいい。他のことはともかくセックスに関しては、男は基本的に、女を容姿で差別しない（これは多くの女が理解していないことの一つだ）。チャンスがあれば逃さない。つまり女さえその気になれば、美人だろうがブスだろうが、男をセックスに誘導するのは簡単だ。美人もブスも成功率に差はつかない。

要は、男はモテないとやれないが、女はモテなくてもやれる、ということ。短期的恋愛やセックスに関して主導権を握っているのは女なのである。

以上の理屈で、「女は容姿レベルと性的パートナー数は無関係」という統計調査を説明するには十分である。性的パートナーの数がゼロである確率に限定すれば、「容姿レベルと処女率は無関係」ということが導かれるわけだ。

男はそのことを知っているから、「女が経験済みかどうかはモテるかどうかとは関係なく、本人がその気になったかどうかだけ」と基本的には心得ている。

「メンヘラビッチ」という事例も知られるようになった。メンタルヘルス（心の健康）の問題を抱え、リストカット、オーバードース、過食嘔吐といった自傷行為の一方法としてセックスを繰り返し、セックス依存になる女たちだ。コミュ障だから恋愛はできないがセックス経験は豊富、というメンヘラビッチはきわめて多い。

このように、「ブスやコミュ障なら処女率高し」という処女厨最後の偏見的希望も幻想だということはおおかた理解されている。処女と非処女の間に確実に存在すると断定できる違いは、まさに処女か非処女かという違いだけ、ということだ。その他の属性の違いについては何もわからない、と。そうなると、処女という属性と非処女という属性の違いがますます重要性を増すことになる。

いや、「処女か非処女かの違いが、他の属性の違いと独立していて、いかなる属性からも推測不可能なほどの違いである」ならば、処女厨の価値観は間違っていると言うべきではないか。処女厨を叱るべきではなかろうか。「そんな孤立した違いにこだわるのはやめろ。そんなこだわりは偏見だぞ」と。

処女と非処女が識別不可能であることについては、次のような事例が参考になる（2ちゃんねるスレッド「嫁が非処女だったから離婚したいんだが」より)。

1：以下、名無しにかわりましてVIPがお送りします：2013/10/25（金）20:53:07.04
別に非処女だから価値がないと思ってるわけではない
非処女は人間性には関係ないと思ってる
でも本能的に身の毛がよだつからどうしようもないんだ
見合いで結婚したんだが、その時にちゃんと処女じゃないと無理なんだって伝えた
でも処女だって言ったから結婚して・・・
そんで今になって実はねって話になった
今日、体何回も洗ったけどゾワゾワが取れない

12：以下、名無しにかわりましてVIPがお送りします：2013/10/25（金）20:57:52.04
嫁さんはその後なんと？

20：以下、名無しにかわりましてVIPがお送りします：2013/10/25（金）21:00:40.78
申し訳ないって言って謝ってた
俺も別に許さないいって訳じゃない
処女だろうと非処女だろうと嫁はいい奴だ

だけど体がそれを受け付けないというかゾクゾクして
まともに話すこともままならなくなって
自分でも嫌だと思ってるんだけどこのままじゃ共倒れになりそう
(中略)
本当はこれからもずっと一緒にいたいけど心理がそれについていかなさそう
精神疲労しそうだし夫婦仲がうまくいかなくなる
それでは嫁にも迷惑をかけてしまう
本当に嫁のことが好きなのにもう抱けない

71：以下、名無しにかわりましてVIPがお送りします：2013/10/25（金）21:44:26.98
どうせ言われるまで気付かなかったんだから、別にどっちでも良いじゃん

75：以下、名無しにかわりましてVIPがお送りします：2013/10/25（金）21:46:57.56
分かってる、でもそんな簡単なことじゃない
心の医者って具体的にどういうのならいいの？
心療内科？
治るまでしばらく嫁と別居してたほうがいいかな
(http://muriso9.blog.fc2.com/blog-entry-2131.html)

きわめて多くのまとめサイトに転載されて拡散しているスレッドである。「処女でないと無理」と結婚前に念を押されても、まさか「非処女」がそんなに大問題だと思っていない女にとっては、ジョークの一種としか聞こえないだろう。「騙す」という認識もほとんどないままに適当に「処女」と答え、結婚してしまう。

この投稿者は、「騙した嫁が悪い」という声に対して「慰謝料は要らないしむしろ俺が払うべきだと思う 俺が我が儘で耐えられないだけだから」と言っている。ひたすら自分を責める実存的処女厨であり、対外攻撃的なゲリラ処女厨とは違う。

問題は、投稿者が「偏見」に囚われてはおらず、過度のこだわりは「無意味だ」と十分わかっていながら「本能的生理的な感覚」レベルで耐えられない、ということなのだ（「蓮コラみたいなものか」「まだ蓮コラのがいい」というやりとりも含まれている）。この投稿者に「気の持ちようだろ」と諭すのは、ゴキブリは無害で可愛いから飼ってみろよとゴキブリ恐怖症の人に強要するようなものだ。

「それにしても大袈裟じゃないか？　非処女というだけで『体何回も洗ったけどゾワゾワが取れない』なんて……」と思う人もいるだろう。たしかにこの投稿者は例外的に強度の非処女アレルギーのようだ。しかし、もし「妻の結婚前の経験人数が三〇人と判明」と聞かされれば、たいていの男が「ゾワゾワ」ならずとも「ソワソワ」くらいするはずだ。

その感覚は女には想像困難だろう。ちょうど、「女って、電車内でケツ触られたくらいでどうしてトラウマになったりすんの？　減るもんじゃなし」という男の無理解ぶりと相似である。「……男って、奥さんが元彼とヤッてたくらいでトラウマになったりすんの？　出会う前のことなのに？　今さら減るもんじゃなし」

……男女の相互無理解はつくづく不幸のもとだ。

トピ主本人はハッキリ不幸になっているし、妻も、もはや愛されないのだから不幸である。このような、本来は幸せに展開するはずだった結婚生活を、非処女という要因があっさり覆してしまう可能性がある。そのことを女に認識させるのに、ネットの処女厨発言は一定の役割を果たしている。女の間で処女厨本能の認知度が高まり、対話や理性ではどうにもならない問題だという了解が広まって、不用意なセックスを未婚の女が思いとどまるようになれば、ここで見たような男女の不幸は相当数防ぐことができるはずである。

♥

女が痴漢に遭ったときの生理的不快感は、男には想像不可能だ。男自身は、見知らぬ女に触られたらちょっと嬉しいくらいのものだから。女だって喜んでんだろくらいの軽い気持ちで女の尻にさわる男もいる。とんでもないことだ。

同様に、妻が結婚前にどこかの男に挿入させていたという事実に嘔吐を催す男がおり、それほど潔癖でない大多数の男もいついかなるきっかけで嘔吐感が噴出するかわからない。そんなことは女には想像不可能だ。女自身は、結婚前に夫が誰と何していようが、ほとんど気にならないのだから。軽い気持ちで処女だと言って結婚して、後で知られてしまったりする。とんでもないことなのだ。

痴漢の罪については、刑法によって強引に男にわからせ、女の本能的生理感覚を守るシステムが完備している。しかし非処女についてはそのような公の措置などとられていない。そのため、男の本能は抑圧を強いられ、男のみならず女をも不幸にしている。だから男の本能を代弁して処女厨が刑罰に匹敵する悪罵を非処女に浴びせている――世のため人のために。そんな図式が成り立つわけだ。

だからといって、処女厨が非処女を叩き続けることが正当だということにはならない。処女厨式罵声の影響が望ましいものばかりとも限らない。処女・非処女の客観的属性のあり方とは別に、処女厨言説の影響力がどこからくるのかは検討に値する。そこで次に、なぜネットでは処女厨の威勢がいいのか、その言説の真偽、功罪は何か、について順に考えていこう。

本書で使用・引用した主な俗語

（文中で説明した語句は除く）

炎上……サイト管理者の想定外の書き込みが殺到すること。とくに、非難、批判、中傷といった否定的コメントが多く含まれる場合を指す。

カワ……「○○カワ」で「○○で可愛い」の意。エロカワ、ブスカワ、キモカワ、グロカワなど。

既読スルー……受信内容を読んでいながら返信しないこと。既読かどうかが送信者に伝わる表示機能を持つ LINE で使われる言葉。

キモオタ……キモいオタク。

コミュ障……コミュニケーション障害の略。とくに雑談が苦手なタイプ。

スルー……無視すること。

スレタイ……スレッドのタイトル。

セフレ……セックスフレンド。

トピ主……トピックを立てた主。掲示板で最初の書き込みをする人。トピックを「スレッド」と呼ぶ掲示板では「スレ主」とも。

ネタ……作り話。「○○ネタ」は「○○に関する話」の意で、実話や討論も含む。

ネットスラング……インターネットで生まれた（またはよく使われる）俗語。

蓮コラ……ハスの花托のタネが詰まった多数の穴の模様を、人間の肌などに移植したコラージュ。グロ画像の代表。

ハメ撮り……性行為の現場を当事者が撮影した画像や動画。

フツメン……容姿レベルが普通の男。イケメンとブサメンの中間層。

マジレス……必要以上に真面目な答えをすること。

マンセー……韓国語で「万歳」。

リア充……リアル世界での恋愛が充実している人、状態。

レス……返信。応答。「セックスレス」の略も「レス」というが、別の語。

DQN……テレビ番組『目撃！ドキュン』に出演した一般人に多いタイプ。非常識な人、知能の低い人。

JK……女子高生。

KY……空気を読めない人。

RPG……ロールプレイングゲーム。広義には、コスプレや SM プレイを含む「ごっこ遊び」全般。

第2章　×♀厨の形而上学　ネット空間特有の価値観があるのか

父親の方が母親よりも、娘の異性関係について神経質なのはなぜだろう？

近親相姦的嫉妬ゆえ？　そんな俗っぽい空想は的外れである。

前章を経てきた読者はもうおわかりだろう。きわめて多くの場所に転載されている2ちゃんねるの有名投稿（原文初出は二〇〇九年九月二一日）に答えてもらおう。

高校生の娘になるべく結婚まで貞操を守るように教えたら、嫁が高校生なのに可哀想とか文句いってくるので、
娘の眼前で俺の心の中を暴露しちまったよ。俺がどんなに苦しかったか。どんなに悔しかったか。
どんなに惨めか。離婚しても一向に構わない。
一生を養いたくない、とね。（中略）
嫁も娘も泣いちまったよ。でも仕方ないだろ。
俺は嫁と喧嘩したこともあまりないからさ、結構ショックだったろうな。ずっと理想の夫を演じて

きた。
でもさ、仮面を被り続けるのに疲れちまったよ。
嫁は謝ってくれたけどさ、(中略)
娘はよほどショックだったのか、結婚まで絶対そういうのはしないよ、って(後略)
(http://toro.2ch.net/test/read.cgi/lovesaloon/1391910147/414 他)

女親よりも男親の方が、男の本音というものをよく知っている。一触即発の男の生理が予感されているのだ。「なんか心の中でプツンと切れちゃったんだよね。嫁が何も言わなきゃ仮面を被り続けられたのかもしんないけど」と投稿は続く。「自分でも驚くくらいに嫁を罵倒しちまった。本当にびっくりしちまったよ」。早まった女が、婚活市場で自らの価値を下げるのみならず、結婚後にも潜在的に夫からどんな苦渋を見舞われうるかを、父親は感情レベルでよくわかっている。娘は彼氏と肉体関係があるのか、彼氏は娘と結婚する意思があるのか、娘は彼氏以外の男と遊んだりしていないか、男目線で気になるのは当然のことである。

これほど重要なトピックが、公の場にはまず出てこない。

「非処女は処女に劣るのか? 非処女とは結婚しない方がいいのか?」

この問いがその重要性に見合った声量で論じられているのが、なぜリアル世界でなく、もっぱらネット世界でなのだろう。

真っ先に考えられるのは、「ネットには本音が表われやすいから」という解答だろう。差別的、排外主義的な言説や猥褻画像、残虐画像がリアル世界よりも多く出回って閲覧者の原始的な願望を満たすのは、匿名社会たるネットの特長だ。人間の性的本音を求めてインターネットのアダルトサイト、セフレ募集投稿、掲示板、検索履歴などを調査する、という手法で大々的な性科学研究も発表され始めている（オーガス&ガダム、2012参照）。

個々人が責任を求められるリアル社会では抑圧せざるをえない本音が、無責任発言の許されるネットには表われやすい。その一例が「非処女蔑視」であり、「処女礼賛」なのだ。――この説を**「本音露呈説」**と呼ぼう。

「本音」は**「個人規範」**と言い換えることができる。個人規範と**社会規範**のズレ、つまり「あなた自身はどう思うか」と「世間ではどのように考えられていると思うか」のズレは、意外にも「社会規範が個人規範に先行する」傾向があることが注目されてきた（NHK「日本人の性」プロジェクト編、2002, p.22）。性の問題に限らず、タブー意識は、個人よりも社会（個々人が想定する社会）の方が緩やかな傾向があるのである。つまり、自由を求める個人の意識に社会規範が追いついてゆくという常識的な見方とは正反対に、実際は、マスコミなどで寛容な新しい社会規範（倫理、礼儀など）が煽られた結果、社会規範が個人規範として内面化されてゆく、という順序なのだ。家柄や出身地などによる差別意識が公に啓蒙的に非難され、人々の心の中からも次第に消えてゆくことを考えてみればいい。

これは基本的に、人間が「まじめ」だからである。個人規範で「真面目に(①本気に②誠実に)」振る舞っていた人々が、社会規範に「真面目に(③とりあえず忠実に)」従うようになり、形式的忠実が新たな本気・誠実へ深化してゆく(①②→③→①'②')という図式だ(ちなみに、「真面目」の意味として③を載せている辞書がほとんどないという山中(2011)の指摘は重要である)。

「未婚の女が処女を守る必要などない」「非処女は結婚相手として不適格ではない」「キズモノなんて概念は時代遅れだ」という新しい社会規範も、雑誌やテレビでは陰に陽にさんざん宣伝されている。しかしまだ個人の価値観がマスコミ的価値観に追いついておらず、そのタイムラグがネットに噴出するありさまが処女厨現象、というわけだ。社会規範に従わねばという建前的「真面目③」と、個人規範が命じ続ける本音的「真面目①②」という二つの真面目の間の軋轢が、処女厨発言となって軋み、ときとして実際の本音レベル以上に鳴り響いたりするのだろう。

この「本音露呈説」は信憑性を感じさせる。「匿名で発言するときに人は本音を吐き出すから」という一般論が、処女好みにも当てはまると考えるのは自然だからだ。男は心の底ではまだ誰もが、非処女よりも処女の方を尊いと思っているにもかかわらず、「今どき何を古いことを」「器の小さい男だ」などと思われるのがイヤで普段は(公には)そんなことを口にしない。「若者がセックスするのは自然であり、許されるべきことだ」という新しい社会規範に逆らうなんてジジイかババアみたいで格好悪い。しかしいざ匿名で語れるネットでは(私的には)、心置きなく本音の処女礼賛、非処女批判を書きまくる。――もっともな理屈である。

リアル世界で男が本音を隠す動機には、社会規範への遠慮(「小さい器イメージ」の回避)よりも積極的な動機も存在する。「女にモテたい」という動機だ。今どき、女に聞こえるところで処女を礼賛したり非処女を批判したりすると、セックスできる確率は必ず下がる。セックスに応じてくれる確率が高いのは処女よりも圧倒的に非処女の方なのに、その非処女を貶めるだなんて、そんなバカはいない。

匿名であれば、「モテなくなる」というリスクを負うことなく、ふだんセフレを務めてくれている有難い非処女たちへの内心の軽蔑を遠慮なく表明できる。近寄りがたい処女たちへの内心の尊敬を声高に表明することができる……。

本音露呈説の信頼性をさらに高めている要因として、さまざまな視点から同趣旨の発言がネットにあふれているという事実が挙げられるだろう。たとえば質問サイトには、「彼女が非処女なので婚約破棄したい」「彼女が非処女なので別れたい」「彼女が非処女と知ったとたん冷めてしまった」「彼女が非処女という事実に苦しんでいます」という「意見求む系の投稿」が溢れ、女からも「非処女を理由にフラれた」「非処女だから結婚できないと言われた」「非処女だと言って彼氏が愚痴る」という体験談が山ほど寄せられている。

既婚者からの悩み相談も多く、「妻が非処女だったので別れたい／愛せない／苦しんでいる」「妻が処女膜再生手術をしていたことが発覚した。処女だと思って結婚したのにこれでは詐欺」「友達が非処女を理由に離婚しようと言われた」等々。非処女に対し厳しいエピソードは、男女・未婚既婚を問わずあらゆる方面から寄せられている。

リアル世界で持ち出されたら一笑に付されて終わり、といったたぐいの「非処女がらみの悩み」が、ネットの質問サイトでは真顔で語られ、真顔の応答を集める。その一例を「ｍｓｎ相談箱」から引用しよう。


QNo.6324498　maemukiniikiru　2010-11-16 23:50:01
非処女の方と婚約、結婚された方に質問です。

妻に関しては、顔（化粧をしていなくても自分の好み）、身長、容姿、性格が自分の理想ぴったりで、自分より一回り以上若い、なのにしっかりしている、酒やたばこはしない、趣味や話が合う、一緒にいて楽しい、料理が上手い、女友達ばかりできちんと友達を大切にする、仕事を頑張っており貯金や経済力もそこそこある、自分とのエッチに積極的でどうすれば気持ち良いか工夫をしてくれるなど、大好きな点ばかりです。しかし、ただ一つの欠点が、処女ではないこと。このことで、妻を思い切り愛せない自分がいます。

（中略）私は世界中で妻が一番好きですが、処女の妻がいたらもっと比較にならないぐらい愛することが出来たと思います。その差はとても激しいのです。妻の初体験のことを考えるととても苦しいのです。もう死んでしまいたいと思うくらいに。私にも経験があるのに妻を責めることはとんでもないことであると頭では理解しておりますが、感情の部分でどうしても苦しくなってしまいます。

(http://questionbox.jp.msn.com/qa6324498.html)


前章の終わりに見た「処女だと言ってたのに結婚後に非処女判明」という事例とは違って「結婚前から承知の上での結婚」であっても、このような問題が発生するらしい。騙されていたわけでもないので

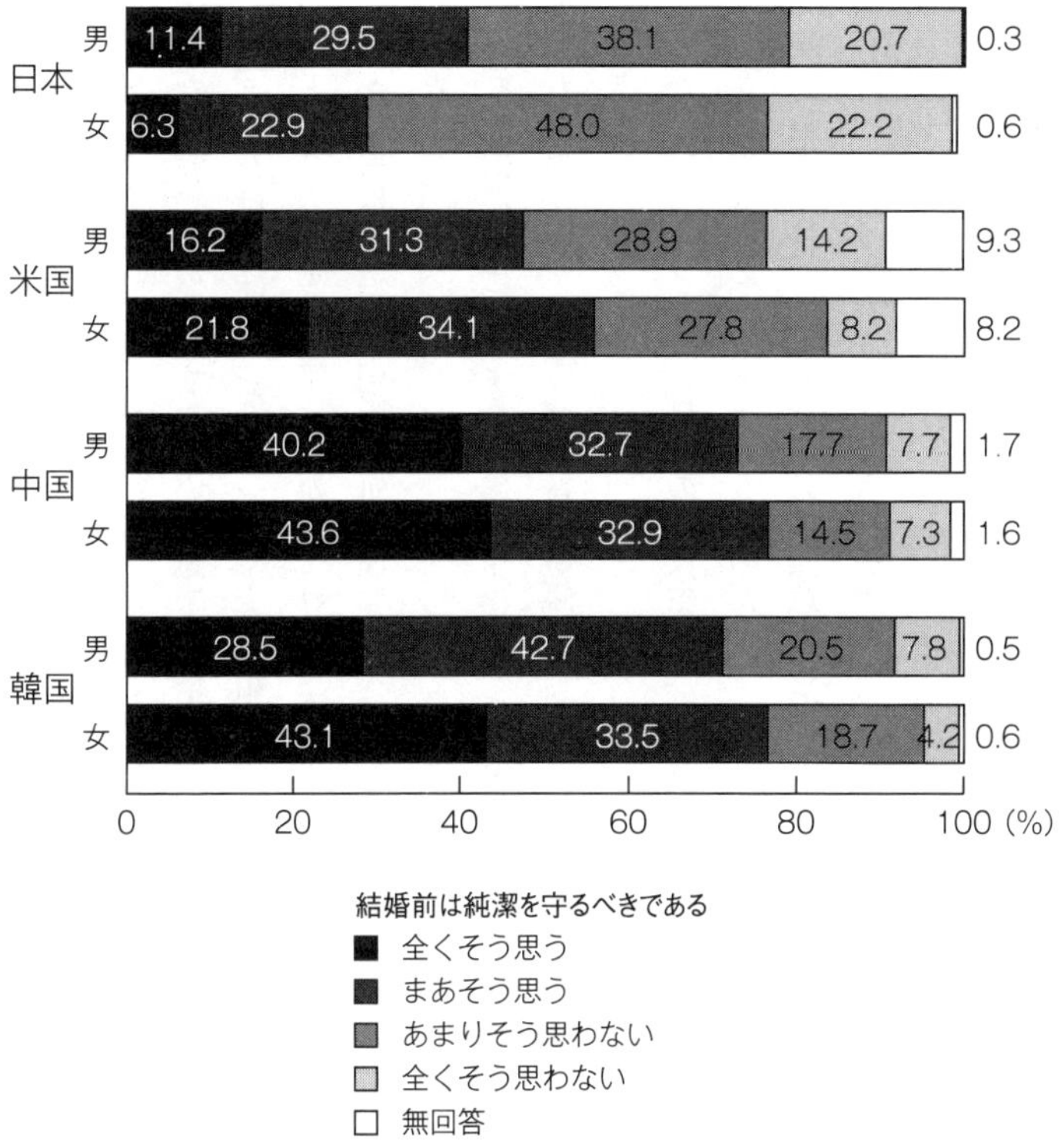

図表 2-1　財団法人日本青少年研究所「高校生の生活と意識に関する調査」(平成16年 http://www1.odn.ne.jp/~aaa25710/reserch/) より作成

特別に悩ましい理由があるとも思えないのに、ふと「非処女……」とこだわりが浮上してくる。

この質問者は、処女厨の類型的イメージとも言える「非モテ」「童貞」ではない。「自分は童貞ではなく、妻に出会う以前に、同棲経験、中出し経験、出会った晩にお持ち帰り経験、野外プレイ、処女を奪った経験等があります」という恵まれた男だ。そういう男が魅力的な妻について吐き出す悩み。瑣末に見えるだけに深刻だろう。このような相談に対しては、「好きならば非処女なんて気にならないはず」というのが定型の答えだが、これまた定型の答えは「好きだからこそ気になるんだ！」

確かに男は、遊びの相手の処女性など気にならない。気になることが愛の証明であるというのがまた厄介なのだ。

maemukiniikiru氏のような穏健な投稿から、罵倒・中傷・愁嘆まみれの乱戦へはほんのひとまたぎだ。非処女を嘆かわしく思う諸証言の豊饒さ、多様性、一貫性は、本音露呈説の正しさを証明しているように見える。

ちなみに、ネットで「日本の高校生は純潔意識がダントツに低い」というデータがしばしば言及される。それは図表2－1のようなものだ。

この調査では、日本人女子の貞操意識の低さが際立っている。男より女の方が貞操観念が低いのは日本だけ、というのも注目すべき特徴である。処女厨が危機感を煽るのにうってつけのデータだ。

ハリウッド映画などでイケイケイメージの強いアメリカの若者より日本の若者の方がはるかに純潔を軽視している、というデータは、確かにインパクトが大きい。中絶について日本人は欧米人よりずっと罪悪感が乏しい等々はすでによく知られていたが、日本ではセックスそのものの敷居もそんなに低かったのか……と。

ただしここに、日本人若年層の「本音」が表われているかというと、疑問である。「純潔を守る」とは、婚前交渉をしないという意味なのか、婚前交渉は結婚相手とだけ、という意味なのか、曖昧だからだ。おそらく前者のように理解されたのだと思われるが、「貞操」が問題となるのは後者についてなので、「純潔」の意味をそのように特定した質問にしないと、処女非処女論争に適したデータは得られない。

また、現実の身の回りの性のあり方への反省や危惧の念が「純潔の重視度」として回答に表われる可能性もある。その場合、性の乱れた社会ほど純潔意識は高くなりうるので、回答の傾向が母集団の生活スタイルをそのまま反映しているとは言えない。

さらには、男女の純潔をいっしょにすることが適切かどうか、という点も重要である。「男子が結婚前に風俗で性経験すること」への許容がかなりの率を占めている可能性もあるからだ。風俗体験と自由恋愛でのセックスとは、許容度が必ずしも連動しないだろう。処女非処女論争とはなおさら関係が薄いデータとなってしまう。

とはいえ、婚前交渉の許容度と、貞操意識の高さとの間には、とりあえず正の相関関係があると考えるのが自然ではあるので、このデータは議論のベースとして役立つとは言えそうだ。とくに次の二点に注目するべきだろう。

・日本人若年男女の八〇パーセント弱が（他国に比べて少ないとはいえ）、何らかの意味で「純潔」を尊

重しているという事実（男の本音が処女尊重であるという事実）
・純潔尊重意識の高い者の比率が、男女で二倍近くの違いがあるという事実（女の認識不足に対する処女厨的危機感が正しいという事実）

この二点をふまえると、多数の男の本音がリアル世界で抑圧されており、ネット世界でこそ噴出しているのだ、という見方にはますます説得力が感じられてくる。

処女関連の日本人対象の意識調査としては、もう一つ、必須の事項があるだろう。「どれだけの男が処女と結婚したがっているか」である。

処女関連の掲示板などに流布している情報源としての調査結果（アンケート自動作成CGI Version 2.14）を見よう。

男性の皆さん　自分の結婚相手は処女と非処女のどちらがいいですか？
1：絶対に処女がいい　330（66・4％）
2：できれば処女がいい　130（26・2％）
3：どちらでもいい　29（5・8％）
4：できれば非処女がいい　5（1・0％）
5：絶対に非処女がいい　3（0・6％）
投票総数497　投票期間：2007年5月22日10時50分～6月21日10時50分

（http://enquete.d-pad.co.jp/index.cgi?enq_name=7440&mode=display）

男のほとんどが処女厨、という結果になっている。先ほどの調査「純潔を守るべきだと思うか」とのズレは何だろう。回答者層および調査方法の違いによるものか、日本人は「好み（本音）と道徳的要求（建前）とは別」と割り切って考える傾向が強いということか。通常の道徳的問題では本音より建前の方が要求が厳しいと思われがちだが、ここでは本音を抑えて建前が寛容になっているところが興味深い（本章冒頭に見た「社会規範が個人規範に先行する」ことがここでも実証されたと言うべきか）。「本音露呈」を論ずるにあたって貴重なデータ一式と言えよう。

CGIのアンケート調査では、広義の処女厨が男の九二・六パーセントを占めている。2ちゃんねるや質問サイトで巻き返しを図る「非処女擁護派」ははたして実在の声なのだろうかと訝られる勢いである。このアンケートの母集団は男性限定だから、やはり非処女擁護・アンチ処女厨の大多数は女の声だったのだろうか。

それでも、処女厨でない男が七パーセント以上はいるじゃないか。そう非処女擁護派は息巻くかもしれない。だが落ち着いて、回答者が付けた「コメント」を見よう。3、4、5の回答者は非処女擁護派を勇気づける回答をまったく与えていないことがわかる。たとえば、「4：できれば非処女がいい」にはコメントがただ一種類。

「非処女なら浮気しても罪悪感ないから」

これを頼もしい非処女擁護だと感じる非処女はいないだろう。

「5：絶対に非処女がいい」に付けられたコメントは二種類。

「処女だと醜女か病気ってことだもの。結局はルックス重視」

「処女のほうがいい」

二番目は論外として、一番目は「今どき処女なんかほとんどいない」という都市伝説を鵜呑みにしたコメントだろう。前章で見たように、実際は二〇代、三〇代処女は町にあふれているのだが、マスコミの販売戦略に乗せられて「処女はほとんどいない」と信じる男は少なくない。「2：できれば処女がいい」の中にも、「でもした人が多いから非処女でも可」という弱気なコメントが見られる。

ともあれ以上のように、「男の本音が圧倒的に処女厨である」という現実を潔く認めるところから始めないと有意義な議論はできないようだ。

ただし、この種の調査は、「こういう問いに答えたいと思う男だけが投票する」というバイアスに冒されやすいことに注意しよう。無作為に抽出した男たちにこの質問をぶつける方法でないと、正確な結果は望めない。ＣＧＩのアンケート調査は無作為抽出でなされてはいないので、「投票した男」の傾向がわかるだけの偏った調査結果にすぎない。

とはいえ、投票者がこのように圧倒的に処女好みを表明しているという「偏り」それ自体が、次のことの証拠になっている。すなわち、「処女好みは、非処女好みよりもはるかに情熱的な衝動に支えられている」という事実だ。この種のアンケートを見たとき、中立派や非処女派はあまり情熱を持たないのでスルーするのに対し、処女派はすぐに我が選好を表明したくなる、ということが数字の偏りに示されているからである。

ここから、アンケート結果そのものにバイアスがかかっているにせよいないにせよ、深い実感を伴った好み、つまり「本音」と呼ぶにふさわしい行動要因として強く働きうるのは処女厨的衝動である、ということが結論できるだろう。

だからといって、本音露呈説で「ネットとリアル世界の落差」を説明し尽くせた、と考えるのは早計である。**「多重決定」**という可能性があるからだ。多重決定とは、その字面から推測できるように、「一つの出来事が、互いに独立の複数の原因によって引き起こされる、あるいは促されること」である。問題の結果が、複数の要因の相乗効果によって生ずる、というのは「多重決定」とは言わない。多重決定とは、問題の結果を単独で引き起こせるような原因が、独立して複数存在する、ということである。四人の狙撃者によって手足を一発ずつ撃たれた被害者が、それぞれの傷は致命傷ではなかったが合わせて出血多量で死んだ、という場合は、死が多重決定されたとは言わない。四人の狙撃者がみな、同時にあるいは相次いで心臓や脳を撃ち抜いて被害者を殺した、といった場合に、被害者の死は多重決定されたことになる。

ネットの非処女叩きという現象は「男の本音の露呈」という原因だけで起こりうるのだろうか。起こりうるかもしれないが、別の、これまた単独で非処女叩きを引き起こしうる原因が潜んでいるかもしれない。つまり、リアル世界ではさほど目立たない処女礼賛・非処女蔑視が、ネット世界では大声で表明されている原因を説明するのに、本音露呈説と並ぶ、あるいはもしかしたら上回る説明があるかもしれないのである。

♥

リアル世界では言いにくいが匿名空間のネットでなら言いやすい種類の発言は、「本音」だけではないことに注目しよう。そう、「欲望」の発露。欲望そのものは本音の一形態だとしても、欲望から発せられる言葉の内容が本音とは限らない。攻撃欲という欲求から、心にもない言葉（心にもない心ない言葉）が発せられることはありうる。そして攻撃的な「心ない言葉」が存分に言えるのはネットなのだ。他人の神経を逆撫でするようなことを言ってみたい、そんな破壊衝動に駆られるネット民は少なくないだろう。そこで考えられる説明は、**「釣り挑発説」**である。

顔出しで言いにくいことを言い放つ傾向を説明原理とする点で「釣り挑発説」は「本音露呈説」と同じだが、本音であれ建前であれ、とにかく「効率的に人を傷つける」ことを目的と考える点で「本音露呈説」と異なる。本音露呈説は発言者の動機が発言内容にあると考えるのに対し、釣り挑発説は、発言者の動機が発言の効果にありと診断するのである。

本音であるかどうか、真実であるかどうかは関係なく、注目を集める発言が優先される傾向がネットにはもともと顕著だった。アフィリエイト・マーケティングやアクセス稼ぎを狙うブロガーが多数生息するメディア空間である以上、当然のことである。そうした数量的モチベーションに加えて、釣り・挑発という質的モチベーションもまたネットの無責任情報風景を彩っているというわけだ。

　不毛な対立を煽って喜ぶ輩を指す「対立厨」、わざと物議を醸して注目を集め知名度アップを目論む「炎上商法」といった言葉もある。ネットには多くの貴重な発見や洞察が述べられているにもかかわらず、「ネットだから」と軽視され相応の評価を受けにくかったりするのも、対立厨の跋扈を許すようなネット特有の構造的弱点が知られているからだろう。

　さて、「釣り挑発説」は、ネットで非処女が侮辱され処女は侮辱されないのはなぜかをうまく説明できる。「本音露呈説」は、「男は本音では非処女を軽蔑し、処女を尊敬しているからだ」と説明したが、「本当にそうか？」と問われると、確証はないことがわかる。リアル世界の遊戯的恋愛では、男にとって処女よりむしろ非処女の方が有難いのだから、結婚より恋愛の価値観を上位に置いて、「セックスに応じない処女」をここぞと罵倒する、という逆の傾向が見られてもよさそうなものだ。なのに実際には処女への侮辱はほとんど見られない。非処女だけがサンドバッグ状態なのである。その理由は本音露呈説ではまだ十分に説明できていないように思われる。

　釣り挑発説なら、そこをスッキリ論理的に説明できる。ポイントは、処女と非処女の関係が片道切符の関係だということだ。

　かりに「処女なんて恥ずかしい、処女はダサい、処女なんてドン引き」と「処女叩き」がなされたとしよう。「処女はこんなに嫌われる！」という迫真的な、説得力ある実話エピソードが羅列され、徹底的に処女が貶められたとしよう。これで、誰が傷つくのだろうか。処女たちは傷つくだろうか。

　いや、処女らは、不安になるかもしれないが、傷つきはしないだろう。なぜなら、もし処女がそんなに嫌われるということであれば、処女を捨てる、という手があるからだ。処女を捨てるのは簡単だ。童貞を捨てるよりもはるかに簡単だ。すでに見たように「据え膳を食わせる」という方法があるからである。いつでも処女を捨てる覚悟をしておきさえすれば、処女叩きの言説がどんなに激しかろうと、処女らは全人格を否定されたように感じたりはしない。「このままでいいのだろうか」という不安が煽られるだけである。

これでは、人を傷つけたくてたまらない悪意のネット民としては、叩き甲斐がない。

そこで非処女叩きだ。非処女の方がはるかに叩き甲斐がある。なぜなら、「このままでいいのだろうか」という不安と「もう取り返しがつかないのか」という恐れとでは大違いだからである。非処女は、処女から非処女への片道切符を使ってしまった。もう元へは戻れない非処女に対して、非処女であることのデメリットをこれでもかと突きつければ、多くの非処女に致命的な喪失感を味わわせることができるのである。

「人を傷つける言葉」として、処女叩きよりも非処女叩きの方がはるかに破壊力に富み、サディスティックな欲望を深く満足させる凶器であること。それこそが、ネットに処女礼賛・非処女蔑視が溢れている理由である。……そう考えるのが、「釣り挑発説」だ。

しかもただ傷つけるだけでなく、切羽詰まった反論を誘発して、ブログや掲示板の炎上を狙う。そこが釣りの釣りたるゆえんである。ナイーブな反発がひとたび寄せられるや、愉快犯たちが寄ってたかって最初の非処女叩きを何十倍にも膨らましてくれる。引き金を引くだけで、非処女らへの精神的暴行をエスカレートさせられるのだ。

逆に言うと、人を傷つけたくなければ、非処女をいたわった方がいい。いたわるという消極的な姿勢でなく、積極的に持ち上げることができればなおよいだろう。売らんかな精神の女性誌やテレビ番組などマスコミがセックスの利点を説いて「キレイになる、経験値が上がる、愛され上手になる、テクが磨かれる……」等々、非処女のファッショナブルな生き方を肯定するのはそのためである。処女性の大切さを説いたりしたら、非処女を敵に回すことになる。非処女にそっぽ向かれたら商業誌も新聞もテレビも大打撃だ。

つまり必然的に、処女は女性誌などマスコミによって否定的に扱われることになるが、処女は大して傷つかない。理由は先ほど述べたとおりだ。処女は非処女予備軍にすぎないのだから、マスコミは非処女礼賛をしても処女を敵に回さない。処女としては近未来の自分像が礼賛されて何の不服があろうか。むしろいつまでも処女な自分を反省し、マスコミに教えを乞う態度が生み出される。したがって、処女性を貶め、経験値の高さを褒め讃えていれば、処女の不安を煽り非処女の安心感とプライドを満たし、両面において女性読者の関心を惹き、啓蒙的価値をアピールでき、販売部数が伸びるのである。

雑誌編集部のその種の基本方針については、私もいくつか経験がある。たとえば九〇年代半ばに、『ｅｚ』という若者向け総合誌の創刊にあたってエッセイ連載を依頼されたときのこと。二回まで書いたのだが、担当編集者がなにかと「もっと景気よく行きましょうよ！」と。たとえばピアスについて書いた回で私が述べたのは、「今どきの女子大生は意外と『貫通』に拒否反応を示す。ピアスどころかタンポンにすら偏見を持つ子が少なくない。男目線に鈍感なわりに女の生理的感覚は昔どおり」的なことだった。だって事実だから。

今でこそネットで、アイドルのピアス疑惑に憤る処女厨の生態が知られるようになったし、「タンポンが怖くて入れられない」という処女の発言がブログにあふれているが、処女性とピアス、タンポンの相関関係を指摘した（当時としては）「?」な私の観察を、編集者は理解しようとしなかった。「保守的な見方に偏ってますよ」と言い張るのだ。女子大の実態を知る権威の証言よりも、「ふつうに景気づけて煽って売る」方を望んだのである。

「お定まりの記事なら、他の人に頼んでください。私はやめます」と、私は連載を一方的に打ち切ったのだった。

私のように強く断れない執筆者やコメンテーターも多いのではないだろうか。たとえば、次の新聞記事はどうだろう。女性の性感染症は、不妊や赤ちゃんの病気の原因となる、と警告した記事である。

（前略）性感染症の予防は、「安易なセックスをしない」が大原則。「究極の予防は、結婚するまでセックスしないということになってしまいますが、まずは相手が不特定多数と安易に性交渉をしないような人か、ちゃんと見極めてから付き合ってほしい」と、藤田保健衛生大学医学部の藤井多久磨教授（産婦人科）は言う。（後略）（朝日新聞「体とこころの通信簿」二〇一四年四月七日夕刊）

普通は、健康医学関係の記事であれば、法律で許されていても健康に害のある行為はビシッと禁止する文面になりがちだ。「喫煙してはならない」「間食してはならない」というふうに。それがここでは、明らかに健康に害のある婚前セックスについて、禁止はせずに、「しないということになってしまいますが」と妙に遠慮したコメントになっている。相手や相手の相手や相手の相手の相手がヤリチンやヤリマンでないことを「ちゃんと見極める」なんて至難の業なのだから、性感染症予防を説く文脈では「セックスは配偶者とだけやれ」と諭すのが当然だろう。だがそんな当然かつ簡単なことが言えない。そこに、文脈を越えた「フリーセックス肯定」というマスコミ的建前の根強さが見てとれる。

このように、客に買っていただく媒体では、非処女を少しでも貶める言説はタブーなのである。リアル世界の有料出版事情と、ネット世界の無料閲覧事情との違いが、「セックスでキレイにvs.非処女はビッチ」の鮮やかな対照となって表われるのだ。リアル世界でちやほやされてきたぶん、非処女が予期せぬ悪罵によって被る打撃は、発言者のサディズムを満足させるものとなりうるだろう。

この「釣り挑発説」は、なるほどと思わせる説得力を持っている。先ほどの本音露呈説とこちらの釣り挑発説、どちらも真実の一面を言い当てていると思われる。本音も悪意も、ともに非処女バッシングの風潮を生み出す十分条件として働いているに違いない。

本音露呈説と釣り挑発説は、非処女バッシングに限らず、一般的にネット特有の風潮を説明できるという利点を持つ。たとえば、「ネトウヨ」つまりネット右翼と呼ばれる人たちの発言。日常生活ではとくに政治的に偏った考えを公言したりしない穏健な人が、掲示板やブログ、ツイッターで、外国人に向けたヘイトスピーチや、東京裁判批判、南京事件否定、元慰安婦罵倒などの過激な言辞を弄することがしばしばある。リアル世界よりもネット世界において世論が右傾化するという事実は、本音の排外主義・保守主義・懐古主義が露呈していると見ることもできるし（本音露呈説）、在日外国人や、外国人を伴侶とした日本人といった少数派を傷つけようというサディスティックな動機によると見ることもできる（釣り挑発説）。リアル世界ではさほど目立たない国粋主義的な主張が、ネット世界ではほとんどデフォルトとして流通している。非処女バッシングもネトウヨも、いずれの現象も統一的に説明できるところが、本音露呈説と釣り挑発説の利点と言えるだろう。

♥

さて、この二つの説とは根本的に異なる説も考えられる。**「選択効果説」**だ。

非処女バッシングの量がリアル世界とネット世界であまりにも異なっている理由を、選択効果説は次のように説明する。

「処女を重んじ非処女を嫌うオタク人種が、ネットによく書き込みをする傾向が強い。つまり、処女厨という性質と、ネット民という性質には相関関係がある。したがって、リアルな非処女嫌いの比率とは食い違った高い率でアンチ非処女の書き込みが見られる。それだけのことだ」

先ほど「結婚相手として処女か非処女か」のアンケートに因んで気にしておいたバイアスの問題である。アンチ非処女の言説は強い情熱に支えられているかもしれないが、決して多数派が抱いているとは限らず、数量が見かけ上誇張されているだけ、という観察だ。

選択効果説にはもう一種類ある。いま紹介したのが**「選択効果説：書き手バージョン」**だとすれば、次に見るのは**「選択効果説：読み手バージョン」**である。

「性の解放という風潮にともなって、処女を重んじ非処女を貶すという懐古的主張はリアル世界でめったに聞かれなくなった。ネットサーフィンでは、人はリアル世界の生活とは異なった心理状態にあるため、リアル世界では珍しい種類の言説に注目しがち。実際は処女バッシングや非処女マンセーもネットに多数存在しているにもかかわらず、雑誌・映画・小説・エッセイであまり見られない非処女バッシングだけが目につき、印象に残り、たくさんあったように感じられる。それだけのことだ」

読み手バージョンでは「ネットサーファーのうち書き手となる者が処女厨に偏っているだけ」、書き手バージョンでは「ネットサーファーの記憶が偏っているだけ」と説明される。リアル世界とネット世界の違いは見かけ上のこととされるのである。

「リアル世界にいるときとネット世界にいるときとで同一人物の人格が変化する」と考えるのが本音露呈説と釣り挑発説であるのに対し、「リアル世界での人格は保たれる（少なくとも、変化すると想定する必要はない）」と選択効果説は考えるわけだ。

選択効果説が正しいかどうかを調べるには、ネットサーファーの母集団全体の思想傾向と投稿者の思想傾向とを実際に調べる（書き手バージョンの場合）か、投稿記事の中での処女厨的記事とその反対傾向の記事との比率を実際に調べる（読み手バージョンの場合）か、とにかく検証してみればよいだろう。

検証の結果、選択効果説が言うような偏りが存在することがわかれば、選択効果説は、本音露呈説、釣り挑発説を補う第三の説明として尊重されることになる。偏りが存在しないことがわかれば、選択効果説は否定される。あるいは「ネット世界全般というより特殊なネット環境に限れば、書き手や読後感の偏りが生じうる」という未検証事実の指摘にとどまることになるだろう。

♥

本音露呈説、釣り挑発説、選択効果説という三つの説明原理を見てきたが、これらの説明に共通しているのは、「リアル世界とネット世界とでは、人間の言動に違いが生ずるのかどうか」という問題意識である。

まず、本音露呈説と釣り挑発説とを比べてみよう。両説の大きな違いは、重視する要因の違いに帰着する。本音露呈説は誠実さ定位、釣り挑発説は不誠実さ定位の説明である。つまり、本音露呈説は投稿者の誠実な心の発露を重視し、釣り挑発説は愉快犯的な不誠実な悪意を重視するということだ。この違いは、次の問いに集約することができるだろう。

問α　ネット世界の処女厨は、概して本心を述べているのか？

問αに対する正解がイエスならば本音露呈説が正しく、ノーならば釣り挑発説が正しいことになる。もちろん、真の正解は「両方だ」つまり「本心を述べている処女厨もいれば、釣りにかまけているニセ処女厨もいる」と言うべきかもしれない。加えて「本心と釣りの両方を兼ねて針小棒大に書き込んでいる処女厨もいる」に違いない。問αの正解はイエスでもありノーでもある。

それが穏当かつ妥当な考え方だろう。

しかし、「いろいろな角度からそれぞれの真実を捉えました」という折衷的安全策で防御していては探究は進まない。折衷主義は、探究を進める上で有益でないことが多いのだ。穏当な立場をとれば間違う怖れは少ないが、より奥底の真相を知る妨げになる。そもそも「概して」どちらなのか、という「弱

い問い」が問αの尋ねていることである。どちらの方がネット処女厨発言の実体をうまく捉えているのか。弱い比較判断なのだから、どちらかにはっきり軍配を上げる**「強い答え」**が望ましい。言い換えれば、追究すべき問題は、「本音露呈説と釣り挑発説のどちらを枠組みとして考えを進めてゆくのが、処女厨論として発展性があるか?」という方法論的姿勢のあり方である。

議論や証明のためにかりに正しいと仮定しておく命題のことを**「作業仮説」**と呼ぶ。問αの答えとして、有益な作業仮説になるのは「イエス:本音露呈説」「ノー:釣り挑発説」のどちらだろうか。

本心を述べたものと本心に反したもの、処女厨的投稿には両方とも存在するだろうとは推測できる。そのうえで、本音露呈説は前者に焦点を定め、釣り挑発説は後者に焦点を定めて、ネットの処女厨傾向の解明を進めようとする。ここで次の四点に注意しよう。

①「本音露呈」は、本心の発露に限られ、本心に反した言説は排除しているが、「釣り・挑発」は、本心に反した行為とは限らず、本心そのものに従って人を傷つけようとする場合も含む。

②本音露呈説は、リアル世界の真相について特定の仮説を述べている(「人々はネット以外では処女厨的本音を隠している」)のに対し、釣り挑発説はリアル世界のあり方について特定の仮説を示唆していない。

③釣り・挑発がリアル世界ではあまりなされず、ネット世界でのみ大々的に展開されるというのは、「釣り・挑発をしたい」という誠実ながら悪意の本音を隠し持つ人々が多いことを示唆している。つまりネット上の釣り・挑発行為も「本音」の発露の一例に他ならない。

④釣り・挑発がうまく働く条件の一つは、人々の眠った本音を刺激して「寝た子を起こす」的内容

が語られることである。釣りが反発を呼んで炎上が生じている現状は、釣り発言にネット民の本音を突く何かが含まれていることを示している。

以上四つのことを観察すると、次のことがわかるだろう。本音露呈説の方が、釣り挑発説よりも「強い命題である」ということである。

「強い命題」「弱い命題」というときの「強弱」は、情報量について言われる学術用語だ。強い命題の方が情報量が多く、狭く特定した内容を述べている。従って、それだけ偽である危険性が高い。逆に言うと、もし強い命題が正しいと証明されれば、弱い命題が正しいと証明された場合よりも、多くのことが判明したことになる。

ネットの処女厨優勢傾向の原因を「本心の露呈」と特定している本音露呈説に対し、釣り挑発説は、「本心の露呈かもしれないし、心にもない暴力かもしれない」と、広い可能性へと身を引いている（①）。本音露呈説の方が「強い命題」であることがわかるだろう。

次に、リアル世界は人々の本心を抑圧する性質を持ち、ネット世界にはその性質がない、という前提にもとづいて、リアル世界での本音がいかなるものかについて特定的な主張を述べるのが本音露呈説であるのに対し、釣り挑発説は、リアル世界について特定の属性判断をしていない（②）。

釣り挑発説にもし属性判断らしきものがあるとすれば、「非処女（その他片道切符を使ってしまった人々）を傷つけたい」という「本音」がリアル世界では抑圧され、ネット世界で露呈したのだという、本音露呈説の一バージョンとしての判断になっている（③）。しかも「傷つけてやりたい」という欲求の対象として非処女を選ぶということは、もともと非処女に良い感情を持っていなかったという証拠になっており、確信犯らの本音が処女厨的であってそれがリアル世界では隠蔽されていた、という間接表明になる。

そして、釣られて反発する人々の本音は、釣り発言の本音と類似していることが多い。あるいは、トピ主は本音の真逆を釣り発言しているとしても、レスをつける人々の発言はほとんどが本音であると見てよい。主役であるときより脇役としてあえて参加する動機に駆られたときの方が、人は誠実である確率が高いからだ。とくに質問サイトでは、質問そのものはネタであっても、それに対するさまざまな回答のあり方を調べれば、信頼できる「条件付き判断」が得られる。「これこれの質問が述べたような事柄がかりに起きているとしたら、人々はどう反応するのか」ということについての判断である。素材がかりにフィクションだとしても、それに対する反応はリアルである。質問サイトのＩＤから、他の質問、回答を辿ることができるので、質問と回答のネットワークからネット世論の構造を調べることもできる。そこには、個人が隠蔽したとしても自ずと露呈される本音の痕跡があふれているのである（④）。

こうして、本音露呈説を作業仮説とし、議論のパラダイム（枠組み）として採用するのが賢明だということになるだろう。本音露呈説が正しいと判明すれば、「なぜ非処女は本音で嫌われるのか」という次なる疑問に向けて探究を進めることができるからだ。本音露呈説がもし正しくないと判明したならば、釣り挑発説へ戻ればよいだろう。逆に、釣り挑発説をパラダイムにして、「本音かもしれないし本音に反してあえて言ってるだけかもしれない」「処女厨言説は誠実だというのは真かもしれないし偽かもしれない」という曖昧な観点を採ったのでは、キメが粗すぎて、次なる設問へ進めず、ネット諸言説の検証がしづらくなってしまうのだ。

以上、本音露呈説を釣り挑発説よりも優先的に作業仮説とする理由を述べた。

それでは、選択効果説はどうなのだろう。

問α「ネット世界の処女厨は、概して本心を述べているのか？」に、選択効果説はどう答えるのだろうか。

そう。選択効果説は、ネットの処女厨的風土の主原因を選択効果（データの偏り）だと考えるので、ネットから得られたデータをそのまま信じることをしない。ただし、書き手バージョンと読み手バージョンとでは問αへの応答が微妙に食い違う。

まず書き手バージョンは、実際に人々が処女と非処女に対して抱いている感情がどのようなものであれ、ネットには非処女バッシングの方向に偏った形で感情が表われる、と考える。したがって、ネットは日本人全体の本心の反映とは言えない。処女厨的ネット風土は、リアル世界の性質について直接は何も教えてくれない。

しかし間接的に教えてはくれる。すなわち、ネット世界から素朴に推測できるよりは、リアル世界の処女厨的傾向（抑圧されていようがいまいが）は薄いはずだ、ということだけを教えてくれるのである。したがって、問αに対して選択効果説書き手バージョンは、一応「イエス」と答える。ただし「処女厨言説の質と量がそのままリアル世界の趨勢を知る手掛かりにはならない」と警告するのである。

他方、読み手バージョンに従うと、ネット世界における書き込みの処女厨率は、印象を補正して改めて客観的に数え直せば、リアル世界での発言の処女厨率と変わらないだろうと推測される。つまり、ネット世界の諸言説は、リアル世界の世論を基本的に正しく反映している。ということは、問αに対して選択効果説読み手バージョンは、「イエス」と答えるだけでなく、「処女厨言説の質と量がそのままリアル世界の趨勢を知る手掛かりになる」と主張するだろう。

いずれにしても選択効果説は、ネット処女厨の言説が彼らの本心であると見なす点で、本音露呈説と一致するのである。

♥

本音露呈説を支持する考察を一つ追加しておこう。

処女厨は、本心から「処女好み」を表現しているとともに、本心から「早まった処女喪失の過多」を嘆いているらしい。なぜそう言えるかというと、他ならぬ女自身がそう感じている節があるからだ。そう、序章「問６」で見た「やり逃げ」されて落ち込む、という女特有のありふれた現象である。処女だけでなく非処女にとってもやり逃げされるショックは相当なものらしい。このことは、性と愛を切り離す男の本性に対して無知なまま、無理して股を開く女が多すぎる、という事実を示唆している。女の性的振る舞いが適量であれば、「やり逃げ」という苦情がこんなに世にあふれかえるはずがないだろう。

処女厨の憂慮は、女がしばしば不適切なセックス（表面だけ合意あるかにみえたセックス）をしてしまう傾向への疑義から生じている。不適切なセックスをする女が処女だった場合、処女厨の憂慮が憤激に変わるわけだ。「やり逃げ」は、女がセックスの敷居を下げすぎた現実そのままを反映している。「女は男への迎合をやめて、自身の純潔意識にもっと素直であってよいのでは」という提言として見ると、処女厨の言葉は世の実態を突いているのだ。実態を突いている以上、処女厨の本心からの現実認識にもとづいている確率が高い。

以上の準備を終えた結果、われわれは、本音露呈説をメインの作業仮説として採用することとしたい。もし必要が感じられれば適宜、釣り挑発説と選択効果説によって微修正や補正を加えればよいだろう。

そこで改めて、次の疑問を追ってみよう。

「リアル世界では目立たない処女厨が、なぜネット世界では騒々しいのか？」

もう少し具体的に言い換えると、

「男はなぜ、リアル世界で自分の処女厨を公言するのを憚るのか？」

これに対する答えは、本音露呈説を初めて提示したとき、すでに二種類示唆してあったことをご記憶だと思う。その二つの答えにも学説名を与えておくのが便利だろう。

・**消極説**（悪評回避説）……処女厨がバレると「器が小さい」「自信がない」と思われそうで、恥ずかしい。

・**積極説**（利得確保説）……非処女を敵に回したら、セックスできるチャンスが減る。非処女はおだてて大いに楽しませてもらおう。

この二説のうち、ネットでよく語られるのは消極説の方である。処女厨は童貞だろう、非モテだろうと疑われるのが常だ。「男は親密な女に対して優位に立ちたがるものであるから、性的な経験値が自分よりも上な女には気後れしてしまう。なので童貞としては必然的に処女を求めるしかない」……だいたいそんな論理構成である。

したがって、童貞であると見抜かれて経験値の低さを嘲られたり同情されたりする憂き目に遭わないためには、いかにも童貞っぽい「処女へのこだわり」を隠さねばならない。こうしてネットで処女厨をカミングアウトする人々は、リアル世界でのコンプレックスを匿名空間で存分に晴らしているのだろう、と揶揄されるわけだ。

消極説が童貞や非モテの本音隠蔽を説明する理論であるのとは反対に、積極説は、モテ男、ヤリチンの本音隠蔽を説明する理論である。男の本音は「付き合う相手としては非処女、結婚相手としては処女」というダブルスタンダードで女を選ぶ。その見方はネットでの常識にもなっている。ヤリチンではないモテ男、高スペック男にも積極説は当てはまる。女にモテていつでも親密なセックスができる高スペック男の多くが、結婚となると非処女セフレを全員切り捨てて処女を選ぶパターンに落ち着きがちだ。少なくともネットではそのように思われている。

ところがリアル世界では、一人につき原則一度の結婚・婚約事情よりも、数多くの大小さまざまな恋愛事情の方が人々の耳目に触れやすい。よって、男の好みは処女よりも非処女に向かっているかのような偏った印象が醸し出される。女の多くがその見かけにだまされるが、男の本音は「一生ものは（妻にするのは）処女でなきゃ」というものだ。少なくともネットにはそのことを示す多様なエピソードがあふれかえっている。

かりに、処女であるというメリットが小さなものにすぎないとしても、贅沢を言える強者（高スペック男）はそのメリットをものにする余裕があるわけだから、スペックの高い男ほど処女厨度が高い、というのは当たり前のことなのである。

ネットで職業を明かしている処女厨には、医師、医学生が異様に多い。医師は大金持ちになりうるかは別として少なくとも安全圏の高収入が見込まれ、結婚市場の強者だという自己認識が働くのかもしれない。とすれば、それが自然と、本音の処女厨傾向を露呈させるのだと言えよう。

こうして、オクテの草食系男子も、ヤリチンも、普通のモテや高スペック男も、男という男はみな、外ヅラでは女の性的解放に物わかりよい顔をし、内心では処女を尊重している——これが消極説・積極説合わせてのリアル世界像だということになる。

男が女に本音を見せない理由はこのようにいくらでも確認できるが、消極説と積極説をもう少し詳しく分析してみよう。

消極説は、とにかく「モテないダメな男」だと思われることを回避しようとする男の見栄と防衛本能を重視する。とくに男どうしの中で「ダメなやつ」といったん思われてしまうと、なかなか良好なポジションを得られなくなるという現実がある。ゲイだとかフェチだとか特殊なキャラを確立している男は別として、通常の男性社会的価値観の中では、女に縁がないことは最大の弱点と見なされてしまう。処女厨はそんな「モテないダメな男」の典型的証拠と見なされる。具体的には、次のような性質を備えていると考えられてしまうのだ。

おまえ処女厨かよ……ダサいな（今どき何こだわってんの）、キモいな（下半身がすべてかよ／もっと精神的な繋がり重視しろや）、ウザいな（女が何してようが余計なお世話だろ／なぁに親目線の道徳押しつけてんの?-）、トロいな（モテないんだろ／イケてる女だと劣等感に凹むんだろ）、ヘボいな（自信ないんだろ／競争率低いブスな処女で我慢してろ）、イタいな（独りよがりの「本音」触れまわってんじゃねえよ／一人で落ち込んでろ）

ダサい、キモい、ウザい、トロい、ヘボい、イタいの六重苦を付与されてしまうのである。実際にはいかにリア充であろうとも、処女厨傾向が判明するやいなや、多かれ少なかれ六重苦的体質を疑われる。その烙印を押されてしまうと、かりに実際はモテるという事実が知られているとしても、免れるのは「トロい」「ヘボい」だけであり、残る「ダサい」「キモい」「ウザい」「イタい」四重苦の疑いは晴らすことができない。本物の六重苦処女厨よりもむしろモテ男の方が、「おまえ意外と……」的な濡れ衣を避けたい動機は強いだろう。

こう考えると、消極説は、モテだろうが非モテだろうが、男全般に内在する「非モテの烙印回避欲」「ダサい道徳主義者の烙印回避欲」によって「処女厨的本音を隠したい衝動」を説明する優れた理論だと言えるだろう。

積極説はどうか。消極説が、主に男どうしでの風評対策に関わる説明であるのに対し、積極説は、直接に女の目を意識したポーズに関わっている。物わかりよさそうな女を「お持ち帰り」しようというときに、「処女が好き」などという本音を悟られるわけにはいかない。だいいち「お持ち帰り」のような状況においては、「処女が好き」は真実でないのだから。「処女が好き」はあくまで一夫一妻的**〈究極の本音〉**であって、その場ではペンディングにされており、「処女は重い、めんどくさい」という**〈当面の本音〉**に取って代わられているのだから。

〈当面の本音〉とは、建前ということではない。建前なら、遊びの文脈においても「おいおい、女がそう軽々しくイエスと言うなよ」となるのではなかろうか。〈当面の本音〉とは、とりあえず遊びの相手を探すときや遊びで付き合うときの本心ということである。遊びの文脈では、「処女はちょっと……」と本心から敬遠する男は少なくないはずだ。

すなわち男の本音は、すでに見たように、短期的恋愛や行きずりセックスの文脈と、真剣な恋愛や結婚の文脈とでは、正反対を向いている。男は、手っ取り早く楽しいセックスができる非処女を有難いと思う。よって彼女らの存在意義を否定するような言動は慎むことになる。処女厨っぽいことを言う人間は、男であれ女であれ、敵である。機密情報漏洩罪だ。男がみな処女厨だなどとバレたら、セフレ候補の非処女に引かれてしまうではないか。だから心底、非処女たちのご機嫌をとりたいと思っている。結婚を前提としない付き合いにおいては、大らかな非処女らと楽しく過ごし、いざ結婚の段になって、掌を返したように処女を選ぶ。これが賢い男の戦略なのである。

消極説が「ダサい」以下六重苦によって本音隠蔽を説明したのに対し、積極説は「ズルい」動機によって本音隠蔽を説明する理論だと言えるだろう。しかも消極説のような建前による隠蔽ではなく、一つの本音を別の本音によって隠蔽するという、根深い構造を持つ。換言すれば、〈究極の本音〉と〈当面の本音〉という二つの本音を抱かざるをえないというのが男の大きな根源的本音であり、二つを別々に隠蔽するというより、そもそも本音が二種類あるという事実そのものを隠しておかねばならないのである。

♥

恋愛と結婚をめぐるズルい二重基準は、男が女に隠しておかねばならない最大の本音と言ってよいだろう。男による本音隠蔽は、「性の解放」の風潮が進むにつれて、ますます成功を収めている。なぜ成功しやすいかといえば、前述のように、二重基準の二つともが「本音」にもとづいているからだ。ナンパや恋愛の場で男は、「処女はめんどくさい」という素振りをする。その「素振り」は、究極の本音には反するが、当面の本音には忠実だ。だから演技する必要などなく、感じたままを言ったり振る舞ったりすればいい。「処女かよ、勘弁してくれよ」と。

しかしなぜ、男はそのような〈当面の本音〉を抱くのだろうか。結婚相手には処女を望むという〈究極の本音〉を秘めながら、軽い恋愛や行きずりセックスの場合に男が処女を避けたがる〈当面の本音〉の理由は何だろうか？

主な理由として、四つ挙げることができる。

そのうち三つはネット世界ではもちろんリアル世界でもしばしば語られることであり、推測しやすいだろう。ただしそのうち二つだけが本当の理由であり、一つは錯覚にもとづくウソの理由である。残りの一つは、ほとんど語られることのない理由だが、もしかすると処女厨の心理に最も影響を及ぼしているかもしれない重要な理由である。

とりあえず四つの「男が処女を本心から避ける理由」を紹介しよう。

① その歳で処女とは、なにか心身の問題でも？
② 重い。結婚あるいは少なくとも交際を迫られるのではないか？
③ 軽い気持ちで非処女を世にリリースするのは気がとがめる……。
④ 挿入が大変。反応にも難。つまり手っ取り早く快楽を得られない。面倒だ。

これらを、A、B、Cに分類してみてほしい。

〔A：よく言われる本当の理由二つ／B：よく言われるが偽なる理由一つ／C：ほとんど語られないが重要な理由一つ〕

いかがだろうか。

そう。

〔A：よく言われる本当の理由〕は、②と④。〔B：よく言われるが偽なる理由〕は、①。〔C：ほとんど語られないが重要な理由」は、③。

処女が敬遠される理由として①がしばしば挙げられるのだが、女の年齢にかかわらず――三〇代だろうが四〇代だろうが――処女だからといって非処女の場合より悪いイメージを持つ男は皆無だと言ってよいだろう。それは、高齢未婚女性が美人である場合、不美人の場合より悪いイメージを持たれることがないのと同じである。年齢にかかわらず、美人は、そして処女は、イメージがよいのである。高齢未婚処女のイメージがよくないとしたら、それは処女だからではなく、高齢ゆえだろう。セックスまでして相手と結婚できなかった高齢未婚非処女（と思われていた女）がもし処女だと判明したら、そのぶんイメージがよくなりはしないだろうか。念のため言い添えると、未婚処女ということは、恋愛経験なしを意味しない。恋愛経験豊富でも体を許さずにいられる女は、いくらでも存在するのである。

ちなみに同じことが容姿についても言える。「処女も美人なら価値があるがブスじゃ印象悪くなるだけ」としばしば言われるが、処女ゆえに印象悪化ということはありえない。繰り返すが、処女というのは恋愛経験なしという意味ではないので、特定のブスが処女だったからといって「やっぱり非モテだったか」という推論は支持されないのである。

前章で見たように、リアル社会でもウェブでも、「その歳で処女なんてブスばかりだろ」的発言は多いが、それは不特定女性の統計について抱かれるあやふやなイメージであって、特定の一人の人物について「処女」と聞いた場合、「非処女」と聞いた場合より印象が悪くなることはまずありえない。にもかかわらず、婚外セックスの相手としては望ましくないと多くの男が思う。実際、非処女を選ぶ男の方が多いだろう。つまり、セックス相手として処女が避けられる原因は、女あるいは人間としての問題が疑われるからではないのだ。

②と④はわかりやすいだろう。まさに、社会的義務を負わずに生理的快楽を得たいという身勝手な男の、積極説そのままの本音が表われている。処女だと打ち明けたとたんにフラれた、という女の嘆きが質問サイトでちらほら見られるが、フッた男の心理は主に②④である。そういう男は不誠実か、真剣に愛していないかどちらかなので、女としては別れられて幸いなのだが、「好きな彼氏にフラれたのは処女だったせい」と、処女コンプレックスをさらに深めてしまったりするわけである。

問題は③である。これは、四つの中で唯一「処女厨心理」と呼べるものであり、きわめて重要である。しかしなぜかほとんど語られることがない。とくに女の観点からすると、男が③のような「罪悪感」を抱く心理は想像しにくいようだ。たとえば、一八歳での処女喪失体験を描いた北原みのりの文章を見よう（北原、2011, p.68）。

〝ディスコ〟で遊ぶ私にものすごく自然に声をかけてきたその彼は、見るからに軽く、見るからに遊び人で、見るからにたくさんセックスしているような男の人で、童貞の同級生たちとは全く違うタイプの人だった。私は彼に誘われるままセックスをした。そして、それはそれは、今から思い出してもあっけない「処女喪失」だった。そのあっけなさに私は安堵した。

問題は、セックスの後に起きた。セックスの後にシーツに私の血を発見した相手が「処女だったのか？」と驚き、頭を抱え、うめくような調子で、「まいったなぁ」というようなことを言い出したのだった。私は処女でないフリをしていた。男は私が責任を取れとか言い出すとでも思ったのだろう。男の苦悩した顔に、驚き、次第にとんでもないことを私はしているのかな、という気分になった。

北原が男の心理として思い浮かべたのは、②である（事後だから④は除外される）。一九八九年の一八歳と言えば、その場でその程度の認識だったのはまあ当然だろう。しかし面白いのは、それから二二年たって豊富な男性経験を積んだ北原が、依然としてその認識レベルを保っているという点である。

北原の初体験相手のその時の心理は、まず間違いなく、③であると思われる。ちなみに上記の一節を示して複数の男に質問したところ、全員が③に相当する回答をし、私の直観を裏づけた（私のまわりの男の傾向がたまたま偏っていた可能性もあるが、③が無視できないことの証拠としては十分である）。

男にとって行きずりのセックスは身勝手なものだが、少なくとも、女が自ら見抜いたと思っているほどには、男の心理は利己的ではない。男のセックスといえども、決して破壊行為ではないのである。男は、女が想像するよりもセックス相手のことを思いやっている。といっても、思いやりを示すのは処女に対してだけだが。

男がみな多かれ少なかれ処女厨傾向を持つことを思えば、「処女だったのか？」「まいったなぁ」の心理は容易に推測できるはずだ。見ず知らずの女であっても、大した情熱も愛情もないまま処女を捨てたとわかったら、男は「なんともったいない！」という感慨を抱くはずである。目の前で見知らぬ人が手首を切ったらあなたはどう感じるか。平然としてはいられないだろう。愛のない処女喪失は、リストカットのような自傷行為として男の目には映るのである（大半の女にとってもそうだろうが）。

「いただいたぜ、ラッキー！」というサイコパスな男も少なくないだろうが、その大多数が同時にこんな気持ちを噛み締めているはずである。「初めてなら先に言えよ……もうちょい考える猶予くれてやったのによ……もったいないことする女だな……」

どんないい加減なチャラ男も、「愛も自覚もない処女喪失」には引くのである。

♥

③の心地悪さには、実は「女への優しさ」より重要な要因がある。

行きずりの軽い関係で処女を奪うことに罪悪感を感じる男であっても、一応親密に付き合った彼女であれば、処女を奪ったうえで別れることにさほど抵抗を覚えないだろう。後者の場合は、セックスに至るだけの十分なムードや流れや覚悟が存在していたからである。結婚に至るそれなりの確率も含めてだ。つまり男が居心地悪く感じるのは、「女がセックスを安易に考えていること」なのである。男が自らの内に暗に意識している処女尊重感情と、それを踏みにじるかのような女自身のお気楽さとの矛盾が苛立たしいのだ。だからこそ、濃密な親愛の中での処女膜貫通にためらいを感じない男が、行きずりの処女喪失にはなんとも苛立たしい思いを味わうのである。

「処女は大切」などと思わないタイプの男でも、処女を粗末にした初体験の話には少なからぬ不快感を覚える――その意味でどんな男も処女厨なのだ。

質問サイトで、彼氏のいる処女に対して「セックスの前に必ず処女だと言え」とアドバイスする回答者が多い。そのアドバイスは正しいということがわかるだろう。事後にわかったのでは感動が薄れる、という男都合も含まれてはいるが、それよりも、「処女」という情報に対する彼氏の反応を確かめもせずやってしまう女は、セックスを軽く考えていたことを暴露したも同然だからである。そういうとき男は相手に「女らしさ」を感じにくくなり、不愉快になるのだ。「処女を捧げたのにやり逃げされた」という女は、そのパターンが多いのではなかろうか。

それなりにちゃんと愛して、考えた結果の処女喪失なら、男は理解できるので許せる。そうでない処女喪失は、男の価値観とのギャップがあまりに大きく、理解もできないし許せない。処女厨心理の核心はここにあると言ってもよいだろう。

安易な処女喪失こそ、処女厨的価値観が踏みにじられたことの象徴なので、その現場に自分が立ち会いかつ荷担することには、なんとも自己否定的な不快感を覚えるのだ。「セックスを軽々しく考える女」との遭遇は、その種の女の増加すなわち処女率低下を証拠立てる経験であり、いずれ自分が処女を求めるようになるとき（妻を得ようとするとき）苦労しそうだ、という潜在的恐れを増強する。処女厨は結婚願望の強い男なので、女がセックスを恋愛とばかり結びつけて、セックスと結婚との特権的結びつきの方を忘れがちなところに危惧を抱くのである。

したがって、③の処女厨心理を細分化すると、③-a．無知女への痛ましい同情、③-b．価値観を共有できない相手への苛立ち、③-c．適齢期処女厨への連帯的感情移入、この三つが観測される。「非処女を歓迎し処女に引く」心理の重要部分を、これら三つの処女厨心理が担っているわけだ。

こうして、男がカジュアルなセックスで「処女に引く」理由として多くの女がイメージする②④のほかに、③が主要な理由として存在することは間違いない。そして、男のその心理は、女が考えているよりも男は処女を重んじているがゆえである。軽々しい初体験が男女関係に及ぼしうるマイナス作用についての少なからぬ罪悪感こそ、処女厨的苛立ちの主たる構成要素なのである。

マイナス作用とは、女の将来に関して見れば、「結婚相手として多くの男から避けられる」ということだ。処女喪失によって女は、セックス込みの屈託ない恋愛を楽しみやすくなったのと引き換えに、いずれ出会う本命男との幸せな結婚のチャンスを激減させている。そのことが、男にはわかっている。結婚市場において、非処女は処女との競争にハンディを負っているということを、男は見て取ることができるからだ——自らの男性心理を覗き込むだけで。

ここまで述べた男性心理は、紛れもない事実なのだが、女は男のこういった習性を知識としてなんとなく聞き知ることはあっても、信じる気になる女は意外と少ない。女は男に比べると恋愛での戦略と結婚のイデオロギーが連続しており、かつ自分を基準に相手の心を判断してしまう。ゆえに、軽い恋愛における男の態度がそのまま一生の選択の場でも保たれると勘違いしがちなのである。〈当面の本音〉と〈究極の本音〉の悲しき混同だ。

「いや、女だってわかってる。女自身も恋愛と結婚は分けて考えてる。同質だなんて考えてない」という反論は当然ありうるだろう。それは真実である。女は、排卵期にはマッチョな肉食系男子に惹かれ、排卵期以外には安定感ある優しそうな男子に惹かれるという微妙な傾向があるという（モアレム、2010, pp.105-8）。子どもの遺伝子は「魅力的なオス」からもらい、子育ては「誠実なオス」にやらせるという、最も有利な繁殖戦略——鳥などにも広く見られる**「混合配偶戦略」**——が人間の女の心身にも刻印されているのだ。

しかし、排卵期の欲求が行動に反映されるのは、主に「浮気」としてである。少しでも持続的な交際のパートナー選択は、長期的見通しによって支配されやすい。つまり女にとっては、どちらの基準がメインかがはっきりしており、安定した配偶関係を睨んで恋愛の相手も選ぼうとする。

したがって男と比べた場合、「結婚に至らぬとわかっている恋愛」や「恋愛とは無縁のセックス」に乗り気な女が少ない、という事実は動かしようがない。女は男に比べてずっと、セックスと恋愛、恋愛と結婚を結びつけたがる。非処女も含め多くの女が、「付き合わないのだったらセックスなんかしない」「結婚しないとわかってるならこれ以上付き合うのは無駄」と公言しがちであることは、さまざまな場で観察されている（私自身ただちに一〇例以上思い出せる）。序章「問6」で見たように、「やり逃げ」という俗語の使われ方が典型例だ。ネットで痛切な相談を繰り返しているのは女ばかりである。女にとって「やり逃げ」を被ることは、どんなに長く付き合った後でも、処女か非処女かを問わず、警戒すべき事態なのだ。

むろん実際問題としては、恋愛と結婚とで別タイプの男を相手にしている女は少なくない。前章で見た「非処女と結婚してはいけない」のアジテーションを思い出そう。そこに反映されているような、〈若い頃の恋人としては軽めの魅力的な男、夫としては経済力ある誠実な男〉といった使い分けである。「五年付き合った自慢の美形彼女にプロポーズしたら、合コンで知り合ったというセレブ医師に鞍替えされた」といった低スペック男の嘆きはしばしば聞かれる。

女が恋愛の相手としては男のスペックにこだわらない、というのは、しかし学生時代までだ。こだわりたくても、高校や大学の同級生の将来の稼ぎぶりを見通せないからである。社会人になって彼氏がフリーターにとどまりそうだとわかったりすれば交際は途切れ、女は交際相手の年収の下限を設定する傾向があるのだ（門倉、2009, p.37）。恋愛相手と結婚相手の基準が改めてきっちり統一される。実際、アンケート調査でも、高所得者とワーキングプアの有彼女率には大差があるのである（門倉、2009, pp.49-54）。

学生時代には低スペック男（といずれ判明する男）と付き合う女が多いこと自体も、女の本音の反映とは言いがたい。恋愛は男からアプローチして始まることが多いゆえの付随効果である可能性が高いからだ。高スペック男は、勉学や趣味に打ち込むあまり恋愛ではオクテになりがちである。加えて、知的で誠実な男ほどKYやセクハラにならぬよう気を遣う（つまり「社会性」が高い）ので、たとえ「据え膳」の機会があっても手を出さなかったりする（杉浦、2011, pp.190-2）。婚活市場で需要の高い誠実タイプ男は、独身時代は意外と女ッ気がないのだ。すなわち、恋愛市場での「彼氏」の母集団は、女の本音から推測されるのに比べて低スペック層に偏っている。女の見かけ上の「恋愛と結婚のダブルスタンダード」がこうして発生するが、それは、男のような本物のダブルスタンダードとは違う。女は、たまたま近づいてきた男と〈当面〉付き合いながらも、〈究極の相手〉は熟慮しなおす、というだけのことなのだ。

しかも、そうした妥協の産物である恋愛であっても、相手のスペックが許容範囲内なら、女は男に比べて、そのまま結婚に持ち込もうとする傾向はやはり強い。したがって、男からの求愛行動のうち、短期的関係を強く示唆する種類の行為――たとえばナンパ――を、性犯罪なみに忌み嫌う女も少なくないのである（坂口、2009, p.52）。

むろん、恋愛において女から積極的にアプローチするケースもしばしば見られる。その場合は、安定収入や社会的地位をすでに得ているか高確率でそれが見込まれる男をターゲットにすることがほとんどである。貧乏なイケメンが目標になることはまずない。大多数の女にとって、主体的恋愛と結婚はまさに一続きである。

精神的に健康な女がセックスを受け入れるのは、かりに結婚を意識しないにしても、長期的恋愛関係を前提にしている場合がほとんどだと言えるだろう。「セックスの事後に起こるレイプ」も珍しくないと言われる。セックスしたのにそのあと男が付き合いに消極的なので「そういうことなら同意しなかった」と女が訴える事例だ（ベイネケ、1988, pp.245-7、牟田、2013, 第5章）。男がそんな訴えを起こすことはありえないだろう――むしろ「付き合いもしない女とやれてラッキー」となるはずだ。

結局、長期関係で好ましい〈究極の相手〉と短期性愛で好ましい〈当面の相手〉について異なる二つの評価基準を適用する、という男の本能的事実を、大多数の女は実感レベルで理解できていない。男が愛ナシでいくらでもセックスしたがる動物であるということ、のみならず愛ナシの方が心置きなくセックスを楽しめたりする動物であることは、「初対面の商売女に挿入するために金を払う男が大勢いる」という事実を直視しただけでわかりそうなものだ。しかし女はあくまで「彼はちがう」などと幻想を信じ込むのである。

♥

男は、結婚相手および真剣な恋愛対象として処女を望む〈究極の本音〉と、軽い恋愛や遊びの対象として処女を避ける〈当面の本音〉とを使い分ける。基本的に自らの〈究極の本音〉だけで動いている女には、〈究極〉と〈当面〉の二重基準というものが、知的にはともかく生理的にいまいち納得しがたい。

そこで少なからぬ女が、男の〈当面の本音〉を究極的な本音であると取り違え、「処女は重たがられる、面倒臭がられる」と処女の価値を過小評価するようになる。北原みのりのように処女に無頓着であるどころか、拒絶的に捉える。「処女のままでは結婚もしにくくなる」とすら考えるようになってしまう。

質問サイトには、とにかく処女からの「処女だと引きますか?」「結婚まで処女でいたいなどと言ったら嫌われますか?」という不安げな質問が後を絶たない。

知恵袋で信頼を得ている啓蒙者 norad_bless111 さんのベストアンサーを見よう。

付き合うにしても自分が処女であること、結婚相手としかセックスはしたくないこと等を相手に口頭で伝えることは失礼ではありません。相手が結婚まで考えてるならあなたに夢中になるだろうし、そうでなく「なんだ、ヤレないのか」と思えば身を引くでしょう。あなたもそんないい加減な男はいやでしょう?　ちょうどいいじゃないですか。

(http://detail.chiebukuro.yahoo.co.jp/qa/question_detail/q1328866813)

しかし女は、自分にはない男のダブルスタンダードがなかなか信じられないのである。

女の誤解を増幅させるのは、男の〈当面の本音〉が、当面は「男の本音」そのものに他ならないからだ。本音の発露なのだから、ウソ偽りがない。処女だとわかって「じゃぁやめとこ」と引いたり、非処女と知って安心して俄然親愛の情を深めたりする男の態度は、演技でも何でもなく、当面の欲求に自然に従ったまで。何も偽ってはいない。表情にも言葉にもモロ信憑性が感じられる。処女が「ああ、処女はダサいんだ……」「モテるのはイケてる非処女なんだ……」と思い込むのも無理はない。

男の〈当面の本音〉に惑わされて処女を捨てた少女は、処女の友だちに「処女だとモテないよ」「煙たがられるよ」「逃げられるよ」などとアドバイスする。これは決して、非処女化したことを後悔して友だちを同じレベルにまで堕としてやろうという悪意からではない。心にもないアドバイスではない。当の非処女は、本心から、友も処女を捨てた方がいいと思い込んでいる。「処女崇拝なんて親や社会が押し付ける建前。私の男性経験からすると処女は重くて嫌われる。やっぱりアンアンの言うとおりだった」。なにしろ男の表情を間近に見て我が経験によって雑誌の教えを確認したのだから、未経験の友だちを得々と教え導きたくなるのも無理はない。

実例はごまんとあるが、一つ挙げておこう。

yato0814さん　2011/7/10　2:11:58
25歳で処女です。(中略)
先日、友人と会ったときに「今のうちに(男と)遊んだ方がいい」と言われました。(中略)
「そんな無駄なことはしない。男に同条件で女を選ばせたら、未経験がいい方が多いだろうから」と反論したところ
「そんなことない。半分ぐらいの人は経験あるほうがいいに決まってる」と言われてしまいました。(中略)
彼女が過去に「処女はめんどくさい」という理由で男性に相手にされなかったので、別に好きじゃ

ない男性と初体験の後に再度アタックしてHしてもらったという話を思い出し、この価値観は分かりあえないものだと判断して話をやめました。（後略）
(http://detail.chiebukuro.yahoo.co.jp/qa/question_detail/q1065625250;_ylt=A7YWPRNjUVIThG0Aryva.fN7)

男には理解しがたいあのパターン——第1章で出会った「適当な男とやってから好きな人と」がここにも（惘）。

しかしモテたい女は大真面目なのだ。

非処女になれば受けがよくなることを、女は「愛された」と勘違いするのだ。男は愛がなくてもいくらでもセックスしたい動物だと何遍言われても理解できず、セックスを愛の証拠だと思い込み、「経験した男の数だけ愛された」と信じて、勲章ゼロの処女を憐れみ、蔑み、導きたがるようになってしまう。

男の心理はまさしく正反対だ。男は、愛している女に対してよりもむしろ、どうでもいい女に対して積極的にセックスを求める傾向がある。OKWaveでの一対の問答（「恋愛経験浅めの女性」と「30代後半既婚男性」）を見よう。

質問No.6886761　iyopon　2011-07-20 00:03:58
（前略）「男性は本気で好意をもった女性には、すぐにセックスを求めない」とよくきくんですが、これって実際どうなんですか？（中略）
正式に付き合う前に、抑えきれずにHになだれ込んでしまったというようなケースは、その相手の

女性は男性にとって少なくとも「本当に好きな」相手ではない、と理解したほうがいいということですか？（後略）

質問者が選んだベストアンサー

autumsea1　2011-07-21 18:09:37

（前略）男は基本的にHをしたがり、体が目的です。好き嫌いは関係ありません。（中略）大切に想う女性の場合、〝関係を壊したくない〟、〝大切にしたい〟という理由で、すぐにはHを求めません。なぜなら、早期にHを求めることは、関係を壊すリスク、と〝体が目的で大切に思っていない〟という誤解を招くリスクがあるからです。

バカな男はこのリスクに気がつかず、すぐHを求めます。

また、バカでない男も、相手が大切に想わない女性の場合であれば、〝だめもと〟でリスクを負って勝負（Hを求める）に出ます。

Hを求めるのは、

バカな男＋相手が大切

バカな男＋相手がどうでもいい

賢い男＋相手がどうでもいい

の場合です。なので、賢い男性かつ、大切に想われたい人と付き合いたいなら早期にHを求める男性は避けるのが正しい選択です。（後略）

(http://okwave.jp/qa/q6886761.html)

この回答は適確である。男は、女が「体めあて」を疑って嫌悪する度合をやや過大評価する傾向があり（なにせ自分の性欲のえげつなさを女よりはるかに知っているのだから）、愛する女に対してはとくに慎重になるのである。

回答者はなぜか述べていないが自明な理屈を付け加えておこう。男は、好きな女となら話をしているだけで楽しいので、女にあえてセックスを求める動機は小さい。逆に、愛していない女とだったら長時間話をしても楽しくないので、すぐセックスを求めたくなる。簡単な論理だ。

ここから、「正式に付き合う前に」だけでなく「付き合ってからもしばらくは」愛する女には体を求めずにいられる、という男の心理がわかるだろう。

男は、どんな女とであれ（初対面の風俗嬢だろうがそのへんのDQN女だろうが）セックスすれば一定レベル以上楽しめるという最大公約数を備えている。愛する女と安易にセックスすると、最大公約数的楽しさに平準化されてしまい、せっかく愛する女とデートしている意義が薄れてしまう。

セックスはコミュニケーションとはいうが、個性と相性を楽しむうえでは会話にはかなわない。賢い男ほどメンタルな交流から楽しみを得たがるので、愛する女の体を求めたくはない。求めるとしたら、彼女との関係固有のメンタル面を十分堪能して関係が熟し、セックスする時間が惜しくなくなってから（あるいは改めて「愛の証し」が欲しくなってから）である。

もう一つ付け加えておこう。男は無意識のうちに、愛する女が簡単に挿入を許す女だとは信じたくない（たとえ相手が自分であろうとも）。貞操への幻滅を呼び込みかねない行動、つまりセックスを求めるという行動を、男は自然と避ける。「これなら彼女が応じるのも無理はない」と自分を納得させられるような、よほど自然なシチュエーションが出来上がるタイミングを気長に待つのである。

整理すると、男が愛する女にはすぐセックスを求めない理由は、①「体目的」と誤解されて嫌われたくないから、②セックスなしでも楽しいから、③セックスなしの方が固有の楽しみが得られるから、④簡単にＯＫが出て幻滅する羽目になりなくないから。

というわけで、簡単にセックスに雪崩れ込んだ場合、女はむしろ「愛されてないのでは」と疑うべきなのだ。ところが女の間での「常識」――とくに経験豊かな女の間での――は、正反対なのである。「愛する女にはセックスを求めない」という男の傾向を、「ひとりよがりもたいがいにせえよ」「「大事にした」のは相手の女性ではない、自分の思い込みに殉じただけ」（上野、2010, p.48）と批判したくなる女もいるだろう。が、その批判は男性主導型セックス観に染まりすぎだ。女の方から体を求めるなら、愛があっても男は喜んで応じる。ただし愛ゆえに、挿入よりもキスやペッティングなどの（女が好むソフトな）接触の方が男も満足度が高いだろう。むろん、女の側に本心から挿入されたい欲求があれば、率直に「最後までやって」と求めればいいだけの話だ。

ちなみにこの教訓「賢い男は愛する女にはすぐにセックスを求めない」が当てはまるのは、男が女のことを「処女かも」と思っている場合に限られる。相手が非処女だとわかると、男は愛していても早期にセックスを求める傾向がある。そしてセックスを拒まれると、愛の有無にかかわらず怒りを覚える。他の男にヤラセたくせになんで俺には、と。

もちろんこれは、「非処女ならレイプしてもいい」と男が思っているという意味ではない。非処女にセックスを渋られると男は「自分は愛されてない」と感じる傾向がある、というだけのことである。したがって非処女のセックス拒否は、男の方に愛があったとしても、その愛が冷める原因になるだろう。対して、処女に対しては男は寛容である。処女なら「セックスをためらうのも（恥じらうのも）無理ないな」と思うので（むしろその方が萌えるので）、男は女の愛を疑わずに情熱を注ぎ続けることが可能なのだ。非処女が今さらためらったりしたら、男はシラケるだけである。

「女は愛なしでセックスしたがらない（＝セックスしたがるなら愛がある）」ことを一般論として男は知っているので、次のような判断モードに男の感性は設定されている。

・彼女が非処女……すでに誰かとセックスに至る愛のレベルを経験した女だから、俺とセックスしてくれないってことは、俺に対する愛はそのレベル未満ということだ。そこそこ付き合ってきてレベル未満扱いじゃ、やりきれんな。相性よくないのかも。

・彼女が処女……まだセックスに至る愛のレベルを経験してない女だけど、それってどれほどの愛なのだろう。俺がそこまで至れるかどうか、ようし、もっと付き合っていよいよ熟してきたら挑戦しようじゃないか。

したがって、「セックスさせないと彼氏に嫌われるかも」という女の心配は、彼氏以前にセックス経験のある女（とくにそのことを彼氏に知られている女）には当てはまる。しかし処女には当てはまらない。つまり、「やらせなよ」という非処女のアドバイスは、非処女にとっては適切ではあるが、処女に対しては的外れなのである。

よって、性愛の駆け引きに関しては、経験のなさが強みになることがわかる。つまり長期的愛の確保という点では、非処女は処女に比べて、男の忍耐度で愛を確かめる手だてをすでに失っているのだ。経験の豊かさを盾にアドバイスをするような立場にないのである。セックスをお預けにして男の本当の愛を篩にかける高度な術策（エロティック・キャピタルの有効利用）は、処女の特権なのだ。

こう考えると、むしろ処女の方が非処女へのアドバイザーにふさわしい。非処女も処女のふりをするのが男との駆け引きでは得になるからである。たとえば男を分別するには、濃厚な雰囲気になってきたとき「わたし処女なんだけど」と言えばいい。男が引けば体目的、喜べば長期的愛情の可能性ありと高確率で判定できる。ただいかんせん「ウソ」や「ふり」はストレスがたまる。自信をもって処女のふりをし続ける唯一の方法は、本当に処女であることだ。長期的愛の対象を選ぶには、やはり処女であるに越したことはないのだ。

という次第で、「非処女の方が愛に恵まれる」と信じている女は根本的に勘違いしている、と断定できるのである。

非処女の根深い勘違いによって処女たちが性体験へとそそのかされる事態を、処女厨は最も怖れている。それで非処女叩きに専念し、処女を目覚めさせようとしているのである。しかしいくら説得されても、男のダブルスタンダードが理解しづらい処女にとっては不安がくすぶり続けるのだ。

♥

処女たちの見当外れの「焦り」につけ込むビジネスも登場している。「ロストバージンカフェ」「処女喪失サポート」などといったサービスを掲げたサイトが多数存在しているのだ。謳い文句は「初体験を無料プロデュース！」「少女から大人の女性へステップアップ」「処女のまま婚活がうまくいくなんて、本気で思ってませんよね？」等々。そのすべてがボランティア活動の装いで、セラピストを名乗る男が個人で営業している。学生は無料、社会人はホテル代のみ負担で処女を卒業できる、というシステムが普通である。

「どうして私だけがバージンのまま取り残されないといけないのか」派や「彼氏に処女だなんて恥ずかしくて言えない」派にはうってつけのサービスだろう。

いったん処女を捨ててそれを表明すれば、男が気軽に体を求めるようになるのは当然のことである。それを「愛されるようになった」と勘違いするのは本人の自由であり、それで自信がつき幸せになるのであれば批判される筋合いはない——だろうか？　いや、それは誤りである。なぜなら、勘違いは自由意思で行なう行為ではなく、単に陥っている状態にすぎないからだ。つまり勘違いは本人の自由ではなく不自由なのである。

不自由は他人の自由をも侵害する。なによりも男の側の「誤解されない自由」「理解される権利」を侵害する。処女を厭がるのは体目的の男だけであること、愛する女が処女と知って落胆する男は皆無であること、そのことが理解できる女の減少は、ただでさえ愛を軽んじてセックスに偏りがちな男の貧困な恋愛心理をさらに貧しく、表面的なものにとどめるという弊害をもたらすだろう。これは女一般が被る被害となって跳ね返り、男女ともども真の愛から遠ざけられてゆく。

適当な男相手に、あるいは処女喪失サービスで処女を捨てて満足するという女は、男をとくに意識しない「自己実現」の一環ということであればまったく問題ないだろう。しかし「男に愛されるため」のような動機でわざわざ処女喪失をする女に対しては、その男性観は歪んでいると諭してやるべきであり、再教育が必要だろう。処女喪失サービスはどれも、良心的なカウンセリングを装いつつ、肝心のその点（男性心理の説明）を避けているところが欺瞞的と言える。

たとえばある男が「地位や金に縛られない生き方こそ真の自分らしさを磨くことができるんだ」と言って低収入アルバイトを転々としていても、彼の信条と美意識を非難する権利は誰にもない。しかし、「安定収入を男に求める女なんて依存体質のバカばかり。賢い女の目には自由なフリーターこそ最も魅力的に映るはず」と信じて、婚活のためあえて定職に就かない男がいたら、女の立場から「勘違いしてる！」と咎めたくもなるだろう。同様に、「処女は婚活で不利」と信じ込む女に対しては、男の立場から「阿呆。真逆だわ！」と叱りつけるべきなのは当然だ。男女が誤解しあう社会では、個人間の幸福な関係も成り立ちにくい。人生の目的としての幸福を前提にすると「早まる女たち」への怒りや苛立ちは合理的である。処女厨の躍起はその合理的心理をごく自然に表出したものにすぎない。

処女喪失サービスを利用する女がどのくらいいるかは調べるすべもないが、「条件の良い男性は、セックス経験豊富なライバルたちにもっていかれる」という「切実な悩み」に駆られたケースが多いようだ。しかし動機の真剣さとは裏腹に、動機の由来は、経験豊富というより経験半端な友だちのしたり顔のひとことで不安になったというような、瑣末な事柄が多い。そのような女は男の真の愛を確かめる最強手段を失うという、取り返しのつかぬ立場に自分を追い落としてしまう。男の〈当面の本音〉に晒され続け、〈究極の本音〉がますます見えなくなってゆくのである。

処女喪失サービスのサイトに掲載されているクライアントの典型的な声を一つだけ紹介しておこう。

26歳　会社員

（前略）彼は経験がなさそう。少なくとも、相当のおくてです。初体験同士はなかなかうまくいかないようですし、失敗して関係が悪くなるのもいやです。（中略）彼とスムーズにセックスできるようにしていただけませんか。（中略）彼との関係をうまく進めるためには、初めてのセックスはうまい人に任せたほうがいいと思います。本当は、彼に処女をあげたいのですが、代わりに私の心をさしあげます。カームさんは、処女だけをもらってください。

（以下はロストバージン後の通信）

予定通り、彼と婚前旅行に行きました。彼は、童貞であることを素直に私に話してくれました。でも、彼は、ベッドの上で私をちゃんとエスコートしてくれました。彼は、私がバージンかもしれないと思い、勉強していたようです。しかし、膣の位置はなかなかわからず、私がペニスを導きました。セックスの快感ではなく、彼の努力をひしひしと感じた、ちょっと心苦しい思いの一夜でした。もう、彼を裏切るようなことはしません。旅行中に結婚の約束をしました。

(http:// 処女喪失 .calm.vlexofree.com/case5.html)

この事例が宣伝用のネタではなく事実だとして、……これは？

心苦しい思いの一夜……？

「ああ、彼女が処女でなくて本当に助かった」と「彼」が安堵したのだとクライアントは信じたのだろうか。「初セックスがうまくいった」より「彼女が処女だった」の方が男にとってははるかに満足度が高かっただろうことは、まだ彼女にはわかっていないだろうか。

なんとなく男の心理をクライアントは察しているようにも読める。つまり、女への愛が深ければ深いほど肉体的快感そのものは重要でなくなる、という男の価値観が彼女にさざ波のように伝わったようでもある。微かな失望が双方に共有されてしまったのではないか。微かな失望ですめばいい。二人の間の微かな揺らぎが、とくに彼の中で大きなわだかまりに発展しないとも限らないのである（この種のサービスで処女喪失したという真実を知った場合はなおさらだろう）。

もちろん十人十色だから一概には決めつけられないが、婚約者が「非処女で助かった」と思う男は、婚約者の年収が「思ったより低くて安心した」という女と同じくらい珍しいことは間違いない。

いま見た事例はむしろ、「童貞を避けたがる女が少なくない」という都市伝説の実証例と言うべきかもしれない。彼氏が経験豊富そうでありさえすればクライアントは不安にならず、このサービスを利用しなかったのだから。セックスを過度に重視する童貞回避型の女は、相手も処女回避傾向があると思い込み、自己中な価値観のまま、男から見れば論外な方法で処女を捨てにかかるのである。

♥

誤解するのは女だけではない。男自身も自らの本音を誤解する。なにしろ女がセックスのハードルを下げてくれるのはとりあえず大歓迎。そもそも性の解放が建前の時代、処女が我が身を恥じるのもまあ当然。そこに違和感表明したり文句つけたり尻込みしたりはカッコ悪い。ダサい。

……こうした消極説的モチベーションが〈当面の本音〉と合わさった相乗効果によって、男の〈究極の本音〉を男自身から隠してしまう。処女にこだわるなんて童貞かキモオタだけ。自分はもっと洗練されている。可愛いかどうか、センスが合うかどうかで女を選ぼう。

ところが、結婚を意識する頃になると、〈究極の本音〉が頭をもたげてくる。自分でも「あれっ？」と思う。自分があんなに軽蔑していた処女厨の一員に自分が入っていたことに気づき、愕然とする。自分たちが快楽欲しさにさんざんおだてまわったせいでまわりは非処女だらけになっている（としか思えない）ので、今さらながら貴重な資源を求めて、熾烈な争奪戦を繰り広げねばならないのである。

他方、恋愛市場ではあれほど評判のよかった非処女たちも、思いのほか婚活市場で苦戦を強いられ、誠実な高スペック男はみな処女を守った友だちに持って行かれる。遅まきながら男の本音の二重構造に気づかされることとなって、これまた愕然、という顛末になる。

ネットの質問サイト非処女ネタの活況、すなわち、男性質問者の「そろそろ結婚を考えているので非処女の彼女と別れたい」系、女性質問者の「非処女を理由に婚約破棄されました」系の活況は、婚活世代の男女それぞれの「愕然」の堆積なのだ。

女が男の本音（婚活市場での本音）を認識できないところに悲喜劇が生ずるのだが、男自身が自分の本音について曖昧にしか把握していない状態では、女が男の本音に気づけるはずがない。ここで、男が「自分の処女厨的本音」を意識できなくなっている理由について、改めて整理しよう。「意識できない理由」は、すでに見た「本音を言わない理由」とは異なることに注意してほしい。

男が本音を言わない理由は、「器が小さい」「非モテ」と思われたくないという消極的理由と、セックス相手になりやすい非処女に嫌われたくないという積極的理由から成るのだった。そして、本音を自主規制しているうちに、自分でも本音を意識できなくなる、という自己欺瞞のメカニズムが働くことをすでに見た。これが、男が結婚市場での自らの「本音」を意識できなくなっている第一の理由である。

第二の理由は、二重基準（ダブルスタンダード）というものは、分析的な自己反省をしない限り本人にもわかりにくいということだ。性愛市場で非処女が男的に本心から望ましいのは事実であるため、性愛の本音と結婚の本音を男自身が混同してしまう。そして二重基準は自己欺瞞を要するので、自分をいやなやつと思いたくない防衛本能によって、二重基準を無理やり一重基準へと表面上削減してしまうのである。

第三の理由は、「処女はほとんどいない。非処女が普通だ」という思い込みである。これが真実とは程遠い都市伝説であることは第1章で見たが、マスコミの影響でこれを信じている男は多く、「どうせめったにいないから仕方がない」と、自分が処女を望んでいること自体を抑圧・否定して諦めを合理化する。しかも、「普通である」とは社会に適応する上で望ましい属性なので、非処女を受け入れる強いモチベーションを提供する。すでに非処女と結婚した男はなおさらこの合理化のメカニズムを強固に上書きする。

第四の理由は、「処女はいてもブスかコミュ障」「彼氏がいる女は貫通済み」という前提に囚われていることである。第四の理由とは逆に、非処女の普通さではなく、処女の異常さを強調することで、欲求非実現の合理化を図るわけだ。

第五の理由は、「今どき処女にこだわるのは時代遅れ」という、トレンド重視の敗北主義である。厳しい性道徳はあくまで伝統的な建前に違いないのだから、そんなものに合致した望みが「本音」のはずはない、と思い込むわけだ。建前とされたものが実は本音だということがしばしばあるにもかかわらず。

第六の理由として、「非処女に実害はないのだからこだわらない方が得」と合理的に割り切るすべを心得た男が増えていることが挙げられる。実害が本当にないかどうかは議論の余地があり、次章でそこを考えてゆくが、とりあえずこの合理的割り切りは賢明な態度だと言える。処女厨言説が力説するほど極端なデメリットが非処女にあるとは「思えない」のは確かだからだ。割り切り派は、本音に忠実にくよくよしている処女厨よりも遥かに精神衛生上望ましい生き方をしていることは間違いない。目に見えないところでの得失はどうあれ、快適な人生のためには、処女厨本能など意識できないでいるのが一番なのだ。

第七の理由は、処女厨本能を本当に持たない男も少なくないのではないか、ということが考えられる。女に性欲を感じるのが男の本能だ、というのは正しいが、女に性欲を感じない男も少なからず存在する。それと同じだ。

女の中にも、結婚相手の年収なんて気にしない、三高なんて興味ない、という者はいる。安定収入より人柄や相性を重んずる女は、かなり少数派ではあるが、実在する。男の中にも、結婚相手が処女かどうかが本当に気にならない者がいるだろう。彼らは、自己欺瞞に陥ることなく「結婚相手は処女がいいだなんて考えたこともない」と言うだろう。そして、彼らが多数派になる途上にあるのが現代ではないか、とも考えられる。この「本能の変貌」については第6章で議論する。

♥

前章で見た、非婚化の原因についての二つの理論――「共同参画説」と「貞操低減説」――に絡めて、本章の最後に注釈しておきたい。

あの二つの理論を改めて思い出してみよう――男は経済力、女は純潔、という男女それぞれの魅力の衰退を最大の要因として、結婚モチベーションの低下を説明する二大理論。

その「共同参画説」と「貞操低減説」を信じるとしたら、経済力と純潔の間に相関関係が観察できることが予測される。つまり、男女が無意識に、経済力・純潔という資源の市場価値を計算し、行動をコントロールしているかもしれないということだ。男女が、とくに女が男の本音にハッキリ気づいていないとしても、無意識のうちに〔経済力・純潔〕相関の論理に従って、戦略を選んでいるはずである。

たとえば、定職がないことについては、女より男が責められる傾向がある。逆に、不貞については、男より女が責められる傾向がある。

この二つの傾向はセットになっており、「それでおあいこ」的な感じで受け止められる傾向――メタ傾向（傾向の持つ傾向）――がある。

いや、正確にはこう言うべきかもしれない。男の不貞もいちおう責められる傾向があるのに対して、女が定職を持たないことに対しては社会はまだまだ寛容である、と。

「女は定職が得にくいから」という理由を挙げたくもなるが、現代では大学新卒についてはそれほどの差はないし、あえて差を見出せるとしても、不貞に関する「男の方が性欲を我慢しにくいから」という事情と似たり寄ったりだろう。にもかかわらず、無職の女という存在が、無職の男ほど「人間失格」的扱いで遇されることはほとんどない。不倫夫は不倫妻に匹敵する咎めを受けるようになりつつあるというのに。

しかも、女子学生を見ていると、在学中に就職活動をする気がなく、始めから専業主婦修業と決めている者が未だに珍しくない。

ここで〔経済力・純潔〕相関の論理的戦略が観察できるのである。

純潔を直接測定することはできないので、「彼氏の有無（これは学生どうしの会話などから容易にわかる）」で暫定的に代用するとしよう。彼氏の「いる学生」と「いない学生」とでは、どちらが早く就職を決める傾向があり、就職率も高いだろうか。

論理的に考えるとどうだろう。

「彼氏がいるということは結婚が視野に入っている確率も高く、男に経済的に依存できる見込みも高そうだ。彼氏がいないと結婚も視野に入らず、自立する必要性が高そうだ。なので、彼氏のいない学生の方が就活も熱心だろう」

……これは一つの論理的推論である。

実際はどうか。

逆である。

観察できる限り、彼氏のいる学生は、てきぱき就活をして早めに決める傾向が強い。家事手伝いなど、就職せずにいるのはたいてい、〈彼氏いない歴＝年齢〉層のようである。

かりにいま、彼氏なしの者を処女、彼氏ありの者を非処女とする蓋然的判断を採用するなら、「処女は就職率低く、非処女は高い」という相関関係を抽出できるだろう（「彼氏はいるがセックスせず」派が就職率最高、というような詳細が判明する可能性もあるので、あくまで作業仮説である。いずれにせよ長年にわたりつつも少数のデータに依拠するので、信頼性が高いデータとはとうてい言えない。理論的整合性の点検に使える情報ではあるので参考までに提示した。就職率と処女率の正確な相関関係は、いずれ社会学的に調査されるに値するテーマだろう）。

暫定的仮説　非処女の方が就職率がよく、決める時期も早い。処女は就職率が劣り、決める時期も遅い者が多い

これは単に、「処女は真面目で授業出席率がよいために就活に出遅れる」とか、「非処女は社交的で活動力があるから早めに決める」といった副次効果的な現象なのかもしれない。しかし、「共同参画説」「貞操低減説」の観点からすると、学生に無意識の戦略が働いているようにも解釈できるのである。

その戦略とは？　まずベースとなるのは、社会学者も認めるように、女子に一番人気の職業が未だに「専業主婦」だという事実だ。

非処女は、婚活市場での不利を、意識ではともかく体で自覚して、男への経済的依存度を減らそうと心がけるのだろう。経済的分担によって夫の潜在的不満を減らし、自分の性的過去を大目に見てもらうつもりではなかろうか。

逆に、経済的に男に依存するという理想コースを目指す女は、そのかわりに処女をとっておく、というギブアンドテイク計算を暗黙に働かせているのではなかろうか。

女は男の本音に鈍感ではあるが、婚活のような戦略パターンには、無意識層での察知が表われてくるのかもしれない。

ここに、次のような仮説が成り立つ。

夫への妻の経済的依存度が高ければ高いほど、妻の処女率は高い傾向にある。

この仮説（仮説Fと呼ぼう）は、未調査のまま論理で導き出したものにすぎないが、これも社会学者に調査を託したいところである。

女の経済的自立度と処女性要請度との関係がしっかり確認されれば、非婚化傾向や結婚の破綻を減らし、経済や子どもの福利を向上させる社会政策もはっきり打ち出せるのではなかろうか。

処女厨がどういう場合に正当化できどういう場合に不当であるのか、つまり、処女であることがどういう場合に必須でどういう場合に不要なのかが、女の経済的自立度と絡めて認識される必要があるだろう。

仮説Fの確認それ自体は、社会科学に属する事柄であり、哲学のテーマではない。仮説Fの確認が望まれる、という認識こそが、哲学的考察から導かれた提案である。ただし、仮説Fが事実として真かどうかがわかったとしても、真であるべきかどうかを解明したことにはならない。ましてや「結婚相手として処女が好まれるのは正当か」という根本問題を解明したことにはならない。

「高収入の男がなぜ好まれるのか」は理由がわかりやすいのに対して、「処女がなぜ好まれるのか」は主たる理由を指し示すことが難しそうだ。女に経済的に全面依存される男の物理的負担に見合う物理的価値を、「処女性」が持つとでもいうのだろうか。それとも、「処女性」という単なる精神的・象徴的価値をプレゼントされることで、多大な物理的負担を喜んで引き受ける愚かな生き物が男というものなのだろうか。

次章でその問題に取り組もう。

第3章　×♀厨の民間心理学　至近要因を求める

「遊びなら非処女、結婚は処女」という、ネットから窺える「男の本音」が本物である、という前提で、つまり「本音露呈説」が正しいと仮定して、リアル世界とネット世界の温度差を考えてきた。つまり、処女厨の述べていることは、「内容的に正しい」かどうかはともかく、「誠実である（本心から発した言葉である）」という前提で進めてきた。処女厨言説に問題があるとしたら、その態度よりは、知的判断（内容）にあるということになる。

知的判断は、二つの側面に分かれる。**事実認識**と、**価値判断**（または**規範的判断**）だ。

「結婚相手として処女を好む男が大多数である」「男はセックスだけの相手としては処女を敬遠する」「合意のセックスをして損したと思う女が少なくない」等々、「〜である」系統の言明は、事実認識によって導かれる。他方、「未婚女性はセックスしてはいけない」「非処女と結婚してはいけない」等々の、「〜すべし」「〜すべからず」「〜せよ」のような規範的・指令的言説を導くのが価値判断である。

「処女は非処女より優れている」「非処女と結婚した男は負け組である」のような「優劣判断」は価値判断に似た外観を示すが、「優れている」「負け組」のような述語が、事実として好まれる特定の気質、有利な生活スタイルや、妥協的である、嘲笑の対象であるといった事実的性質・関係の言い換えである場合には、基本的に事実判断であると言えるだろう。

かりに事実認識が正しいからといって、価値判断・規範的判断が正当化されるとは限らない。事実認識は、「この世で何が起きているか」という物理的事実を正しく理解すれば全員が同意できる認識であるのに対し、価値判断は、同じ物理的事実を正しく理解しても、各人がそれまでの人生で育んできた価値観によって左右される判断であるからだ。

したがって、事実判断と価値判断はしっかり区別しなければならない。混同が起こりやすい判断の例もあるので注意が必要である。たとえば、次の諸判断を事実判断と価値判断とに分類してみよう。

a　処女と結婚した男は幸せを感じるべきである
b　処女厨はみな「処女と結婚した男は幸せを感じるべきである」と信じている
c　「処女と結婚した男は幸せを感じるべきである」と信じていない処女厨もいる
d　「処女と結婚した男は幸せを感じるべきである」というのは真ではない
e　処女と結婚した男は幸せを感じるべきであるならば、太郎は幸せを感じるべきである

いかがだろう。

aが価値判断であることは問題ないだろう。「べきである」という規範が、「正しい人生のあり方」を提示しているからである。bは？　これは事実判断である。処女厨がそう信じている、という「処女厨

の心理についての事実」を述べた判断であり、処女厨を対象とした意識調査アンケートなどにより、この判断の客観的な真偽について全員の意見が一致しうるからだ。cも事実判断である。そのような処女厨がいるかいないかは、同様にして調べることができる（この論理がわかりにくい人は、「虚構的事実」と「歴史的事実」に置き換えて考えてほしい。「二二世紀から二〇世紀へネコ型ロボットがやってきた」は現実の歴史では成り立たない虚構的事実だが、「二二世紀から二〇世紀へネコ型ロボットがやってきた、と『ドラえもん』には描かれている」は実在する漫画作品についての歴史的事実である）。

bは、処女厨についての経験的事実というよりも「処女厨」の定義の一部を構成する文であるかもしれない。つまり、当該の信念を持つことが処女厨であるための必要条件である、という判断かもしれない。その場合は、アンケート調査などは無駄であり、むしろ「処女厨」という単語の意味をウェブなどで調べるのが正しい調査方法ということになるが、bが価値判断ではなく事実判断であることに変わりはない。ちなみにそのときcは、当該の信念が処女厨の定義に含まれない場合にのみ真となるが、実際に当該の信念を持たない処女厨が存在するかどうかは、アンケート調査等によって調べるしかない。やはり経験的事実についての判断である。

dは？　これは、特定の価値判断について「真であるという性質を持たない」と述べている。これは曖昧である。意味としては次の二通りが考えられる。

1　処女と結婚した男は幸せを感じるべきであるわけではない。つまり、処女と結婚しても男は幸せを感じなくてよい。

2 「処女と結婚した男は幸せを感じるべきである」のような文は、真偽判定の対象にならない。「喜べ」「外へ出ろ」という命令文が真でも偽でもないのと同じことだ。

1の意味なら、特定の規範を守らなくてよいというふうに、許可あるいは権利という一つの規範を提示しているので、価値判断である。2の意味なら、価値判断の本性について一つの事実判断をしている。価値判断には「真や偽という属性があてはまらない」という、文法的・意味論的事実についての判断だからだ。

eはどうだろう。これも曖昧である。ある条件のもとで太郎についての価値判断が成り立つという主張として読めば、これは価値判断である。他方、eは「太郎は処女と結婚した男である」ということをもってまわった言い方で述べただけと見ることもできる。その場合はもちろん、eは事実判断である。

このように、同じ文が事実判断を表わすのか価値判断を表わすのか、識別しにくい場合は多い。極端な話、次のようなことさえ言える。私がいま「処女と結婚した男は幸せを感じるべきである」と主張すれば、それは価値判断だろう。しかし、ほとんど意味を変えずに「私はここに、処女と結婚した男は幸せを感じるべきである、と主張する」と発言したらどうだろう。bが処女厨の信念についての事実判断だったのと同じく、私自身の主張についての事実判断になってしまいそうではないか。

事実判断と価値判断の区別は、このように難しい問題である。しかし、実際の文や発言を前にして識別できるかどうかはともかくとして、事実判断と価値判断を概念的に区別しておくことは大切なことだ。つまり、一方から他方が論理的に導かれるわけではないからだ。とくに、処女厨の価値判断についての事実を正しく判断できたからといって、その価値判断が妥当かどうかについては正しく判断できない場合が多いのである。

いまa～eに即して見たような細かい区別に、本書が今後こだわることはない。しかし念頭には留めておこう。性倫理と絡む「処女」というテーマの性質上、「である」の側面と「べし」の側面が混同され、不当な価値判断がまかり通ってしまいがちだからだ。ただし今見たように、二つの側面をたえず潔癖に区別しながら論ずることは不可能に等しい。そこで、事実と価値の厳然たる区別を必要なときに（混同が深刻な誤謬に繋がりそうなときに）自覚できるだけの態勢を調えるだけ調えて以下の議論に臨もう。そしてとりあえず本章では、処女厨の「価値判断」「規範的判断」はさておき「事実認識」が正しいかどうかを探ることを第一目的として進めていこう。

処女厨は、事実の記述としては正しいことを言っているのだろうか。

処女厨の事実認識は、概して的を射ていると考えるべき理由がある。すでに見た「やり逃げ」という現象が恋愛の現場でよく見られることは否定できない事実だった。ということは、「不要なセックス」およびその一部分としての「不要な非処女化」が多すぎることは間違いなさそうだ。男も女もこの事実は真剣に受け止めねばならないだろう。

ただし、これはただちに「非処女は結婚相手として避けられる」という事実認識が正しいことを意味しない（ましてや「避けられるべきだ」という規範的判断が正しいことを意味しない）。「処女厨の事実認識は直観的にもっともらしい理由に裏づけられているが、理由そのものが〈もっともらしい迷信〉だった」とか「理由と認識の関係が適切でなかった」とかいう可能性はあるからである。

つまり、男が基本的に処女厨であるとしたらその理由は何なのか、一つ一つ細かく検討してみる必要がある。ウェブにおける処女厨の言説、および処女厨についての各方面の言説から推測できる限りにおいて、処女厨の理由を列挙すべきなのだ。それら諸理由の辻褄が合っているかどうかを見ることによって、男はみな多かれ少なかれ処女厨だ、というのがそもそも本当なのかどうかをも、合わせて再検証することができるだろう。

処女厨に限らず、特定の趣味や行動傾向には、本人が意識できる動機・理由（**至近要因**）と、本人の意識を超えた物理的メカニズム（**究極要因**）とがある。この章では、処女厨の好みを作り出す至近要因（あるいは、処女厨が自分の好みの理由であると考えているらしい至近要因）をできる限りたくさん列挙し、相互関係を分析しよう。

動機には、**プラス追求型**の動機と**マイナス回避型**の動機がある。

・プラス追求型……快楽や利得をゲットしたい、あるいは増やしたいという動機
・マイナス回避型……不快や損失を防ぎたい、あるいは軽減したいという動機

現状維持を希望するという動機は、「悪化を防ぎたい」という意識が強ければマイナス回避型、「現状のメリットを守りたい」という意識が強ければプラス追求型に分類できる（配偶者獲得は現状の生活を変える決断を必ず伴うので、現状維持タイプの動機は考えなくてよいだろうが）。

処女厨の至近要因を探る場合、プラス追求型の動機は、「処女のメリットに惹かれる心理」によって

説明され、マイナス回避型の動機は、「非処女のデメリットを嫌う心理」によって説明される。処女Aと非処女Bがいて、年齢、体格、気質、能力、健康度、美醜度、家族的背景などで二人の間に差がない場合に、処女厨がBでなくAを選ぶ明確な理由にはどんなものがあるか、を考えねばならない。おそらくA、Bとして架空の人物を設定しなければならないので、これは**「思考実験」**である。

もちろん、処女と非処女の違いというのは生活スタイル全般の違いを伴うはずだろう。生活スタイルや価値観全般においてAとBとできわめて似ているのであれば、処女を保つかどうかの違いが生ずることはありえないからだ。したがって、比較対象として「体格」や「美醜レベル」をそろえることはできても、「気質」や「経歴」のような、人物評価にとって決定的な要素をそろえることはできない。ただ、そうであっても、処女と非処女という違いを生じさせるのに最低限必要な程度の違いにとどめるようにAとBの人物像を設定することはできるはずだ。処女と非処女という属性以外の無関係な要因が選択に影響しない思考実験を工夫せねばならないのである。

とくに、処女と非処女のステレオタイプ的なイメージを過度に強調したような差異をむやみに読み込んではならない。たとえば、第2章で見た思い込み（処女Aはコミュ障で非処女Bは社交的だとか、処女Aは従順でおとなしく、非処女Bは自由奔放で自立的で気が強い、等の極端な想定）を設けてしまうと、男の選択が処女か非処女かの違いによるものだったのか、気質の差異にもとづくものだったのかがわからなくなってしまう。ただし、処女と非処女とが「概してこういう性格だろう」という思い込みが世の男たちの選択に実際に影響していることはありうる。そのような「概してこういうもの」的イメージが「合理的な理由で抱かれたものかどうか」の分析を同時に行なうことにより、アンチ処女厨的主張の妥当性を吟味できるようにもなるだろう。

♥

まずは、「プラス追求型」の至近要因から考えてみよう。「処女が好き」とはいっても、処女厨の心理にはどのような至近要因（動機）が絡み合っているのか。それらは、矛盾のない合理的なシステムを形成していると言えるだろうか。

処女厨的至近要因として真っ先に挙げられるのは、生理的感覚にもとづく動機だろう。**「清潔感説」**と名づけよう。

確かに処女については、「性感染症の可能性が低い」「妊娠はない」「中絶経験も絶対ない」「子宮頸ガンの怖れもない」「検診の必要も低いからセックス以外で他人に性器をいじらせなきゃならない機会も少ないだろう」……等々多くの連想が働く。「まっさら」「汚れてない」というイメージが膨らむ。「清潔さ」は、処女の価値としてしばしば語られる要因であり、上位五種には確実に入るだろう。

しかし「清潔」という要因は、処女厨の心理の中でさほど重要でないと思われる。病気は性感染症だけではない。すべての病気を考慮に入れたときには「処女の方が非処女より健康である」というイメージが流布しているとも言えないし、むしろ非処女の方が活発で健康だからこそ男との接触も多かったのではないか、といった連想すら働きうる。したがって、清潔感説はその人気にもかかわらずほとんど無視してよい理論と言えそうである。

ベスト5に確実に入る理論としては、**「初物趣味説」**と言うべきものもある。「処女膜フェチ説」と言い換えてもよい。ウェブに乱舞する「初めての男になりたい」「初物を味わいたい」「自分で破りたい」といった言葉は「初物趣味」を表わしている。純潔よりも物理的な膜にこだわった露骨な初物趣味も珍しくない。というか、かなり多い。

例を挙げよう。

エルシーラブコスメティック　【No.1308】2010-11-01 19:29:15
私はセックスが今の彼で二人目になるのですが、彼は自分が最初の男でなかったことが悔しいらしく、「処女膜再生手術を受けてほしい」と言ってきました。（中略）思わず断ってしまったのですが、あきらめきれないようです。
(http://www.lovecosmetic.jp/oshiete/qa/qaShw.php?bbsm_id=31822)

Yahoo! 知恵袋　ninniku29108さん　2009/10/14 23:26:35
（前略）私は童貞、妻は複数の男性と経験をもち結婚しました。そのため、妻の処女膜を破れませんでした。他の男に破られたことが悔しくその経験をしたいためにこの手術をしてもらいたいと思っています。なんと妻に話したらよいでしょうか？
(http://detail.chiebukuro.yahoo.co.jp/qa/question_detail/q1431773709)

ロシア人女性のエピソードも出回っている。非処女を夫に愚痴られて、償いを決意し、結婚記念日のたびに処女膜再生手術を受けて処女をプレゼントし夫を喜ばせたという話。医師の反対を押し切って強行した六度目の手術のあと、感染症のため集中治療室送りになったというオチがついている（http://omoroid.blog103.fc2.com/blog-entry-367.html）。

ここに登場する男たちは、処女厨とは言えないかもしれない。膜の物理的存在にこれほどこだわるということは、「純潔そのものへのこだわりは少ない」ということを示しているからだ。本当の処女厨はむしろ処女膜の有無は重視しないだろう。処女膜が復元されれば取り戻せるほどの軽い存在として処女を捉えないからこそ、処女厨は処女厨なのである。

しかし、純粋な処女膜フェチというのはそんなに多いのだろうか。処女膜の襞に裂傷を与える感触そのものが、男にとってこだわりに値するほどの物理的快感とも思えない。すると、むしろ次のように考えた方が正しそうだ。この男たちはやはり本当は妻や恋人に純潔を求めているのだが、今さら取り戻せない事実から逃避して、純潔のメタファーまたは象徴である処女膜の物理へと表面的執着心をスライドさせただけだ、と。あるいは、恋人や妻が自分より経験豊富だったことへの腹いせと、もしかしたら別れる口実のために、ナンセンスな処女膜再生要求を出しただけだ、と。こうして、「それではこの男たちがもともと純潔にこだわった真の理由は何か」という問いに舞い戻ることになる。

いずれにしても初物趣味は、他の理由による処女厨モチベーションの歪んだ表われと理解するのがよさそうだということがわかる。

♥

語られる頻度としてはベスト5入り確実のメジャー理論である「清潔感説」「初物趣味説」の両方とも が、どうも処女厨の至近要因としては本質を捉えそこねているらしい。となると、処女厨の至近要因はどのように説明すべきなのだろう？　ポピュラーなレベルでベスト5参入が確実視される今ひとつの候補として、**「ロリコン説」**を考えてみよう。

ウェブの処女ネタ関連記事で繰り返し聞かれるフレーズに、「処女は自分色に染めることができる」というのがある。花嫁衣装の純白が「これから家庭生活の色に染まってゆく」ことの隠喩として使われやすいのは偶然ではない。処女厨のこだわりとは、（とくに性に関して）無知で無垢で潔白な女を手とり足とり開発していって、他の男の癖の混ざらない、自分流の「大人の女」にしてやる喜びを得ることなのだ――それが「ロリコン説」である。

ちなみに、「性欲の乏しい無垢な存在だった妻が俺の手引きにより年月を経て性欲に目覚めてきた」といった理解は、たいてい錯覚である。女は二〇代には性欲に十分目覚めていない場合も多いが、加齢とともに女性ホルモンが減衰して男性ホルモンが相対的に増え、四〇代には同世代の男を凌ぐ性欲を持つことがしばしばだという。それは生理的現象にすぎない。ただし、女が短期間に目覚めた場合は、男の自己満足にも根拠はありそうだ。

清潔感説、初物趣味説が女を「モノ」として扱っているのに対し、ロリコン説は女を「コドモ」として扱っている――そんな批判が当てはまりそうな理論である。清潔感説、初物趣味説が物質的・生理的側面にのみ照明を当てているのに対し、ロリコン説は、妻との精神的関係・操作的関係にまで踏み込んでいる点で、モノ化が却って深化しているとも言えるだろう。

ロリコン説と補い合う理論として、**「独占欲説」**が挙げられる。男が女を自分色に染めてゆく喜びは、必然的に「主導権を握りたい」という欲求を満足させるだろう。男特有の支配欲――他の男を排除するだけでなく女自身の意思をもコントロールする独占欲に処女厨の主要モチーフを求めるのが、独占欲説である。

ロリコン説と独占欲説は、処女は非処女よりも「無垢である」「従順である」という前提に立っている。しかし、処女が非処女よりも従順であるというのは本当だろうか？　あるいは少なくとも、そう見なすのは合理的だろうか？

合理的でないようだ。なぜなら、非処女が処女よりも従順であるという正反対の評価をすべき理由もたくさんあるからだ。

「流される」という決まり文句がある。結婚に至るほどでない男と、深い考えなしにセックスすることに対して用いられる言葉である。なんとなく断れない雰囲気になっていた、相手の熱心さに押し切られた、まあいいかと思った、ムードにぽーっとなってしまった、等々。いずれにしても「確固たる強い意志が保てなかった」ことによるセックスである。流されての処女喪失は、本人があとで後悔しがちな種類の処女喪失であり、初体験の大多数を占める。女自身の性欲が強くて、積極的に「やりたい」からやった、という「非流され処女喪失」は少数派に属するようだ。

煎じ詰めれば、非処女に対する処女厨の苛立ちは、「女は男に比べて性欲が弱いだろ？　なのにどうして我慢できないんだ？」というものだろう。「強い性欲をもてあましている哀れな童貞がたくさんいるのに、はるかに弱い性欲に簡単に流される女って何なの？」と。

つまり処女厨が抱くイメージは、「非処女は意志が弱い」「非処女は流されやすい」「非処女は安易に男の性欲に応じてしまう」「非処女は従順すぎる」というものではなかろうか。

処女厨の心ない苛立ちをもっと女に同情的に、女が平易な言葉で代弁するとこうなる。未婚女性の中絶の多さにほとほと心を痛めた産婦人科医の言葉だ。

妊娠して私のところへやってきた少女に対して、私は「自分もしたかったのか」「これからもしたいと思うのか」と質問することにしています。（中略）「じっと抱かれていると、すごくしあわせなんだけど。そこから先がなかったら一番いいんだけど……」「彼が喜んでくれるから」どうもみな、スッキリした答えではありません。（中略）女性が「抱かれたい」という思いを抱くときは、男性と違って性交までを想定していないことが多いのです。単に接触したい、という思いにとどまっている。手と手を握り合ったり、肩を抱き寄せたりすることで満足できる類の感情なのです。ましてや、妊娠の恐怖があるときなど、「性器の挿入はいや。じっと抱かれているのがいちばんいい」となるのは当然でしょう。（中略）セックスする場合は、少なくとも、「自分もセックスしたい」という、きちんとした確認を自分自身にしてから、行なうものだと思うのです。男性を優先する一方的な性関係は、自分が惨めになってしまうだけです。（河野、1999, pp.177-181）

「今さら」の認識だが、アダルトビデオの「感じる女」「イク女」に慣れすぎて幻想まみれになった男が忘れがちな基本的事実である――性欲ゆえでなく迎合ゆえのセックス。処女厨の視角ではこれは「男に媚びて股を開いてしまうビッチ」に見えてしまうのだが、その非処女像はこの女医の臨床観察と事実上一致していると言ってよい。

したがって、これとは対照的な処女のイメージは、「意志が強い」「堅い」「流されない」「隷従を拒む」というものとなる。男に対して対等のプライドで防御している女性像である。かくして――従順なのは非処女の方で、処女はむしろ男にとって扱いにくい「強気の女」なのだ。そういえば「めんどくさい女」というお定まりの処女観がすでにこのことを物語っていた。

しかし他方で、処女には、古い道徳・親の言いつけを守る「従順で素直な女子」というイメージも依然つきまとう。そして非処女は、慣習や親の権威に縛られず、好きなように振る舞う自由奔放な女、というイメージも喚起するのである。

処女と非処女は、ともに「従順」「従順でない」という正反対のイメージを兼ね備えている。違いは、何に従順なのか、という対象にあるようだ。ここまでの認識をふまえると、図表3－1のようになるだろう。

男にとって、個人的な性的関係では、非処女の方が従順なので都合がいい。しかし、家庭を作るという社会的共同作業になってくると、処女の方が社会規範に従順なので信頼できる。その利害計算が、「遊びでは非処女、結婚には処女」という男のダブルスタンダードとなって表われてくるのである（第2章で見たように、「付き合えばセックスするべし」的な性愛至上主義が社会規範化しつつあるとも言えるので、その意味では社会規範に対しても処女は非従順である。ここでは「社会規範」を文化的トレンドでなく家族制度の政治経済システムのレベルで捉えることにしよう）。

	処女	非処女
個人的人間関係において	非従順（流されにくい）	従順（流されやすい）
道徳、規範、家族に対して	従順	非従順

図表 3-1

こう考えると、ロリコン説と独占欲説も、処女を「容易に自分色に染められる従順な存在」と想定している点で錯覚にもとづいていると言える。むろん、錯覚しているのは処女厨自身であって、処女厨が「そのような錯覚」にもとづいて処女を選びたがるという事実については、ロリコン説と独占欲説は正鵠を射ていると言える。処女厨の至近要因を説明する理論として、ようやくまともな説が出てきたといったところだ。ただし、処女厨はまったく無理解というわけではないだろう。処女が従順なのはあくまでマクロな社会規範に対してであって、ミクロな個人関係においては非従順であり、扱いにくい、ということは処女厨もわかっているはずである。社会規範について従順であるという性質こそが「妻としては望ましい」と考える点で、結婚に限定したときの処女厨の判断は正しいと言える。それでも、恋愛対象にまで処女限定を通す処女厨もいるのであり、恋愛と結婚を一致させて考える男でない限り、そのこだわりは処女の従順さの種類を錯覚していると言えるだろう。ロリコン説と独占欲説が思い描く従順な存在としての処女像は、あくまで良妻賢母としての側面にのみ当てはまるのである。

ロリコン説と独占欲説は、錯覚であろうが真実であろうが「従順な女が男に主導権を任せてくれる」という図式を処女厨のモチーフとして提示していた。それに対して、逆の見方もありうる。この見方もまた、ベスト5に入るのではないかと考えられるメジャーな処女厨観である。**「プライド説」**だ。

ここで言う「プライド」は、独占欲説が重視するような「女との関係で働くプライド」ではなく、男どうしの関係で働くプライドである。「処女を妻とする」というのは、一種のステータスなのである。社会階層が上位であるほど正妻の処女性が絶対条件とされる、という伝統的な規範傾向は世界中に残っている。現代日本のような、処女が減少している（と思われている）社会では、この伝統的な処女妻の象徴的意義は大衆化されつつ却って強まったとも言えよう。希少な（と思われている）処女を妻にした男は、勝ち組なのだ。ロリコン説や独占欲説とは正反対に、プライド説が想定する処女厨は、処女を従属させ自分色に染める対象として扱う男ではない。競争者の中で自分の立場を高める目標として処女を仰ぎ尊重する男であり、まさしく処女崇拝者なのである。

プライド説はわかりやすく**「勝ち組参入説」**と呼び直すこともできるだろう。

♥

さて、従順な存在でもなく輝かしい目標としてでもなく、対等の理想的パートナーとして処女を設定する処女厨ももちろん多い。非処女との結婚はムリ、という処女厨発言に対して必ずといっていいほど返ってくるコメントは「当然おまえも童貞なんだろうな」という突っ込みである。アンチ処女厨の言説の中でも、童貞なら許す、という発言が散見される。処女を望む資格を持つのは童貞だけ、という男女平等的思考はなるほど理解しやすい。「OEO思想（本書五七頁参照）を共有する者どうしで結婚したい」という願望はきわめて自然なものに聞こえる。いわば**「価値観共有説」**なる処女厨理解がここにクローズアップされてくるのだ。

たしかに童貞は、結婚相手に処女を求める傾向が非童貞よりも強いだろう。ただし童貞だからといってOEO思想を持つとは限らない。他方、非童貞がOEO思想を奉ずることはありそうにない。OEO思想とは「お互いだけしか知らない者どうし」が添い遂げることを理想とする人生観だから、非童貞はすでにOEO主義者たる要件を欠いているのだ。

とはいえ、非童貞であることを悔いて、OEO主義に改宗している男もいるかもしれない。つまり、童貞かどうかとは独立に、OEO主義者かどうかを論ずることもできるだろう。いずれにしても、処女・童貞のカップルを理想視するOEO主義的処女厨については、その至近要因を説明するのに「価値観共有説」はかなり有力である。逆に言えば、価値観共有説は、OEO主義者というごく一部の男たちが抱く処女崇拝を説明できるにとどまる。

価値観共有説と同じく「自分と対等のパートナー」として処女を設定しながら、OEO主義者でない一般的処女厨の至近要因も説明できる理論はないだろうか。たぶんある。価値観共有説とは正反対のメリットを強調する有望な理論が考えられるのだ。それを**「相補的完成説」**と呼ぼう。

相補的完成説は、「カップルで補いあって高い境地へ」という関係を理想とする理論である。それほど大袈裟でなくとも、「相手には自分にないものを求める」という、友情においてよく見られる欲求をこの説は表現している。似たもの同士が仲良くなりやすいという事実に依拠したのが価値観共有説だとすれば、補い合う者どうし、場合によっては正反対の者どうしこそ深い関係を結べる、というもう一つの事実を重視するのが相補的完成説だ。

「処女じゃなきゃいやだって？　じゃあおまえは童貞なんだろうな」と突っ込まれた非童貞は、相補的完成説に従って、次のように反論することができる。

「自分にないものを相手に求めて何が悪い？　医師と結婚したいって女自身が全員、医師免許持ってるのかな？　年収四〇〇万円台と結婚なんてありえない、って突っ張ってる女が、自分は家事手伝いだったりするだろ？　ちんちくりんの女ほど高身長の男を望むしさ。女がそういう好みを臆面もなくさらけ出しても全然責められないのに、男が処女を望んだら即処女厨決定か？　厨のレッテル貼られるほど変なことなのか？」

なるほど一理ある。男と女は違う。男の欠点となる性質が女ではそうでなかったり、逆に女では長所になりうることが男の場合は致命的だったりする。男女平等であるべし、というのは社会制度や法律の文脈では「同等」を意味するが、異性に対する好みの文脈では「異質」を意味せざるをえない。男の魅力を高める性質と女の魅力を高める性質は違うし、男の魅力を損なう性質と女の魅力を損なう性質は違う。筋肉質であることは、男の魅力を高めるが、女の魅力を損なう。「結婚前に別の相手と性体験がある」という性質は、男が持つ場合はどうということはないのに対して、女が持つ場合は、まず間違いなく魅力を損なうのである。

男女が互いに、相手の魅力を損なう性質について不満を述べる権利があるとすれば、非童貞が非処女を拒否したり、非処女とわかったとたん結婚対象から外したりするのは、べつに不当ではないことになるだろう。

男が女に経済的に安定した生活を保証できる場合、男に対する女の愛は深まる傾向が強い。金めあてというような知的なレベルではなく、心底から女の目に男が魅力的に映るのである。女のこの「年収厨」傾向が経済的打算にもとづくものでないことは、経済的に不自由しない女であっても男選びの基準が「稼ぎ」であることからもわかる。自ら多大の収入を得ている女なら、自由な好みにしたがってイケメンやスポーツマンを選びそうなものだが、実際は、経済力ある女ほど、自分以上の財力ある男にこだわる傾向が強いのだ（バス、2000，ブラウン、2003）。

もちろん逆に、彼氏の年収が予想額の半分だったとわかったとたんに別れたくなる、というのも、女の打算ではなく本能的性愛傾向であることは言うまでもない。

男はそんなことは先刻承知だから、経済力ある男に媚びる女を「打算的」などと厳しく見たりしない。「打算的な女」を批判するのは、同族憎悪に駆られた女だけなのである。

女がみな多かれ少なかれ年収厨であるのと同様に、男はみな処女厨であるにすぎない。相手が処女であると、男は「この女を一生愛し続けたい自覚」が心底深まる。愛することに安らぎを覚えるようにもなる。したがって、どの男も処女好みの動機が同じだと仮定すると、経済的に高スペックの男ほど、処女を獲得する自信と権利意識を強く抱くため、それだけ処女厨傾向が強く現われることになる。

非童貞の処女厨は、以上のような男女の魅力の違いを率直に自覚しているだけだ。これが相補的完成説の骨子である。

こう考えると、先ほど相補的完成説を価値観共有説と対比させた観点が正しいとは言えなくなりそうだ。すなわち、相補的完成説と価値観共有説とは「処女の正反対のメリットを強調している」と先ほど特徴づけたが、それはどうやら正しくない。というのも、処女厨非童貞と処女は、ともに、「女の価値は複数の男に体を許したりしないことにある」つまり「未婚の女は処女であるべきだ」という価値観を共有しているからである。

男にとっての女の魅力のポイントと、そこから派生する女の戦略的倫理とについて、男と女の意見が一致しているということだ。他方、男の魅力の核心が経済力にあることについては、ふだん女が憚ることなく本音を述べているおかげで男女が難なく価値観を共有している。そのため、処女厨非童貞と処女は、お互いが相手のいかなる属性を値踏みし、納得して結婚したかについて完全に同意できている。これはまさに「相性」と言うべきものであり、この相互の納得こそ、結婚生活を安定させる重大要因だ。

以上のことは、処女厨非童貞のみならず、童貞も含むあらゆる処女厨に当てはまる。そうすると、相補的完成説は**「広義の価値観共有説」**の一つとして捉え直すことができそうだ。つまり価値観共有説は、その特殊な場合として相補的完成説を含んでいた、ということなのである。相補的完成説を一バージョンとして含んでいるとなると、価値観共有説の適用範囲が一挙に広がり、その信頼度はきわめて高いものとして改めて評価できるだろう。

ただし、相補的完成説を価値観共有説の一バージョンと見なせるためには、「処女はみな処女厨の価値観を共有している」という命題が真でなければならない。ところがこの命題は大いに疑わしい。単に機会がなかったために処女で通した女や、幼少時のトラウマが原因で男嫌いになった処女など、価値観ゆえに処女を守ったわけでない女は、下半身イデオロギーに支配された処女厨なる人種をむしろキモいと思うかもしれない。処女性も童貞性も高く評価しない処女、処女性は高く評価しても童貞性を嫌う処女、童貞性を高く評価し処女厨非童貞は卑怯だと思う処女など、多様な処女がいるはずである。処女厨の価値観が一定であるのに対して、処女の価値観にはさまざまな種類がありうるだろう。

そうなると、相補的完成説を価値観共有説の一バージョンと見なすという、価値観共有説に有利な解釈は、不可能ということになるかもしれない。

しかし実際はそうではない。「処女の価値観がさまざまであって必ずしも処女厨の価値観を共有しない」という事態は、価値観共有説および相補的完成説の信憑性、および相補的完成説を価値観共有説の一バージョンと見なすことの妥当性、に深刻な影響を及ぼしはしない。もともと価値観共有説と相補的完成説は、もっぱら処女厨の至近要因を説明する理論として提出されたものだからだ。実際に処女と処女厨の間で価値観が共有されているか、相補的完成がなされているかということはもちろん重要な問題だが、それは客観的事実に関わる問題であって、処女厨の動機、つまり至近要因を分析するに際しては、処女厨の主観的理想が合理的に信じられるものかどうかだけが重要となる。したがって、価値観共有説と相補的完成説はそれなりに有意義な説明を提供していると言えるだろう。

相補的完成説は、**「ジェンダー説」**と呼ぶこともできる。なぜなら、相補的完成説が強調する相補的完成とは、男女間の相互の補完であり、「男らしさ・女らしさ」の魅力の融合だからである。純潔であることは女の魅力を高めるが男の魅力は高めない。高い地位や経済力は男の魅力を高めるが女の魅力は高めない。そういった「ジェンダー」が単に社会的規範にとどまるものではなく、セクシュアリティに（生物学的欲望に）根差していることを、相補的完成説は指摘しているのである。

ジェンダーは、男女それぞれの魅力だけでなく、人格的価値をも決定する。男らしさを豊富に持つ男は人格的に優れており、女らしさを豊富に備えた女は人格的に優れている。これは異論があるかもしれないが、**徳倫理学**などが前提する暗黙の常識である（徳倫理学とは、「善」の根拠として「行為の結果」を重んずる功利主義や、「義務感に従う」という動機を重んずる義務論に対して、「人徳・人柄」を重んずる立場）。そして、人格的に優れた人を伴侶として求めるのは当然のことだろう。相補的完成がなされるかどうかとは関わりなく、人格的に優れた相手といっしょになることは自分の利益に繋がるのであるから。

ジェンダー説は、男らしさと女らしさとの相補的完成を強調するとともに、互いの人格的高さの追求という基本的道徳をも強調しているのだ。

♥

ここに、**「人格相関説」**が成り立つ。処女は、人格的に優れているとされるのである。なぜなら、女のたしなみを守っているからだ。女のたしなみとは、女としてふさわしい倫理、生き方、価値観などである。それは、羞恥心であったり、思慮深さであったり、プライドであったりする。多少親しくなったくらいの男の前で媚を売ったりしない羞恥心、セックスした結果どうなるかについての思慮深さ・用心深さ、貴重な性をそう簡単に提供して男の機嫌をとらずとも堂々としていられるプライド。こういった「女の人格の高潔さ」は、男から見て魅力的である。処女であることと人格の高さとは、相関関係があると感じられるのだ。

しかし人格相関説は、とりわけ「セックスについて女らしい」となぜ人格高潔らしく感じられるのか、を説明しなければならない。それはさしあたり容易だろう。セックスのリスクとコストが、男女であまりに違いすぎるからだ。妊娠という可能性一つとっても、女にとってセックスはきわめて高いリスクを伴う。男が避妊に協力してくれる保証についても用心深くなければならない。そもそもコンドーム自体が避妊にも性病予防にも完璧には程遠い。やり逃げされて妊娠したとしても、婚約してない限り法律は守ってくれない。ピルは低用量でも血栓症の原因になる。性病に感染したら不妊になったり、胎児が障害を持ちやすくなったりする。相手の男に病気がなくても女は尿路感染症や卵管炎にかかりやすい。セックスはとかく女が圧倒的に不利である。

そうしたセックスのリスクに無知あるいは無頓着な女は、ドラッグやギャンブルに溺れがちな人間と同じく、経済的・風評的に周囲に迷惑をかける可能性が高い。他人への迷惑を未然に防ぐような慎重な生き方をする女は、当然のことながら、人格的に優れているのである。

羞恥心、思慮深さ、プライドなどは女の人格を評価するための重要な属性だが、最も重要なのは「規範遵守」という性質だろう。これは独占欲説のところで見た「従順さ」と同じものである。社会規範を守るという性質は、「他人と争わずに仲良くやっていく能力」に直結する。妊娠・授乳期間という、他者の助けを要するコストを宿命的に負う女は、むやみに反逆するようでは生き抜けない。他人と争う可能性の高い女より、隣近所に悪評を立てられないよう規範を守って安全を確保し、子どもを無事育て上げられそうな女の方を、男が高く評価するのは当然のことである。したがって、「簡単にセックスするな」という慣習的規範道徳を従順に守り続けた処女は、男にとって、信頼できる伴侶となるのである。処女厨の感性はこの限りで正しいのだ。

人格相関説は、女の人格の手掛かりとしての処女性を重視する。それに対して、むしろ女の知能の手掛かりとして処女性を捉える理論もありうるだろう。それを**「ＥＱ説」**と呼ぼう（ＥＱ……Emotional Intelligence Quotient（情緒の知能指数）の略）。

処女は非処女よりも〈自分や他人の感情を察知したり、自分の感情をコントロールしたりする心理的能力〉が高いと思われるがゆえに好まれる、というのがＥＱ説である。

端的に言えば、一部の処女厨は「処女は非処女よりも男性心理がよくわかっている」として処女を高く評価する。つまり、「男は最終的には非処女より処女が好きである。処女はその事がわかっているから純潔を守る。非処女はそのことがわかっていないから純潔を粗末にする。つまり処女の方が賢く、男のよき理解者である。このことだけで、処女の方が男の伴侶として好ましいことはハッキリしている」。「男性心理がよくわかっている頭の良い女」こそ処女なのだという理屈である。

男性心理がわかっていない女が損することは確かだ。ネットにあふれる「やり逃げ」の被害体験談を見れば一目瞭然。「男は一度セックスに持ち込んだら冷める」「男にとってセックスと恋愛は別である」「恋愛と結婚も別である」「簡単に股を開く女を男は軽く見る」といった数々の男性心理（あるいは男性生理）を理解している女は、おいそれと股を開かず、やり逃げの憂き目を見ることはない。つまり処女は「危険を察知している賢い女」である可能性が高い。そして危険察知能力の高さは、他の多くの事柄についても適確な知性と感性を備えている証拠になるだろう。

女が「やり逃げ」「やり捨て」と主張する事例にはさまざまなパターンがある。女のＥＱが低い順に並べると、

1　ナンパしてきた見知らぬ男と（あるいは合コンで初対面の男と）いい雰囲気になり、流されてセックス、そのあと交際を期待したのに音沙汰なし

2　出会い系で会った相手に、金をもらう約束でセックスしたのに、不払いのままドロンされた
3　知人男性に「付き合おう」と言われてセックス、そのあと音沙汰なし
4　彼氏と付き合った末初めてセックス、そのあと疎遠に
5　肉体関係のあった彼氏が、妊娠を告げたとたんに音沙汰なし
6　肉体関係のあった彼氏に、結婚話をしたとたんに音沙汰なし

「やり逃げ」は相手が一八歳以上なら違法ではない。婚約していない限り、男の側は何の責任も負わない。自由恋愛の結果である以上、法律が女を守ることは一切ない。例外は、5において子どもを生んだ場合。それならば男に対し子どもの認知と養育費を請求できる。しかし中絶する場合は手術費用の半額請求すら認められはしない。警察も裁判所も門前払いだ。

こんなリスクの高い婚前セックスは、賢い女なら当然差し控えるだろう。

これは道徳や倫理の問題ではない。ズバリ性欲を満足させられるかの問題である。愛し合えない相手とセックスすると、「貞操観念からくる後悔ではなくて、性欲だけを追求しても、女性は確実に傷つく、という経験則」（杉浦、2011, p.158）が広く知られているからだ。

男にとっては恋愛と結婚が別であるだけでなく、セックスと恋愛も別、という事実を女が把握していれば、「彼が本当に私を愛しているなら、セックスなしでも楽しく付き合えるはず」という自信を持つことができる。実際、賢明な処女はそのようにして、本当に愛し合える相手を選別し、本当の愛を手に入れ、〈究極の相手〉と結ばれているのだ。少なくとも処女厨の多くはそう信じている。

ただしこのEQ説の理屈を生かすには、いくつかの反論に答えておく必要があろう。まずは、よくある次のような反論である。

「1〜3は論外としても、恋愛開始後の4のような憂き目に遭うのは、たいてい彼氏が初めての相手だろ？　非処女なら重くないから、捨てられないはず。5、6のような失敗をするのも、世間知らずな処女に違いない」

この反論は、恋愛で必ずセックスをすべきだという前提に立っているので、**論点先取**である。そもそもセックスしなければ1〜6のような被害が生じようがないので、処女のメリットを否定したことにはならない。

処女のEQより非処女のEQを持ち上げる次のような反論はどうか。

「1〜3は論外としても、4以降は、ともかくも恋愛経験が実現しているので、望ましい状況背景だ。そして男性心理としては、恋愛の対象として望ましいのは非処女の方ではなかったか。だから男性心理がよくわかっているのは、男を喜ばせるために重たい処女をさっさと捨てておき、恋愛を円滑に進めることのできる非処女の方ではないか？」

これに対して直ちに思いつかれる答えは、「結婚に結びつかない恋愛はしょせん遊びだ。結婚と遊びとどちらが重要か、そんなことわかりきってるだろ」というものだ。目先の遊びに浮かれて将来の利益を考えられない女は、その時点で有利な将来を諦めざるをえないのは当然だろう、と。一時の快楽に囚われず本当に有利な生き方を選べる処女は、有利な結婚に値するのだ、と。

「有利な生き方」とは何か、というさらなる問いには、「当然、EQの高い生き方のことだよ」と答えられるだろう。

しかし、この応答は**循環論法**の疑いがある。循環論法とは、「なぜAか？」「Bだからだ」「なぜBか？」「Aだからだ」というように、根拠づけが循環して、結局は自分で自分を正当化しているにすぎない議論のことである。EQ説的な処女厨の主張、すなわち「処女は男性心理がわかっているがゆえに賢い。賢い女をわれわれが選ぶのは当然のことだ」という主張は、循環論法めいているのだ。

次のように分解してみればわかる。「なぜあなたは処女に固執するのか？」「処女は賢いからさ」「処女が賢いと言えるのはなぜ？」「処女を守ってるのが賢い証拠だよ」「処女を守ってるのは賢明なことなのか？　なぜ？」「処女を守るのは男性心理がよくわかってるってことなんだよ」「男性心理がわかっているとなぜ思うのか？」「だってわれわれ男は実際に処女が好きなんだ。条件が同じなら処女より非処女を選ぶ男なんているはずがない。実際にわれわれの好みがそうなのだから、その通りのことを理解して処女を守ったのは、男性心理がわかってると言えるだろう」「なるほど。ではなぜあなたは『実際に処女が好き』なんですかね？」「処女は賢いからさ」「処女が賢いと言えるのはなぜ？」……

まさに循環である。EQ説は言う——処女は男の好みを知っている点で賢く、賢い女だから男は処女を好み、その好みを処女が知っているから男は処女を好む……。これでは何も説明していないに等しい。

ただし、詳細に調べてみると、EQ説は必ずしも空虚な循環論法ではないことがわかる。「男が処女を好むことを理由として、男は処女を好む」という主張は確かに空虚な同語反復であり、説明力のない循環論法だ。しかしEQ説が主張するのはそれではなく、正しくは次のことである。

——「男というものが処女を好むことを理由として、個々の処女厨は処女を好む」

つまり、個々の処女厨の心理を「男一般のことをよくわかっている処女は賢いから、私は処女が好きだ」と定式化するのがEQ説なのだ。個々の処女厨と、男一般とは別の存在である。個々の処女厨は男一般の構成要素または一部分をなしているが、男一般は個人が誕生するずっと以前から生物進化によって形成されてきた。自らが属する歴史に訴えて自らの好みを正当化するのは、循環論法っぽいかもしれないが、全くの循環論法ではなく、自分の好みを自分の好み以外の別の根拠によって説明している。その点で、一応実質的な説明になっているのである。

EQ説の骨子は「処女は僕の処女好みを察するほど賢いから僕は処女が好きなんだ」ということではなく、「処女は男の処女好みを察するほど賢いから僕は処女が好きなんだ」という立派な説明なのだ。

とはいうものの、EQ説論者をもう一段追及してみることはできる。

「では、男一般が処女厨であるとあなたが確信できるのはなぜなんだい？」

「そりゃ、現に僕が処女厨だからさ」

もしもこういう答えしかないのであれば、主観的な循環論法に逆戻りしてしまう。処女厨は、「自分がなぜ処女厨であるべきか」を正当化するだけでなく、「男が処女厨であるのは当然だ」ということを正当化できなければならない。実際に、ネットで非処女や非処女擁護者を罵倒しまくっている過激な処女厨は、自分一人の好みを正当化しようとしているのではなく、普遍的な価値観を布教しようとしているのだから。

こうして、EQ説は、「賢い人を好むのは当たり前」というごく真っ当な論理に立脚しつつも、「男が処女を好む理由」を別の理論によって根拠づけない限り、限りなく循環論法に近い空論に堕す恐れがある。

♥

その「別の理論」は、もちろん、今まで見てきた諸理論——清潔感説、初物趣味説、ロリコン説、独占欲説、プライド説、価値観共有説、相補的完成説、人格相関説のいずれかによって与えることができるだろう。しかしその大半は、処女厨の至近要因の根拠づけとして問題を孕んでいた。すべてを場合によって使い分けることで、ほとんどの処女厨事例を説明できるかもしれないが、もし統一的な説明理論が発見できるならばそれに越したことはない。そこで、最後の、あまり語られることはないがもしかしたら最強の説明と言えそうな理論を提示しよう。

それは、生物進化論の**適応主義**にもとづく**「適応度説」**である。性質xを持った個体が、平均してどれだけの子孫を残せたか、という「適応度（環境への適応の度合）」によって、性質xが現に受け継がれている理由を説明しようという理論だ。

適応度説は、次のように言い放つ。

「男の本能が処女厨なんだからしょうがないだろ。そもそも処女膜って形で、初めてかどうかが女の場合だけ見分けられるように人間の体ができてるってこと。その進化生物学的意味を考えろよ。男に童貞膜はない。つまり童貞かどうかを女が知る必要はないが、処女かどうかを男が把握する意義があったってことだ。あるいは女の側がアピールする利点があったってことだ。出血したら、男はその女を大切にしたのさ。原始人の男もね。非処女ならヤった後さっさと去っていく男が、処女だとわかればしばらく居残って、出産や子育てまで手伝ったりしたのさ。だって確実に自分の子なんだからな。非処女と処女を差別せずに扱う男は、もしかしたら他人の子をせっせと育てる羽目になるだろ？　アホだろ？　そんなおめでたい男より、非処女はヤり捨てて処女だけ世話した男の方が遺伝子残す上で断然有利だろ。だからこそ処女厨の遺伝子が残ったのさ。アンチ処女厨の遺伝子なんて落ちこぼれ。結婚の相手として処女にこだわる本能は当然だよ」……

これは進化心理学の本の大多数に書かれている通説に「処女膜を持つ個体の適応度（処女膜の存在意義）」「処女を大切にする個体の適応度（処女厨の有利さ）」を組み込んだ説明である。通説は、数百万年にわたる狩猟採集時代の人類についての正確な科学的記述とは限らない。しかし、通俗的な啓蒙書その他のメディア（麻生、2000，ＮＨＫスペシャル、2009等）で普及したメジャーな進化論的常識であることは間違いないので、処女厨の大多数が意識的または無意識的に前提する人間観を代表していると言える。通説に沿った詳しい説明をさらに聞こう。

「処女は大切なんだ。その証拠に二億年も前から、多くの哺乳類に処女膜があるわけだし。イルカにもキツネザルにもチンパンジーにも処女膜がある。クモや昆虫だって処女を好む。虫の場合は膜じゃなくてフェロモンだけどね。人間はとくに処女膜が発達してるらしいが、無脊椎動物の祖先から受け継いだ基本設計ってことさ。原始時代、男が女と出会ってセックスに持ち込んだと想像しろ。

血が流れる。男は女の痛みに共感して、しばらくそばにとどまり、女をガードし、出産、育児を見届ける。食料を調達し、他の男の暴力や子殺しから守る。そういう男の遺伝子は残る。処女をガードしたがる本能の遺伝子も子に受け継がれる。対して、処女膜を破っておきながら平然と次の女を求めて去った冷たい男はどうかな。女が出産しても、子どもは満足に育たない確率が高い。なにせ出産が大変だ。人間はとにかく脳がでかい。産道に頭がつかえて母子ともに死傷するかもしれん。頭がでかく育ちすぎないうちに未熟で生まれるから、生まれたあとも赤ん坊は手厚くケアしないとすぐ死んでしまう。つまり人間は出産と育児にどれほど男が協力するかによって、男女の遺伝子がどれほど残るかが決まったわけだな。だから男とすれば、処女を犯したら、別の女へ種まきに去るよりも、とどまって自分の子を育てた方が有利だ。処女をヤリ捨ててゆくヤリチンは、撃てども撃てどもどの子も育たず、って憂き目に遭うからだ。赤ん坊に手がかかるようになったせいで一夫一妻志向が有利になってきたんだよ。で、どうせとどまるなら血を流した女のもとに、って話だろ。我が父性に確信が持てるからな。女からすりゃ、とどまってくれそうな男かどうかを見極めてからセックスさせるのでなきゃいかん。男を見る目がなくて、薄情な男に安易に体を許した女の遺伝子は、淘汰されてゆく。妊娠、出産、育児を一人でやる羽目になる。子どもが成人する確率が減る。そういう間抜け女こそ、現代では、チャラい男に処女をくれてやってすぐ別れる女に相当する。賢い男は、そんな間抜け女にひっかからんよう、貫通済みの女は避けるか、せいぜいやり捨ててゆくものなのさ。自分が処女膜を破った女には執着するのさ。こうして処女と処女厨は自分の遺伝子を残しやすい。それ以外の連中は遺伝子を残しにくいのだ。つまりはダメ人間たちなのだ」

進化論でこのように理屈づけられるとどうだろうか。この「適応度説」は、処女厨の根拠を次のように説明してしまう。「雌雄の配偶戦略の違いは、最も重要な生物学的環境である。環境への適応の結果、残りやすい遺伝子が選ばれ、処女厨は適応的だったがゆえに処女厨心理を作る遺伝子が優勢になった。進化論的勝者だ。勝者の主張を認めないでどうする」と。

しかし注意すべき重要な点が四つある。

まず、処女膜が裂傷を負って破瓜の出血が起こることは、処女であることの必要条件ではない。出血しない処女もいるからだ。また、十分条件でもない。出血する非処女もいるからだ。実際、初体験からあと何度目になっても処女並みの出血を起こす女は珍しくない。処女を識別するための裂傷・出血というのは単に確率的な指標にすぎない。処女膜という器官のそうしたいい加減さから推測するに、「処女が有利だった」という有利度は、大した程度ではなかったと考えられる。処女膜の存在自体が処女の有利さを示していることは確かだが、その適応度を過大評価してはならないだろう。

この批判点は程度問題なので、適応度説にとって有効な反論にはなっていない。もともと生物学的適応というのは確率の問題だからだ。確率的だからこそ、非処女たちも劣勢ながら運良く遺伝子を残せてきているわけだ。処女の出血が大まかにでも男をつなぎ止める役に立ってきたならば、処女は適応的であると言えるだろう。

第二に、今見た長広舌は、進化心理学の通説に則ってはいるが、通説に対しては学者の間でも異論がある。とくに、**「ゆるやかな一夫一妻」**（浮気も含みつつ基本的に一夫一妻のペアを作る習性）**「連続的一夫一妻」**

〈時が経てば相手を変えるが一定期間は一夫一妻のペアを作る習性〉が人類の本能であるかのように前提した点で通説は間違っている、としばしば言われる。ほんの一万年ほど前に農耕が始まるまでは、人類は平等な分配にもとづく集団を作っていて、セックスも平等に分け合う多夫多妻（複雄複雌／乱婚）だった可能性が高いらしい。つまり、誰の子だかわからない子たちを全員で面倒見ていたというのが実態らしい。つまり「父性」など重要ではなかったのだ。人類が父性に目覚めたのは、農耕開始によって定住生活・富の蓄積・女性の私有財産化という環境の激変が生じてからだ（ライアン&ジェタ、2014参照。一夫一妻的通説と多夫多妻的異説をジャレド・ダイアモンドはそれぞれ「マイホームパパ説」「たくさんの父親説」と呼ぶ。ダイアモンド、2013, p.116）。狩猟採集段階の人類に核家族的所有権を勝手に想定して、その中で男と女の本能が形成されてきたとする進化心理学の説明が正しいという保証などない。

この第二の批判点も、第一点と同様、程度問題にすぎない。一夫一妻・一夫多妻か多夫多妻かについての争点は、処女厨の利点の程度には影響するが、利点の実在そのものを覆しはしないからだ。現存の狩猟採集民族の調査からわかることは、多夫多妻関係といっても基本となるパートナーは決まっているのが普通だし、乱婚のさいも相手は誰でもよいわけではない。男女相互に選り好みがあったことには、通説批判者も同意している。女（あるいはその親族）は最初の相手を慎重に選び、男（あるいはその親族）は処女を特別視する——そういう行動傾向を持つ者が有利だったことに依然変わりない。近現代家族制度という環境のもとで、個々人のその本能がさらに露骨に発現してきたと理解できるのだ。

しかも、多夫多妻が人間にとって自然な状態だとすると、処女厨本能はむしろ確証されることになる。「女が〈確実な子どもを少数〉ならオスは〈不確実な子どもを多数〉、これでおあいこ！」これが多夫多妻社会のバランスだ。ところが農耕開始以降に一夫一妻的制約ができて〈女は確実な子どもを少数〉対〈男は不確実な子どもを少数〉というふうにバランスが崩れると、夫は神経症的不安に襲われるようになる。実際、世界規模でなされた血液型調査では、男が自分の子だと思っている事例の約一〇パーセントにおいて（DNA鑑定の係争事例では約一五パーセントにおいて）血縁ナシという結果が出ているという（ジョンストン、2001, pp.203-4)。したがって男は、一方的不利を克服するため、**配偶者防衛**（妻への貞操の押しつけ）に躍起になる。

多夫多妻社会と同じくらい一夫一妻社会が安定したものであるためには、妻の貞操が疑われてはならないのだ。貞操の最大の手掛かりは処女性だ。こうして男の本能が一夫一妻環境に刺激されて処女厨を命じるようになる。

一夫一妻環境への女の適応行動は男より遅れるが、貞節を証明できる女、つまり処女が有利となることに変わりない。このように、通説と異説の違いは、処女厨本能の顕在化の時期が古い（狩猟採集期）か新しい（農耕開始後）かの解釈に違いにとどまる。処女と処女厨が生物学的適応の産物だという通俗的理解に、大きな誤解はないと言えるだろう。

さて、第三、第四の批判点は原理的な事柄である。

第三点は、進化心理学の通説が（先ほどの長広舌が）正しいとしても、適応度説は、このままでは処女厨の至近要因の説明になっていないということ。むしろ「究極要因」の説明でしかないのだ。つまり、男の多くが処女厨であることの理由や正当化ではなく、物理的原因（遺伝的原因）を述べているにすぎない。処女厨の大多数は、先ほど提示されたような進化論的メカニズムを意識してなどいない。

第四点として、進化論的本能を意識していようがいまいが、本能が実際にどうであるかということと、「そうであることが望ましい」かどうかとは別のことである。前者は事実の問題であり、後者は価値の問題だ。処女厨の遺伝子が男の中に広まっているからといって、それに従うのが現代社会で有利であるとか、ましてや倫理的に正しいとか、即座に判断することはできないだろう。

第三点に対処するためには、すなわち、適応度説が処女厨の至近要因を説明する理論だと主張し続けるためには、適応度説を次のように言い換える必要があるだろう。

「進化論は今やどこでも学ぶ機会がある。進化心理学の本を読めば、男と女の本能がどういうものであるかが書かれている。かりに本など読まなくても、あらゆる媒体で現代人は進化論的な考えにたえず触れているのだ。したがって、進化論的勝者の本能に合致しているということで、現代の男は処女厨であることを自ら選ぶのだ」

この説明は、第二の批判点（通説ではなく異説が正しいのではないか）も解消する。重要なのは実際にどの進化仮説が真なのかではなく、処女厨がどういう常識に影響されて動機を形成しているかだ、と指摘するからである。

人間は「本能」による説明が大好きであり、処女厨も例外ではない。進化心理学による説明が正しいにせよ正しくないにせよ、わかりやすいことは確かなので、あちこちで紹介されている究極要因の説明が彼らの動機に至近要因として作用する。現代社会の風土全体の中に進化心理学的「常識」が溶け込んでいるので、人々は自ずとその適応主義的生殖戦略に合致した行動傾向を示すようになるだろう。さらに踏み込んで、次のように論ずることもできる。

「本能に従うのは楽だ。だから、何でもいい、本能が命ずる行動に対して、〈理由っぽいもの〉が見つかれば、自分や他人が処女厨であるべき理由として過大評価し、心底信じるようになるのだ。理由じゃなくてただのキッカケでも十分。ネットとかで処女厨的な主張をちゃんと読めば誰だって、本能的に処女厨に目覚めるよ」

この説明は、処女厨の至近要因の**メタ理論**と言ってよいだろう。メタ理論、つまり理論を説明する理論だ。今まで見てきたさまざまな理論――清潔感説、初物趣味説、ロリコン説、独占欲説、プライド説、価値観共有説、相補的完成説、人格相関説、EQ説――が、どれも決定的な理由となりえない欠陥を抱えているにもかかわらず、処女厨個々人にとってはそれぞれ決定的な理由であるかのように信じられる。それはなぜかというと、まさしく処女厨の本能を働かせる遺伝子が男女の体内にあるからだ、ということになる（正確に言うと、その遺伝子は女の体内では男の場合ほど強く働かない。その原因は次章で）。

今まで見てきた諸理論の中で、適応度説は唯一のメタ理論なのである。

たとえば、自分の欲求を説明する理論としてプライド説がピッタリだと信じる処女厨は、「貴重な処女をゲットして勝ち組に入んなきゃ男として一生恥ずかしい思いをするでしょ」と思っている。ただ実際は、「でも友人や知人にいちいち『オレの女房は処女だったぜ』なんて触れ回るわけにもいかんだろうし……」とわかっているかもしれない。「かりにそうやって威張ったからって信じてもらえるとは限らないし、好感持たれそうにないし、むしろアホだと思われるし、なんかあまり現実味のないメリットだな。結局は自己満足か……」。しかしデフォルトとして処女厨の本能があるために、冷静に省みない限り、自己満足だなどと意識することはない。根拠薄弱なプライド説を、理屈によって可能な範囲を超えて強く信じ込んでしまう。とにかく理屈の体をなしてさえいれば、遺伝的本能がその理屈の効果を増幅して、意識に強力な納得感をもたらしてくれるのである。

このように適応度説をメタ理論として使うと、強力な説明になる。処女厨がこれほど多いことに、決定的な理論がある必要はない、なぜならどんなつまらない理屈によってでも男は自然と処女厨になるからだ……と強引に説明してしまうのである。

こういった説明は、メタ理論としては、つまり「処女厨がどんな理論であろうが自己の信念を正当化できてしまうのはなぜか、ということの説明」としては優れているだろう。しかし、処女厨の信念そのものが正しいと証明してはいない。あくまで「処女厨的主張になぜこんなにも力があるのか」という「原因の説明」ができるだけで、「処女厨的主張は正しい」という「論理の説明」ができているとは言いがたい。

適応度説は、「事実」で処女厨の価値観を正当化しようとする。しかし、事実判断（「〜である」）と価値判断（「〜べし」）の間には、論理的な断層がある。したがって、適応度説で処女厨を正当化するのは、重大な誤りなのである。これは先ほど示唆した第四の批判点である。このことについては次章で考察しよう。

メタ理論としての適応度説を拡張すれば、何ら理論的裏付けが見つからない場合ですら、「処女厨であることはとにかく正しい」という信念が合理化できることになるだろう。つまり、「はっきりした理由なんかないけど、とにかく処女を守り通す生き方は気高い。高潔だ。神聖だ」……という理論も成り立つことになる。一種の盲目的信仰なので、**「オカルト説」**と呼んでおこう。

オカルト説では、処女が自己目的化する。「とにかく処女を守ることが善なのだ」「結婚前に処女を捨てることには誰だって罪悪感を覚えるはずだ」「処女性を気にしない男ってのはどこかおかしいんだ」という、問答無用の価値観となって処女厨を正当化する。

「問答無用」は、決してインチキな説明ではない。適応度説というメタ理論を使えば、「人間の心の仕組みがそうなっているのだ」という説明が提示できるからである。「理由がわからなくても、『神秘的な、あるいは呪術的な理由』がある」と信じることはしばしばある。常識的な人なら、葬式で死者を貶したり、墓石に立ち小便したり、好きなアイドルの写真を踏みつけたりはできないだろう。その行為が物理的実害をもたらすわけではない。そう頭でわかっていても、できない。その行為自体に理屈以前のマイナスの価値が内在しているとしか思えない。したがって、「そんなことはするものじゃない」という問答無用の理屈で納得できてしまう。処女厨の衝動もそのような正当化で十分だ。それがオカルト説である。

オカルト説は、「処女は正しい」「処女は高潔だ」というプラス追求型の動機に訴える説明であるとともに、それにもまして「非処女は穢れている」「非処女は堕落している」というマイナス回避型の動機に訴える説明でもある。むしろオカルト的心理は、「穢れへの禁忌」「悪への警戒」といったマイナス回避としての方が強く働く傾向がある。それは多くの宗教に見られるとおりだ。

これまでは、処女厨の至近要因を説明するプラス追求型理論を列挙してきた。オカルト説でプラス追求型とマイナス回避型の両面を一度に見たところで、マイナス回避型の諸理論の吟味へと移ることにしよう。

♥

いまオカルト説について見たように、プラス追求型の理論はどれも、マイナス回避型の理論へ反転させることができる。なぜなら、「プラスの価値を獲得し損なうこと」は可能性の喪失であり、そのままマイナスと解釈できるからだ。したがって、プラス追求型を体系的にマイナス回避型として読み替えることが必ずできる。

正反対の視点から処女厨の動機を確認することは、もとの視点では見えなかった要素を明るみに出すことがあるが、マイナス回避的読み替えは、単にプラス追求の符号を変えたにすぎないようにも見える。もしそうなら、これまでのすべてのプラス追求型要因に対応するマイナス回避要素を改めて検討するのは冗長になるだろう。すなわち、プラスマイナスゼロの視点を対称軸として、

「処女は+Pというプラス価値を持つ」

を機械的に

「非処女は−Pというマイナス価値を持つ」

へと読み替えるだけなら、退屈な単純作業になってしまう。

しかし注意すべきは、私たちが見てきたのは処女のプラス要因そのものではなく、処女厨の心理における処女のプラス要因だった。つまり、処女についての直接の価値判断ではなかったし、非処女についての間接の価値判断でもなかった。本章冒頭に確認したように、私たちが検討してきたのは、〈処女厨が処女を直接にどう捉えているか〉〈処女厨が非処女を間接的にどう捉えているか〉という、事実判断だったのである。

「処女・非処女についての価値判断」ではなく、「処女厨の心理についての事実判断」だったということだ。

したがって、改めて「処女厨が非処女を直接にどう捉えているか」を検討することにより、これまで見てきた「処女厨が非処女を間接的にどう捉えているか」と比べることができ、処女厨の心理に矛盾や自己欺瞞がないかどうかを調べられるのである。

とはいえ、プラス追求型要因の一つ一つについて体系的な検討をしていくのはかなり退屈だということは目に見えている。そこで、マイナス回避型独自の新しい認識を付け加えるタイプの理論をウェブの諸言説から再構成していこう。その過程で、必要に応じて体系的読み替えの確認をしていくことにしたい。

♥

処女厨の至近要因を説明するためのマイナス回避型理論として、真っ先に挙げられるべきは、**「不浄説」**だろう。これはプラス追求型で最初に挙げた「清潔感説」のマイナス回避バージョンである。処女が清潔で健康なイメージがあるとしたら、非処女には穢れて不健康なイメージがつきまとう。性病や妊娠の可能性が皆無ではない。

ただし、清潔感説のところで確認したように、処女は清潔で健康、非処女は不潔で不健康というのは、根拠薄弱な印象だろう。むろん、非処女の方が心理的に潔癖である確率は低いだろうから、性感染症に限らず細菌・ウイルス系の病気全般について見れば、非処女の方が相対的に危険な生活をしている確率が高いかもしれない。しかしそのような衛生的要因が、処女厨の非処女嫌いの主因をなしているとは考えにくい。そもそも結婚に繋がらないセックスでは、処女厨も非処女を歓迎するというのに、結婚となったとたんに男の衛生観念が膨張するとも思えない。

ただし、次のような見解にはかなり説得力が感じられる。

処女を結婚相手として求める理由ですか？　非処女との結婚が生理的に無理だからです。あなた達女性も、満員電車の中で、痴漢からスカートに精液をかけられたら、そのスカートを捨てるでしょう？（Yahoo!知恵袋　婚活5連敗中女性への plasmasapphire さんの回答 http://detail.chiebukuro.yahoo.co.jp/qa/question_detail/q1165992101（女にとっての痴漢と男にとっての非処女の比較については、第4章で検討する））

セフレより妻の方が大切だからこそ、清潔感の重要性がクローズアップされるということは確かにある。愛や生活が関わると、男の衛生観念は厳しくなるかもしれない。

それは事実だとしても、衛生観念が非処女を結婚相手として避ける「主因」またはそれに近い原因であるとは考えにくい（付随要因にはなりうるとしても）。清潔感、生理的印象の種類は多岐にわたり、印象だけをとれば、並の処女より洗練された非処女などいくらでもいるからだ。

よって、不浄説の説得力は疑問符付きと言わざるをえない。それでは、不浄説の亜種として**「スペクトル説」**はどうだろう。「潔白度の連続的スペクトル」を考えてみるのだ。ヤリマン、売春婦、風俗嬢などは、ある文脈では有難い存在でありながら、結婚相手としてはほとんどの男が「生理的に」忌避するだろう。つまり、男との性的接触が多ければ多いほど、結婚相手としては避けられる、もしくは違和感があるだろう。性行為数と違和感とが比例すると考えるのが自然だとすれば、性行為数ゼロというスペクトル極限に位置する処女が最適であり、それに比べれば一度でも性行為を経験した非処女は避けられて当然だ、ということになる。

このスペクトル説は、非処女に当てはめるとそれなりの説得力があっても、非童貞に当てはめると大した説得力が感じられない。男の場合には、経験人数の多すぎる男はちょっとどうかなと思われる程度であり、童貞は却って好感度が低かったりもして、「ほどほどが最適」というイメージが一般的だ。女の場合だけなぜスペクトル説が当てはまるのか、これは不浄説とは別のタイプの理論で説明されねばならない。

プラス追求の初物趣味説に対応するマイナス忌避説は、**「中古品忌避説」**と呼ぶことができるだろう。ウェブの処女厨語法では、非処女を「中古」と呼ぶのが習わしとなっている。「他人が食い残した料理なんか食えるかよ」といった言い方も頻繁に現われる。非処女のみならず処女をもモノ扱いした究極の侮辱語と言うべきだが、これはスペクトル説では説明できなかった男女の非対称性を言い当てているだろう。つまり、女だけに処女膜という「純潔の目印」があり、それが破れたかどうかで、新品と中古の区別がつけられる。物理的に0か1かの絶対的区別であり、区別がある以上、無視できまい、というわけだ。

非処女を「誰かがすでに使った中古」「食いかけた料理」に喩えること自体は、その侮辱的ニュアンスの是非はともかくとして、正当な根拠がないわけではない。一時の遊びならともかく、一生ものとして中古は勘弁してくれ、となるのだ。

どうして非処女だけが中古と呼ばれ、非童貞はそう呼ばれないのか、というのは愚問である。女がそう呼ばないから、というにすぎない。男の新品・中古に女がこだわれば、平等になるだろう。もう一つの理由として、セックスが商品化されるとき、ほとんどの場合に男が買い手となるという事情がある。買い手に新品も中古もないが、商品には新品と中古の区別がある。性を売る女が大勢存在している限り、女だけが商品に喩えられるのは当然なのだ（ちなみに女の武器としての「エロティック・キャピタル（女特有の性的資源）」という概念を肯定的に提唱したのは女である。ハキム、2012参照）。

いずれにせよ、なぜ「中古品」は避けられるのか、は難しい問題だ。女にとって「最初のセックス」がその後のいかなるセックスより重いセックスだとすれば、男もその価値観を認めねばならない。「最初の男」になれなかったら「最初の男には永久に勝てない」ことは女側の定義によって決まってしまっている。苦々しく思うのも当然だ。しかし女自身が気楽に捨てた処女ならば大して価値はなかったと考えられる。重要なのは現在のセックスだけとなるはずだ。

こうして「なぜ中古品は避けられるのか」は難しい問題であり続ける。だがそれは気にしなくてよい。なぜなら、「新品より中古品の価値が劣る」というのはあらゆるものに一律に当てはまる原理だからだ。とくに処女厨の至近要因の説明だけが難しい問題を抱えているわけではない。よって、中古品忌避説は、処女厨の心理の一般的説明として優れた理論と言えるのである。

しかしあえて踏み込んで、中古だとなぜ嫌われるのかを、処女厨特有の心理として摘出することができればなおよいだろう。

非処女が中古たるゆえんを素朴に考えると、もちろん、他の男によってすでに貫通済み、という一点だろう。もしも異物挿入などの激しいマスターベーションによって、女が一人で処女膜を破ったのだとしたら、処女厨は気にしないはずである。他の男のペニスが貫通した女をどうして自分が一生養わねばならんのだ、というのが処女厨のこだわりなのだ（「養う」は処女厨言説に特徴的な頻出語であることは前に見た）。そのさい、なぜ他の男のペニスが貫通しているとイヤかというと、一度でも他の男の精液や唾液が染みついたことがある、しかも自ら進んでいろんな格好をして舐められたり挿入されたりしたのだ、想像するだけでいやだ、といった繊細な心理的要因がまず挙げられる。

女は男の体液を受け入れる側であるがゆえに、非処女は非童貞に比べて「汚された感」が濃厚に染みつくというのは納得しやすい。女性器は男性器から液体を注ぎ込まれて汚されるが、男性器は女性器からその種の蹂躙は被らない。射精のその非対称性ゆえに、唾液や汗のような他の体液の交換について、その対称性にもかかわらず、すべてが非対称的蹂躙であるかのようにイメージされやすい。セックスによって女だけが汚されて中古化してしまうのである。

しかしそれらの生理的マイナス感情は、ウェブでは頻度のわりに軽い口調で触れられる傾向がある。中古という属性がデメリットである理由として重い口調で多々言及されるのは、「比較されてしまう」という別の理由である。

非処女相手だと、元彼と比べてセックスが下手だとか、小さいだとか、大きすぎるだとか、口に出さないにしても内心で比べられてしまうではないか。こっちが勝っていればいいがその保証はない。セックスのたびに失望されたり嘲られたり蔑まれたりしているかもしれない、そう頭をかすめるだけで萎える。自動車や冷蔵庫だったら他人の使い古しでもモノに記憶が残ったりしないが、生身の人間の場合は記憶や感情がある。他人の記憶や癖が染みついた女を受け継ぐのはご免こうむる。中古がダメな本当の理由はそこだ。

♥

このバージョンの「中古品忌避説」は、「自分色に染められなくなった」ことを残念に思う心理が特化した状態と、「心理的主導権を女の側に握られてしまう」屈辱とを重視しているので、ロリコン説と独占欲説をマイナス反転させた理論と見ることができるだろう。そこで、初物趣味説のマイナス反転だった中古品忌避説と区別して、**「比較回避説」**と呼ぶことにしよう。

比較回避説は、嫉妬心と屈辱感という、男女関係でポピュラーな感情に訴えているためか、きわめて頻繁にかつ重々しく論じられる。そしておそらく、最も正しそうな理論だと広く信じられている。

しかし、これが処女厨の心理を説明しているかというと、いささか怪しい。主に三つの疑問点がある。第一の疑問点は、不浄説について提出した疑問と同じである。もし比較忌避説が正しいとしたら、男は恋愛や遊びの文脈でも非処女を避けようとするはずだ。なのに、結婚以外の文脈ではむしろ非処女を歓迎する処女厨も多い。なぜだ、と。

もちろん、結婚という全人格的な結びつきでこそ初めて「比較されることを嫌う心理」が浮上するのだ、と見ることはできる。しかし、心の結びつきの薄い関係、極端な場合は行きずりのセックスや風俗嬢との行為で、他の男と比較されることが僅かでも頭をかすめる男はほとんどいないのではないか。結婚外での「比較回避心理」は、あまりに微弱すぎる。となると、結婚という制度内に入ると、比較回避の微妙な拘りが一挙に拡大され、耐え難いまでに膨らむ、と考えねばならないが、それは大いに疑問である。セフレに比べて妻というものは、セックス以外の精神的結びつきや経済的協力の比重が高いのだから、結婚生活で「身体的比較」を怖れる理由はセフレ関係においてよりむしろ小さくなるはずなのに。

第二の疑問点は、処女厨が結婚相手の恋愛歴を問題視しないのはなぜか、ということだ。自信がないから非処女を避ける、ということなら、処女非処女を問わず元彼がいる女を結婚対象から除外しそうなものだろう。セックスなどより、会話中心のデートによってこそ――ジョークのセンスやツッコミの機転や言葉遣いなど――元彼の癖が彼女に染みつきやすいことは間違いないし、会話や趣味の相性こそ比較される要因として厳しいはずだからだ。しかし処女厨は、妻の恋愛遍歴は気にしないのが普通である。元彼とセックスさえしていなければかまわないのだ。むしろ恋愛経験そのものはあった方が望ましいとさえ考えられている（彼女の対人関係能力の証明になるから）。体の比較だけがなぜ重視されるのか、心の比較はなぜ問題にされないのか、比較回避説は説明できていない。

もし説明するとしたら、処女厨は一般に、肉体面はともかく精神面では自信があって、会話術などで元彼と比較されることを怖れない、ということになるだろうか。そして実際、処女厨には、精神面・頭脳面・学歴面での強者を自認する者が多いのである（社会的に評価の高い大学、職業を自称しつつ処女婚志向宣言スレッドを立てる者が何人もいる）。

ここに第三の疑問点――「処女厨は実は自信にあふれた強者なのでは？」――が生ずる。処女厨自身の言説をネットで拾ってみると、「比較されたくないよ」といった言葉はほとんど含まれていない。比較回避的な言葉のほとんどは、処女厨批判の書き込みの中に見られる。つまり、「処女厨って自信ないんだろ？」「意気地なしだろ？」「比べられるのが怖いんだろ？」という周囲の思い込みの中に、処女厨特有の比較回避の心理なるものが読み込まれているだけ、という疑いが濃厚なのだ。

そう、比較回避説の厄介なところは、この「心理読み込み」の影響なのである。わかりやすいだけに過大評価され、女の誤解を大量生産している可能性があるのだ。「比較されることを怖れるような、臆病で自信のない男が処女厨になるのだろう」と。そんな弱っちい処女厨の言うことなんか、女は信じちゃいけないよ、と。

実際は逆のようだ。江戸時代の農村では一般的だった「夜這い」の風習が武家ではみられず、上流階級はおしなべて貞操道徳が厳しかったことを思い出そう。現代でも世界中で、地位・財産と配偶者防衛の度合とが比例することは知られている（長谷川眞理子、1999, pp.226-31）。社会的自信に満ちた高スペックの男ほど、妻の条件として処女性にこだわるのだ。シンデレラがすでに元彼とヤッていても王子は喜んで彼女を迎えただろう、という解釈は、ロマンチックすぎてまったく非現実的だろう。どの時代のどの地域でも、スペックの高い男ほど、処女厨度が高いのだ。

もちろん、高スペック男が低スペック男よりセックスに自信を持っているという保証はない。むしろ逆かもしれない。男女とも初体験が遅いほど社会的経済的に成功しているという対照研究調査もある（Harden, 2012参照）。このことは、学歴が高いほど結婚年齢が高くなるという事実から容易に推測できたことではある。学歴の高い男女は、オクテである傾向があるのだ。

ということは、高スペック男はセックスの経験が浅いので、「セックスに自信がないから非処女を避ける」という比較回避説の診断は正しいようにも思われる。ただし高学歴者は出遅れるだけで、生涯通算すると経験人数は低学歴者よりはるかに多いという調査報告もある（アメリカ人女性限定の調査だが『週刊ポスト』二〇一二年六月一五日号参照）。これも、学歴が高いほど独身の期間が長いということから推測可能なことだ。

結局、性的に自信のない男が処女厨になりやすいという根拠はない。むしろデータは逆を指している。ちなみに、性的な部分も含め総合的高スペックに分類できるだろう芸能人・文化人による「処女じゃなきゃダメ」「処女がいい」「処女だから結婚した」系統の発言がネットで繰り返しコピペされている。引用が不正確なものもあるが、発言の事実そのものは動画サイトなどで容易に確認できる。女に不自由しなさそうな有名人も処女へのこだわりをしばしば口にしていることの証拠にはなるだろう。そして、処女偏愛はセレブ世界の常識であることの傍証になっている。

一般によく言われ、とくに非処女が無邪気に信じている「モテない男が処女厨になるんでしょ」的イメージは、どうやら間違っているのだ。結婚市場での強者たりうる経済力確かな男ほど、処女厨率が高いらしい。そしてその種の男は、自己評価の中で下半身性能の占める割合が相対的に小さいため、元彼などとの比較にビクビクする必要性が低スペック男に比べて低いはずである。

ところが、「処女厨は自信がない男」という憶測から、誤解の連鎖がすでに広がっている。「高スペック男は自分がモテて自信あるから処女性なんかにこだわらない」「高スペック男は自分と同じくらいモテる女を求めるから、処女には引くのではないか」といった具合に誤った連想が飛び交って、「いい男をゲットするには早く処女を捨てておかなきゃ」という錯覚に陥る女が少なくないのだ。処女厨の心理が正しく理解されることは、男の幸福のためにも女の幸福のためにも、きわめて重要だということがわかる。

比較回避説が間違っているかどうかは別として、比較回避説が誘発する「処女厨は自信ない男説」が間違っていることに疑いの余地はない。

ここに第四の疑問点が生ずる。男の自信の程度がどれほどであれ、①妻の元彼が自分以上の優れたやつだった場合と、②こちらが圧勝のダメ男だった場合とでは、男としてはどちらの方が不愉快だろうか。比較回避説は、①の方を男は怖れる、と予測する。劣等感が忍び込む余地があるからだ。しかし論理的に考えて、②の方、つまり元彼のレベルが低ければ低いほど、夫は屈辱を感じるのではなかろうか。なにしろその程度の男に妻は捨てられたのだから、それを娶った自分はさらに低い地位に甘んじてしまったことになる。妻の方が捨てたのだとしても屈辱は消えない。妻の男選びのレベルが察せられるからだ。元彼に比べてこちらが優位だと感じていればいるほど、自尊心は傷つくはずである。

結局のところ、「負けることを怖れる」という心理を重視した比較回避説は、男性心理の一面しか見ていない。「楽勝は屈辱、完敗は誇り」というプライドの方が重要、という正反対の見方も成り立つはずなのだ。

♥

比較回避説はきわめて広く信じられている考えなので、少し丁寧に反駁してみた。このあたりで、「処女厨は自信欠乏ゆえ処女を求める」という見方から視線を一八〇度転じて、「処女厨はプライドゆえに処女を求める」という有力説を探ってみよう。「ろくでもない男の後釜だ、と、知られたら沽券に関わる」という「プライド説」である。

プライド説はプラス追求型理論の「勝ち組参入説」としてすでに吟味したが、マイナス回避型としてはもちろん**「負け組回避説」**の形をとる。以前考察したときには、プライド説は、「友人らに自慢するわけにもいかないし……」という具合に、どうも処女厨の意識的動機を説明するには頼りない、信憑性の薄い理論だと考えざるをえなかった。しかしそれはプラス追求型として考えたからであって、マイナス回避型の観点から見直すと、プライド説はきわめて強力な理論、かつ生々しい理論として甦るのである。

たとえば、「Yahoo! 知恵袋」にある有名投稿を見よう。


osusowake_higanbana さん　2008/10/12 07:40:35
私も夫も23の結婚1年目の夫婦です。以前エッチの後の会話で、つい初体験の話をしちゃいました。

その相手が夫の現在の上司の方です。夫はまだ入社2年ですので夫と出会う前になります。

私は18歳で入社して、その頃同じ部署の51歳の上司に誘われてホテルについていき、夫と出会うまで3年ほど関係を持ちました。

普段から下ネタで盛り上がったりしていたので、軽い気持ちでその事を話したんです。

すると夫の顔が急に凄い青ざめてきてトイレに駆け込んで食べたものを吐き戻したんです。

最初はどこか具合が悪くなったのかと思ったのですが、突然びっくりするほど号泣しだしました。

息も荒くなってガタガタ震えたりと、本当に発作かなにかかと思ったんです。

なんであんなヤツに、と呟いていたのが頭に残っています。

どうしたのかと聞いたら、しばらく1人にしてくれと言われました。

翌朝、昨日はゴメン、って言って何事も無かったようにしていたのですが、その日以来エッチをしなくなりました。

2回だけ求めてきたことがあったのですが、途中でまた顔色が悪くなり中断してしまいました。

それ以外は普通に優しく接してくれます。仲が悪くなったわけではないのですが……

似たような体験をされた方いらっしゃいますか？　解決策など教えてください。

(http://detail.chiebukuro.yahoo.co.jp/qa/question_detail/q1419821814)

デリケートな問題に限って男女相互無理解の溝が深いことを伝えるエピソードである。

相談者は、パートナーの過去にさほどこだわらない自分の心理を基準にして、夫との間合いを設定していた。しかし、妻にとってはもはや思い出話であっても、夫にとっては大問題だ。妻の体を身近な男にあれこれされていたという事実だけだったら、中古品忌避説と比較回避説によってもっともらしく説明できるだろう。この夫の場合にとりわけ痛打だったのは、「自分が負け組に落ちた（非処女を掴まされた）ことを身近な上司が、もしかしたら同僚たちが知っている」という屈辱である。

この夫の立場に自らがいるとわかったら、処女厨でなくとも傷つくだろう。問題の男が優れた人物だったらまだしも、クダラナイ男だったら傷はさらに大きい。コミュニティ内のマヌケな地位に自分をいきなり見出すということだからである。

非処女と結婚した場合、「身近な男の使い捨てをもらっていた」「陰で笑われている」確率がゼロではない。さらには、元彼が裸体画像やハメ撮りを保存している確率は決して低くないし、それがネットに流出する可能性だってある。妻の結婚前のセックス姿が世に出回るような危険性（単なる可能性であっても）に甘んじることは、負け組決定だ。賢い男は、わざわざそんなブザマな可能性に身を晒したりしない。非処女は地雷なのだ。非処女を掴まされないことが、負け組に陥らないための必要条件ということになるだろう。

こう考えると、自信がない男が処女厨になる、という俗説はやはり誤りで、自信のある男ほど、プライドを賭けて処女厨を貫くモチベーションが高い、ということになる。

♥

以上、比較回避説に反駁する形で欠陥を突いたのがプライド説だった。それとは反対に、比較回避説に一理あると認めながら、比較回避の心理をもっと合理的に解釈しようとする理論もある。**「貞操尊重説」**である。

比較回避説がいまいち説得力に欠けたのは、比較対象が過去の男だったことと、自信ある男ほど処女厨になりがちな事実が説明しがたいことだった。しかし、過去ではなく現在に比較対象ができやすい状況だったらどうか？　現在に比較対象ができる、つまり妻が浮気をする可能性である！

妻の浮気は夫にとって最悪の事態なので、もし浮気の可能性に関わる動機を処女厨が持っているなら、それは処女厨を最もうまく正当化する理論になるはずだ。「貞操尊重説」は、それができると主張する。

配偶者の浮気という恐怖は、妻にとってより夫にとってはるかに深刻であることは言うまでもない。子どもの身元に関わるからだ。哺乳類のオスの宿命である「子どもとの血縁を確信できない」というハンディを「子育て放棄して多くのメスに投資する」という戦略によって相殺してきたのがオスの本能である（女の「少数の子でも確実に」と男の「不確実な子でも多数なら」とのバランスについては「適応度説」のところで確認した）。そこへ「一人の妻と子育て協力せよ」と夫に義務づけたのが一夫一妻制である。すると当然のことながら、夫の側に「配偶者防衛」でバランスをとろうという意識が働く。妻に「貞操」という義務を押しつけるのだ。

したがって、他の男の精子を受け入れないことをパートナーに納得させられない女は、一夫一妻制のもとでは正しい投資先と見なされない。そして非処女を妻にすると、処女を妻にした場合に比べ、浮気される確率が何倍も高いという統計報告がある（Kahn & London, 1991）。浮気確率は、処女に比べ、婚前経験人数一〜三人は四倍、経験人数四人以上は八・五倍であるという（加藤司、2009, p.110）。

浮気されてしまうのでは、わざわざ結婚した意味がなくなる。女にとっては経済的安定さえ保証されれば浮気男との結婚も有意味だが、男にとって浮気女との結婚は無意味であり、さらにははっきり損である。他の女への幅広い投資のチャンスを法律的に放棄したということだからだ。

父子ＤＮＡ鑑定により父子の血縁確認も可能にはなっているが、「夫婦間の疑いの表明」というステップを経ないと父子ＤＮＡ鑑定は実施できないため、夫婦仲に亀裂を生ずることが多い。それだけに、妻の貞操は結婚にとって未だに必須課題とされるのである。

ネットではしばしばアンチ処女厨の異論が発せられる。「処女は結婚後にセックスに目覚めるから、味を占めてかえって不倫しやすい。逆に、非処女は男をたくさん知っているので結婚後は落ち着いて貞淑になる」。一見それなりの理屈になっているが、実際の統計は逆である。婚前のビッチ度が高いほど不倫率が高いことがわかっている。決してヤリマンではなくただ一度の婚前セックスを経験した非処女であっても、統計的には、処女よりもはっきり不倫確率が高いという。

一夫一妻制のもとでは、貞節は妻の最低条件なので、貞節の確保はプラス追求型ではなくマイナス回避型の心理である。処女厨を説明するマイナス回避理論として、ここに貞操尊重説の主要バージョン**「不倫予防説」**が提示されうることになる。

不倫予防説……①子どもとの絆について男は生物学的に不利であるため、「配偶者防衛（女への貞操の押しつけ）」でバランスをとるのが「男の本能」。②不倫がなされずにすむ確率を知る最大の手掛かりが処女性であるため、男は処女を好む。その神経症的現われ（「処女」という記号への執着の自律的展開）が処女厨である。

非処女が不倫をする確率が高いのはなぜだろうか。結婚前の生活スタイルは結婚後も持続する傾向が高い、というのが基本的説明となるだろう。非処女は、処女に比べて、セックスに対するタブー感情が弱く、慎重さが薄いと考えられる。だからこそ、結婚相手にならない男とのセックスを躊躇わなかったのだ。もちろん処女の中にも、セックスへの慎重さどうこうではなく機会がなかっただけという〈たまたま処女〉は多いだろう。挿入を伴わないさまざまなプレイをしていたかもしれないし、必ずしも貞操観念が強いとは限らない。しかし統計的に言えば、処女の方が非処女より性道徳や社会規範を守る傾向があり、処女の夫より非処女の夫の方が浮気される確率が高い、ということは理屈の上でも動かないだろう。処女厨が処女を選ぶ理由としてはそれで十分である。不倫にはさまざまな要因が関係するだろうが、処女を妻にすれば、少なくとも一つの危険要因を避けることができるからである。

「不倫予防説」はかなり有力な理論であり、もしかしたら最も重要な理論かもしれない。しかも、不倫予防説はさらなる有力説を呼び出す。貞操尊重説の第二バージョン**「疑惑予防説」**だ。

妻の不倫は、現実になされると夫にとってダメージが大きいのは当然だが、その疑いだけでも夫を苦しめるのに十分である。長期出張の間のちょっとした疑わしい痕跡とか、会話の中のふとした不審な情報などが、深刻な疑いに発展することがある。深刻な疑いになるかどうかは、「妻が不倫している」という命題が真である**事前確率**に依存する。事前確率とは、「ある命題を支持するデータも反駁するデータもないときにその命題が真である確率」のことだ。

たとえば、普通のサイコロを振って結果を見なければ、「1が出た」の事前確率は1／6。普通のサイコロでなく、1、3、5が二面ずつ記された変則サイコロであるならば、「1が出た」の事前確率は1／3。そこから、「5は出なかった」というデータが与えられれば、「1が出た」の確率は、普通のサイコロの場合1／6→1／5、変則サイコロの場合1／3→1／2となる。同じデータ「5は出ていない」が与えられたとき、事前確率の違いによって、最終的な判断（**事後確率**）に1／5か1／2かという違いが生ずる。はじめは二倍の差だった確率の違いが、二倍半に広がったわけである。

浮気を疑う根拠がまったくない場合に「妻が浮気している」が真である事前確率は、平均すれば、処女妻よりも非処女妻の方が高い。「元セフレと会っている」といった可能性が、処女は皆無で非処女はそうでないからだ。すると当然、何か疑わしいことがあったとき（データが与えられたとき）に、処女妻を持つ夫よりも非処女妻を持つ夫の方が、深刻な疑惑に苦しめられることになる――「元彼からのメールじゃないか」「近所に引っ越してきたのは元彼ではないのか」「結婚前の遊び癖が復活したんじゃないか」等々。

夫側の疑惑が容易に活性化しやすいことから、非処女は、夫の浮気、セックスレス、ED、DV、離婚といった事柄に遭う確率が処女より高いとされるのである（ネットでは随所でどれも肯定されているが、私が調べたところ非処女妻とED、DVとの相関関係については具体的な統計調査結果を見つけられなかった）。非処女は処女に比べて、平穏な家庭を築くのに困難を抱えることになる。安定した家庭を望む男は、本能的にも意識的にも、処女を妻として望むことになるだろう。

もう一つ重要なのは、自分の身を守れなかった女に子どもを託す気になれるか、という問題だ。女の子が生まれた場合、処女妻であればしっかり貞操教育をする、あるいは言動で示唆する確率が高いと考えられる。子どもは必ずしも親の言いつけを素直に守らないものだが、母親がロールモデルとなって自信に満ちた規範を示せば、娘は貞操観念を身につける傾向が強い。非処女妻だと、「子どもができないようにね」などと物わかりのいい態度を示すかもしれず、夫としては心労のタネが増えがちだろう。娘をめぐる疑惑やトラブルに苦しめられる可能性が高まるのだ（第2章冒頭に見た修羅場を想起しよう）。

こうして、不倫の確率、家庭不和の確率を低く抑えるという、結婚相手の選択にとって合理的かつ最重要とも言える動機が、処女厨の至近要因として認められることになる。

ただ、以上のことはあくまで統計的推測にもとづく判断であり、処女、非処女個々人についての判断ではない。個々の女にはいろいろな事情があるだろう。たとえば、非処女の中には、「処女を捧げた相手と本気で結婚するつもりだった」という者が多数含まれているはずだ。婚前交渉をしなかった完全な処女は別として、大多数の場合、処女と非処女の違いは、最初の男と現実に結婚できたかどうかの運の違いにすぎない。この差はまことに僅かな差と言うべきではなかろうか。

つまり、「婚前セックスした時点では相手と本気で結婚するつもりだった」という点では、大多数の非処女と処女は同等のはずである。そこに「浮気しやすさ」という人格的に明確な差異を設ける「不倫予防説」「疑惑予防説」は、単純に割り切りすぎではないだろうか。確かに信憑性はあるものの、処女に比べたときの非処女の「不貞さ」を過大評価していないか。

この反論には一理ある。しかし、再反論も容易である。まず、大多数の非処女は安易な気持ちで婚前セックスしたわけではなく真剣だったのだとしても、少なからぬ非処女が、結婚前に複数の男とセックスしているというのもまた事実だろう。たとえば五人の元彼全員と「結婚を考えた真剣なセックス」をしていたというなら、彼女にとってセックスの敷居も結婚の敷居もあまり高くないものと推定できる。

セックスの敷居が低い女は、結婚後もどこかの男相手に「真剣なセックス」をしてしまう可能性がありはしないか。結婚の敷居が低い女は、結婚後も「どうせやりなおせばいいから」と無謀な冒険に乗り出す可能性がありはしないか。どちらの場合も、「敷居の低い女」は、決して悪気はなくそのつど本気なのだとしても、信用できない女なのである。そして、妻が非処女である以上、夫は、婚前の妻の性交相手がただ一人だったと確信することはできない。「敷居の低い女」である可能性は捨てきれないのだ。

しかも、エロ目的の男たちに弄ばれただけなのに、本人が「どれも結婚前提の付き合いだった」と信じていたとしたら、その女は敷居が低いだけでなく、判断力も低かったことになる。そこで、浮気性だけでなく判断力に重きを置いた理論も要請されてくるだろう。

♥

判断力についての試験のために、ひとつ思考実験をしてみたい。

非処女妻が婚前にセックスしていたのはただ一人の彼氏とだけだ、と確実にわかっているとする。確実にわかるというのは実際にはなかなか難しいが、とにかく「わかった」と仮定した〈思考の中での実験〉をしてみるのだ。ただ一人の彼氏との結婚を信じて真剣なセックスをした妻は、決して敷居が低い女ではない。だから、貞操観念も処女とほとんど変わりないのではなかろうか。たまたま何らかの事情で元彼と結ばれなかっただけであって、安易に何人もとセックスしたわけではないのだから。

しかし問題となるのが「何らかの事情で」というやつだ。いったいどういう事情で？　いろいろ考えられる。愛が冷めた。彼氏が浮気した。逃げられた。条件が合わなかった。……死別というような特殊な場合を別にすれば、彼女に何らかの「判断ミス」があったということである。相手の本性を見抜けなかったとか、騙されていたとか、相手の愛の深度を誤認していたとか、自分の愛の深度を過大評価していたとか、双方の条件についての事実認識が不十分だったとか。

いずれにしても、彼女は人生設計に失敗した。挫折者なのである。挫折二回と一回の差に比べ、挫折一回と〇回の差は、無限に大きい。一度失敗した以上これから再び挫折しかねない女の支えになるよりは、失敗の代用でなく本来の希望で自分といっしょになってくれる女を、つまり処女を捜し求めるべきではないだろうか。

それは男も同じだろう、という反論が予想される。童貞だけが挫折していない男なのか、と。非童貞は挫折した男で、結婚には適さないのか、と。

しかしそれは詭弁だろう。セックスが男女それぞれに負わせるコストもリスクも大違いだということを忘れてはならない。男の場合、結婚しない相手とセックスできればむしろラッキーなのだ。女は逆である。妊娠の危険があり、男より性病に感染しやすく、性病の影響も男より大きく（癌、不妊……）等々。人生設計と無縁のセックスは、女にとっては負担が大きすぎる。セックスして結婚しなかったのは、男にとっては勲章だが、女にとっては挫折なのである。

というわけで、この説明は**「構成的ジレンマ」**の形をとる。構成的ジレンマとは、次のような形をした論証だ。

AかBかどちらかである。
AならばCである。
BならばCである。
∴　したがって、Cである。

ここでの具体的な言葉を当てはめると、こういう論証になる。

前提1　非処女は、婚前に安易な気持ちでセックスしたか、結婚を前提に真剣なセックスをしたか、どちらかである
前提2　安易な気持ちでセックスしたならば、結婚後に浮気をする可能性が高い（人格的に結婚相手として望ましくない）
前提3　結婚を前提に真剣なセックスをしたならば、相手をつなぎ止められなかったのだから判断ミスがあったということであり、失敗者である（能力的に結婚相手として望ましくない）
∴　したがって、非処女は結婚相手として望ましくない

まず可能性を列挙して、どの可能性においても同じ帰結が導けるなら、その帰結が無条件で正しいことになる、という論証である。つまり、非処女は無条件で「結婚相手として望ましくない」のだ。

前提２の「結婚後に浮気をする可能性が高い（人格的に結婚相手として望ましくない）」の部分は、「不倫予防説」「疑惑予防説」が主張していたことだ。他方、前提３の「失敗者である（能力的に結婚相手として望ましくない）」の部分を主張するのは、新しい別の理論ということになろう。その理論を**「挫折重視説」**と呼んでおこう。

この理論での非処女拒否の理屈はこうなる。「結婚願望ゆえに元彼とセックスしたんだろ。でも結婚できなかったじゃないか。あなたに問題があったなら、当然僕はあなたと結婚するわけにいかない。彼氏に問題があったなら、あなたは人を見る目がなかった。僕を結婚相手に選ぼうとしてるのもミスかもしれないよね。いずれにしてもあなたは僕の結婚相手として望ましい人ではない」

ここにも「構成的ジレンマ」が働いている。すなわち、先ほどの構成的ジレンマの一方（前提３）が挫折重視説だったが、その挫折重視説の内部でも「構成的ジレンマ」が反復されているわけである。

挫折重視説は、当の非処女を、「軽い女」「浮気っぽい女」とは見なさないが、「挫折者」「愚かな女」として軽蔑する。たしかに、一度失敗した女は一発で結婚できた女に比べて、二度三度失敗する可能性が高い、というのは不当な評価ではなさそうだ。一生に一度が建前の結婚の相手を選ぶのに、処女厨の執着はもっともだと言えそうである。

不倫予防説・疑惑予防説と、挫折重視説とは、夫以外の男との婚前交渉を、それぞれ別種の「信頼できなさ」の証拠と見なし、互いに補完し合って非処女を「きわめて望ましくない対象」へと貶めることになる。

♥

不倫予防説、疑惑予防説、挫折重視説を一般化すると、「人格相関説」のマイナス回避バージョンに行き着くだろう。「人格相関説」は、プラス追求型をすでに検討した。それは「処女は人格的に優れている」というものだったが、その反転形として、「非処女は人格的に劣っている」というのが「人格相関説」のマイナス回避バージョンだ。

非処女に欠陥ありと判定されたのは、不倫予防説と疑惑予防説では素行に関して、挫折重視説では判断力や要領の良さに関してだった。女の欠陥が結婚生活に実害を及ぼしかねない、という実利面での考慮がその三つの説である。対して「人格相関説」は、「人生をともにするのは性格や能力がきちんとした人じゃなきゃ」という、原理的な判断を処女厨の動機として重視する。つまり、人間関係としての結婚、という観点から非処女を回避する。

たしかに、非処女は処女と比べると、リスクを過小評価したり惚れっぽかったり内省が乏しかったりという欠点が露わになりやすいかもしれない。処女厨は、非処女特有のそうした性格を、結婚にとっての難点として問題視するというわけである。

非処女にDQNが多いとか、地雷女が多いとかいうのはウェブの常套的言説だが、本当に非処女は処女に比べて賢明さで劣るのだろうか。

賢明さとは、自分にとって有利な選択ができるか、という「合理性」の問題である。合理性といえばだろう。

「適応能力」だ。本章で強力なメタ理論として提示した「適応度説」がここでも威力を発揮してくれる

これまで見てきたような、処女厨が信じる非処女の諸属性は、人間が進化してくる上で不利な属性だったというのは（少なくとも進化心理学の定説からすると）確からしく響く。男にセックスを許す敷居が低い女は、誠実な男かどうかを十分見極めずに妊娠してしまい、単独で子育てをする羽目になる確率が高いからである。単独での子育ては子どもの死亡率に影響し、遺伝子を残せない確率が高まる。男の方も、そういう女にせっせと投資しても、セックスの敷居が低いゆえ浮気確率が高いとなると、男自身の遺伝子を残すことがおぼつかない。非処女とはセックスしたらさっさと逃げた方が無難なのだ。

現代の処女厨が意識してそのような判断を下しているかどうかは別として、生物学的な究極要因として処女厨の進化論的メリットを説明することはできる。

男の本能がそのようなものだとすれば、すでに見たように、ちょっとした理由づけが与えられさえすれば、男はすぐに処女厨に目覚めることになるだろう。本能の裏付けのある行動を開花させるのは簡単だからだ。「性の解放」「男女平等」のような文化的建前に抑圧されながら底流に息づいていた進化論的本能が、処女厨的基本設計に忠実な本音を露わにするのである。本能の支援を得て本来の説得力の何倍にも強化されたさまざまな理由に従って、処女厨は確信犯と化し、使命感にすら燃え、ウェブで非処女叩きを普遍道徳あるいは聖なる神託であるかのように繰り返すことになるわけだ。このように適応度説は、処女厨のオカルト的偏執行動の由来をうまく説明することができる。

適応度説のマイナス回避は、非処女回避行動と同時に「偽善回避」の形をとるだろう。つまり、処女

厨でない男というのは必ずや偽善者であり、信用できない、という弾劾である。非処女を妻にすると進化論的に不利であり、現代でも不倫率、離婚率などの点で不利は変わらないとわかっていながら「俺は処女とか非処女とか気にしないよ」と公言する男はいったい何なのだと。やつらは非処女に取り入ってセックスにありつくために嘘を言っているだけだ。そんないい加減な男が女の判断を混乱させ、社会が男にとっても女にとっても不利な環境と化していってしまう。その悪しき流れを防ぎたい、というのが処女厨の「非処女擁護者叩き」の動機だ。……これが適応度説の一バージョン**「偽善説」**である。

処女厨によれば、非処女擁護者やアンチ処女厨が必死に反駁するのは、近視眼的かつ利己的な動機からにすぎない。非処女擁護の男は、都合のいい女たちが目を覚ましたりしないように。非処女は、自己の生き方の根本的反省から目をそらしたいがために。そういった動機は、処女厨の「社会のため」「男女の幸福のため」という動機に比べて偏狭で、志が低い。一人でも多くの処女が、非処女やヤリチンどもの甘言に惑わされず非処女化せぬまま幸せな結婚に入れますように。この利他的な願いが処女厨の使命感を支えている。こういった何か崇高な処女厨観が、偽善説を形作る。

理屈先行の偽善説だけでなく、理屈超越型の理論をも適応度説は提供するだろう。すでに見たように、適応度説はオカルト説へと容易に移行するのだ。つまり、何も理由が見出せなくても、非処女を排斥する態度が誘発されるのである。とくに何も実害が感じられなくとも、非処女は潜在的DQNであり、付き合うだけならともかく一生ものとして縁を結んだりすると「ツキが落ちる」。「中古はサゲマン」であり、「縁起が悪い」。

ここで、挫折重視説による挫折女軽蔑の念をはじめ、中古品忌避説、プライド説、疑惑予防説、人格相関説などこれまで見てきたほとんどの理論がまぜこぜになった形で無意識に澱んだまま、「とにかく非処女との結婚は不吉だ」という「穢れ」概念にも似た忌避感情が合成される。ほとんど呪術的忌避の領域なので、**「呪術的信仰説」**と呼ぶべき説明が妥当するのである。

呪術的信仰説は、**「後悔防止説」**とも呼ぶべき理論へと展開しうる。なんだかわからないがとにかく不利を被る可能性が高いらしい。となると、非処女と結婚したらいつか必ず後悔する。2ちゃんねるのスレタイそのままだが、何かちょっとしたことが起きたとき必ず「ああ、なぜ処女を選ばなかったか」と悔やむ。同じことが起きても妻が処女ならば「仕方ない、処女を伴侶とした上でのことだから」というふうに、後悔の余地はない。非処女の場合だけ「やはりよく考えるべきだった」となりがちだ。

もちろん、処女と結婚しても、マンネリ、セックスレス、誤解からの断絶、浮気などは起こりうる。離婚も当然ありうる。処女妻と離婚した男というのは、私も何人も見て知っている。しかし重要なのは、そうした困難や破局に直面したとき、妻が処女であれば、不幸の原因としてのやるせない思い込みから自由でいられるということだ。つまり、「非処女との結婚」が不幸の原因だという過大な思い込みから自由でいられる、ということが大切である。「非処女」は反適応的な憂鬱を触発しかねない地雷なのだ。

非処女との結婚が処女との結婚より多少統計的な不利を秘めているにせよ、お互いの誤解、猜疑、嫌悪、倦怠のすべてが「非処女」に由来するはずがないだろう。「すべては非処女のせい」というのは錯覚だろう。だからこそ、そんな煩わしい錯覚に苦しまずにすむために、処女と結婚しておく必要があるのである。

一般に、将来の望ましくない状態Aが懸念されていて、「AなのはBこそが原因だ（非BだったらAじゃなかったのに)」という俗説が自分に一定の力を持ちそうな場合、その俗説(思い込み)が偽であること(本当はBでなくてもAになりうる)ことを心底から納得するには、自分自身が非Bの状態でなければならない。

たとえば、「不幸なのは金が足りないからだ(金持ちなら幸せだったのに)」という憶説は普遍的真理ではないだろう。「金が足りていても不幸でありうる」というのが真実だろう。不幸な人々のうち、それが真実であって空虚な建前的倫理ではないことを実感できるのは、もちろん、十分に金を持っている人である。貧乏だと「金さえあればすべてうまくいくのに」というひがみに囚われがちだからだ(貧乏がよくないのは、金の御利益を過大評価しがちなことである)。

また、「不幸はすべて容姿の不細工から生ずる(不細工じゃなかったら幸せだったはず)」という俗説に惑わされずにいられるのはどういう人々だろう。不幸なときにこの俗説がウソだと信じられるためには、並もしくはそれ以上の容姿に恵まれていなければならない(不細工が不幸だとしたら、容姿の御利益を過大評価する幻想を抱きがちなことである)。

同じことが結婚についても言える。結婚しようとしている人が、「〈非処女との結婚〉こそ不幸の原因」という怪しげな俗説に少しでも関心があるならば、非処女と結婚してはならない。結婚生活で実際トラブルが起きた場合、「やっぱり〈非処女との結婚〉が原因だ」という俗説の呪縛から自由であるためには、処女と結婚している必要があるからだ。妻が非処女でない場合だけ、トラブルの原因が当の俗説でないことを確信できる。結婚に余計な悔いの火種を残さぬためには、ありがちな俗説の射程外に身を置け。なにかと容疑のかかりがちな非処女との結婚は避けるのが正しい手なのだ(非処女婚の不利益は、処女婚への幻想を抱くか、または非処女婚へのひがみに囚われかねないことである)。

……非処女と結婚した場合に生じうる要らぬ後悔。そんな「漠然とした後悔の予期」ゆえに非処女を避けるべし。そういう心理で処女厨の至近要因を説明できるとするのが、後悔防止説である。

この「後悔の予期」は、きわめてありふれた動機である。実験によると、選択肢が多くなると、選択肢が少ない場合に比べ、人間は選択時に迷いが生じて、結局何も選ばないことが多くなる。たとえば、売り場にジャムのフレーバーを四種類だけ並べた場合と、二〇種類以上並べた場合とでは、前者の方がよく売れるのだという（シュワルツ、2012、アイエンガー、2014参照）。選択肢が多ければ、より自分の好みに合う品を選べるので選択の満足度も上がり、よく売れそうなものだが、結果は逆なのだ。理由は、選択肢が多いと「あっちにすればよかったと、あとで悔やむかもしれない」という「後悔の予期」に囚われるからだという。

結婚にもこの「後悔の予期」が働くとすれば、選択肢の多い人ほど、結婚前にすでに「結婚後不満を感じて浮気や離婚に至る確率が高くなりそうだ」と予期するのは当然のことだろう。きっぱり処女と決めておき、非処女はいかなる魅力を備えていようが問答無用で除外する、という戦略をとれば、選択の幅が狭まり、選択時と結婚後の満足度が高まるはずである。極端な場合、ＯＥＯ思想にもとづく処女童貞婚が最も満足度の高い結婚ということにもなる。

ネットで暴れている処女厨がそういった計算をしている気配はない。しかし「後悔の予期」という動機がきわめて広い範囲の人間行動を説明できていることに照らせば、処女厨の無意識の動機を指摘した理論として後悔防止説は熟考に値する。「理由なし」という一見非合理的な呪術的信仰説からの嫡子である後悔防止説は、きわめて戦略的な理由にもとづいた合理的理論となるわけである。

♥

以上、男がなぜ処女厨なのか、その至近要因を「プラス追求型（なぜ処女がいいか）」「マイナス回避型（なぜ非処女じゃダメか）」の両面から、さまざまな理論の形に定式化して考察してきた。

考察の目的は、処女厨の心理は合理的なのかどうか（その言説は正当化できるのかどうか）という事実問題を探ることであり、もし合理的ならばその声に耳を傾けることがどれほど社会の福利に関わりうるかという価値判断のための準備をしようということだった。

予想できたことではあるが、男が処女厨であるべき理由はきわめて豊富であることが確認できた。ただし、理由が豊富であるということは、その理由に従うことが正しいとか、合理的であるとか、有利であるとか、避けがたいとかいうことを意味しない。逆に、理由が多ければ多いほど理由どうしが矛盾する確率は高まり、総合すると処女厨であることの正当化はできなかったと判明するかもしれない。

これまでに挙げてきた諸理由どうしの論理関係を改めて網羅的に吟味することは、本書の容量を超える。そこで諸理由間の整合性の吟味から離れて、外部との照合へ移ろう。「処女厨であることが男にとって合理的である」という仮説が真かどうかは、「男が処女厨であることは不合理である」という**「対立仮説」**の信憑性に左右されるからである。対立仮説を却下できることが確認されれば、処女厨が正当だとする仮説の無矛盾性も間接的に証明できたと考えてよい。

そこで、次章では「男が処女厨であるのは不合理である」「非処女を選ぶ男も間違ってはいない」といった処女厨批判・非処女擁護の言説を種類別に検討し、その妥当性を判定してみよう。

第4章 ×♀厨の倫理学 内在的批判を論ずる

処女であることや処女厨であることが得であるという諸理論、もっともな理由にもとづいているとする諸理論を概観してきた。そういった諸理論の存在は、「処女厨が合理的である」と結論づけるには十分ではない。処女厨が自らの非処女叩きに劣らず叩き返されているさまを見ると、処女厨が何か根本的な錯誤に囚われているのではないか、と疑いたくなるのは当然である。前章で概観した諸理論は、もっと深いところで何らかの錯誤にもとづいていた、と判明するかもしれない。

処女厨を支持する諸理論が明らかに事実誤認や非合理的な信念にもとづいていることがわかれば、個々の男にとって「処女厨をやめよう」と決めることが理性的態度ということになるだろう。性的好みは本能レベルに根差しているため容易に変えられないにしても、「この好みはあまり褒められたものではないのだ」という自覚があるかないかは大違いだ。非処女やアンチ処女厨との間に有意義な討論や円満な関係を持てる可能性（これは第6章で吟味する）にかなりの違いが生ずるはずだからである。

そこで本章では、処女厨の選好に何か大きな錯覚が含まれていないかどうか、チェックすることにしよう。処女厨の恋愛・結婚観、人間観、さらには世界観そのものの内容に関わる考察なので、**「内在的**

批判」と呼ぶことにする。それに対し、処女厨の世界観と外的世界との関係に問題を見出す批判は**「外在的批判」**と呼ぶべきものであり、第5章のテーマとなる（ちなみに「内在」「外在」の区別は、認識論（知識の成立条件の探究）やメタ倫理学（倫理的判断と動機づけとの関係の探究）でホットなトピックである）。処女厨への内在的批判と外在的批判の区別は、認識論や倫理学の「内在主義」「外在主義」とも関係するが、とりあえず細かい論点には入らず、処女厨問題に限定した議論に集中しよう。

♥

さて、処女厨の人間観や世界観に内在する問題点としてどのようなものが考えられるだろうか。

まずはこのセリフからだろう。処女厨の言説に対して、非処女が自らを防衛・正当化するために用いる決まり文句に、次のようなものがある。

「過去の経験があったから今の私がある」

今の私を受け入れてきてくれたあなたは、今の私を作る必要条件だった「過去の経験」も受け入れてくれるはずでしょ、と。現在の欠点が新たに見つかったのならともかく、そうでないのに、非処女だと知ったとたんに婚約解消、はないんじゃないの……。

この「過去の経験があったから今の私がある」という理由で、非処女であることが正当化されると考える立場を**「全体論」**と呼ぼう。過去と現在は一体化しており、別々に評価することはできない。今の私を愛してくれたあなたであるなら、私の過去も受け入れてくれるはずでしょ、という議論だ。

「今の姿」が実現するためには「過去のすべて」が必要条件となっていることは間違いない。したがって、今の姿を愛しているならば、過去に何があったとしても、肯定するのが正しい態度ということになりそうだ。過去あってこその今なのだから。

しかし全体論は諸刃の剣である。「今の私を愛してくれたあなたであるなら、私の過去も受け入れてくれるはず」は、「君の過去を受け入れられないから今の君ももう愛せない」に容易に転化しうるのだから。どちらを選ぶべきかは、全体論だけでは決めることができない。全体論は、現在と過去、そして未来の全部を含めて総合的に人間を評価せねばならない、と主張するだけである。

「過去の経験があったから今の私がある」は、過去の経験が現在の自分に強く影響している、という意味であり、処女厨にとって許せないのはまさにそのことなのだ。「非処女」という情報は、現在の彼女の表面の姿からはわからなかった深い内面的構造や傾向性を教えてくれるデータである。当然それは、現在の彼女の評価に影響するべきなのだ。

たとえば、石彫りの精妙な仏像を見て感心していた人に、「それは実は粘土ですよ」と教えたとたん、その人は「なんだ、つまらん」と、仏像への評価を下げるだろう。見た目まったく同じ彫りであっても、制作の難易度が異なるので、造形の持つ意味と価値が全面的に変化するからである。「触るわけでもない、見るだけの芸術品なのだから、素材は関係ないでしょ」で済ますことはできない。表面的には見て取れなかった、素材という内面的組織についての知識が、作品の意味内容の解釈に密接に関わってくるのである。

同一の女について得られた履歴情報が、「処女」の場合と「非処女」の場合とでは、少なくとも処女厨にとっては、石彫り仏像と粘土作り仏像の違いほどにも大きな違いを生み出す。彼女の今までの言葉、振る舞い、感情表現、意思表示などが、全く違った形で解釈し直されるのだ。今までの言動は物理的には一通りしかなくても、意味は何通りにも変化しうる。そして物理的言動のあり方についても、将来の予測のぶんは、処女と非処女とでは異なってくるのである（たとえば浮気の可能性）。

こうして、非処女および非処女擁護者が持ち出す全体論的人間観は、そのまま、処女厨支持にも使えてしまう。この方面からの処女厨批判はうまくいきそうにない。

♥

全体論のような抽象的な基準ではなく、人間の性質そのものを特定できる具体的な基準で非処女を評価できないものだろうか。全体論が強調していた「経験」を使った具体的基準を考えてみると、真っ先に思い浮かぶのは、「非処女は処女に比べて経験値が高いぶん、平均して優れているはず」という理論だ。**「体験重視主義」**と呼ぼう。

たとえば、恋愛をあれこれ脳内妄想しているオタクより、三次元の恋人と楽しく付き合う経験が豊かなリア充の方が、男女関係については優れているだろう。同様に、セックスをあれこれ想像しているだけだったり、まったく興味なかったりする処女より、ちゃんと彼氏と親密に経験してきた非処女の方が、心身含めた異性関係ひいては人間関係全般について優れているはずだろう。何事であれ体験が多い方が人生豊かになるのだから。

この体験重視主義には、重大な難点がある。はたして、どんな体験でも、持っていた方がよいと言えるのか。どのような体験だったら「ないよりある方がいい」と言えるのか。たとえば、殺人、服役、自殺未遂、空襲、拷問、レイプなどの経験はない方がよいだろう。ぎっくり腰、胃ガン、売春、リストカット、中絶、離婚、不倫なども、どちらかというと経験しない方がよいのではないか。留年、浪人、同性愛セックス、喫煙などはどうだろう。微妙だが、必然的な理由や好みがなければ避ける方が無難なのでは。もちろん、恋愛、留学、テニス、甘エビの躍り食い、柔道、韓国語会話、テレビ出演、結婚、犬の飼育、金魚の飼育……等々、経験した方がしないよりもよさそうな事柄はたくさんあるが、躍り食いで寄生虫感染したり、テニスで肘に持病を抱えるかもしれない。

そういうデメリットがない本当によき経験にしても、いったいどれだけの経験があればよいのか。経験には**「機会コスト」**がつきものだ。つまり、何かを経験すると、それを経験せずにいたら得られたはずの別の何かを必ず失うことになる（その「別の何か」を得る機会を逸したことをコストに見立てて「機会コスト」と呼ばれる）。

幼少期に英語を習う経験をすると、「学校で友だちといっしょに英語を覚えていく」という経験の新鮮さはもはや味わえなくなる。ピアノに習熟すれば、おそらくバイオリンを習う時間は得られなくなる。

つまり、はっきりと悪い経験はしない方がよいし、中立的またはプラス価値を持った経験も、した方が絶対よいなどと断定できはしないのだ。

したがって、第一に、配偶者と出会う前のセックスが悪いことでないと証明されねばならない。次に、たとえ配偶者と出会う前のセックスが悪いことでなく、むしろプラス価値を持つ経験だとしても、機会コストと天秤にかけなければならない。結婚前にセックスをすれば、〈結婚してから初めてセックスをする〉という経験の機会を失うことになる。あるいは〈一生の伴侶を相手に初めてセックスを経験する〉という経験ができなくなる。

つまるところ、非処女の方が経験豊富だからよい、と言う前に、処女でなくなるという経験と、処女で結婚するという経験と、どちらの方が価値あるかを見極めなければならないのだ。もちろんそれは個々人で異なるだろう。しかし処女厨が主張するのは「処女で結婚するという経験の方がずっと価値が高い」ということであり、その数々の根拠が前章で述べられてきたのである。「何事も経験した方がよい」という頭ごなしの前提によって非処女擁護をするのは、はじめから結論を決めておいただけの「論点先取」にすぎない。論点先取では、「本当はどちらの経験がよいの？」という肝心の問いに答えられない。体験重視主義もうまくいかないようだ。

♥

こうなると、体験重視主義のような目の粗い特定法ではなく、非処女と処女の違いをもっと狭く特定する理論がほしい。そこで、前章で処女厨の正当化に用いられた諸理論を逆手にとる戦術を試みよう。処女および処女厨のメリットと考えられた事柄が、実はデメリットだったとか、非処女の欠点と思われていた事柄が実は長所だったとか、判明するかもしれないからだ。

すべてを逐一調べるのも退屈なので、うまくいきそうなものから試してみよう。

まず手始めに、**「比較回避説」**を試す価値があるだろう。比較回避説はもともと、処女厨は自信がない男だという誤解を招く点で、処女厨の至近要因説明理論としてはあまり高ポイントが得られなかった。そこで、もともと誤解されやすいとされた比較回避説が実際引き起こしがちな「誤解」を、誤解でないように解釈することができれば、最も手早な処女厨批判に仕立てられるのではないか。

実際、ウェブには次のような趣旨の非処女擁護が散見されるのである。

「処女厨は自信がないだけだ。前の男と比較されるのを嫌がるのはダメ男だ。比較した上で選ばれたことを誇れ。多くの男を知る非処女ほど、落とす価値が大きいのだ」

なるほど。ただ一人しか知らない女に気に入られるより、多くの男を知った女に選ばれた方が、高い競争率を勝ち抜いたも同然であり、誇らしいことではないのか。他のすべての男を負かしたことになるのだから。

非処女の経歴の中に自分を置いて、多くの男の中の特別な一人（夫となった男）と考えよ。この自己特別視は処女相手ではできない。非処女万歳。——この理論を、処女より非処女を推奨する**「文脈主義」**と呼ぼう。

文脈主義は正しいだろうか。

たしかに、クジャクやライチョウのように、同時に自己アピールする多くの雄の中から雌が自由に選択する、というのであれば、選ばれた雄は誇らしく思って当然だろう。しかしあいにく人間の場合、「多くの男を知る」女というのは、自由に最高の男を選べるわけではない。非処女の大多数は、結婚したいと心から望んだ相手に浮気されたり、捨てられたり、挫折を重ねたあげくようやく結婚できた、ということが少なくないだろう。そのとき、「選ばれた男」なるものは、実は女に選ばれたのではなく、妥協の結果である。彼女の欠点に気づかなかった唯一の男だったり、彼女の欠点に気づいても我慢した唯一の男だったりするわけだ。他の男に勝ったわけではなく、他の男たちが見限った三級品で満足している憐れな男ということになりかねない。そこがまさにプライド説のポイントだったのだ。

こう考えると、文脈主義は、非処女をプロモートする確かな理由を提供したとは言いがたい。むろん、少しでも気に入った男とセックスしてまわり、いつでも自分の意思で男を選べる立場にあるハイパー魅力的な女が、「あ、この男は今までの男と違う。セックスだけじゃ満足できない。結婚したい」と初めて感じた、その対象が自分だったというなら、その男は誇らしく思ってよい。しかし確率的にそんな事例は少ないはずだ。非処女と結婚するということは、多くの場合、〈他の男が付き合いながら結婚までは望まなかったレベルの女〉を拾う神になっただけ、なのである。

♥

比較回避説の応用で、もう一つ非処女推奨のために有力な理論を編み出すことができる。これもウェブでさかんに語られる見方で、直観にはアピールする理論だ。**「機能主義」**と名づけよう。すなわち、複数の男を知っている非処女は、処女に比べてセックスがうまい、あるいはテクニックでまさる、エロい、という考えである。

また、非処女はすでに学んでいるからテクがある、というだけでなく、婚前にあれこれやってるくらいだから生まれつきセックスに積極的で、エッチな素質を持っている。あるいは性欲が強い傾向がある。スケベである。これは男にとって嬉しいことではなかろうか。

だが、遊びで付き合う相手としては有難い「床上手な女」が、妻として有難いのかどうか。恋愛の相手としてすら、男が求める恋人は、超絶技巧の女よりむしろいちいち恥じらったり、うぶさを失わない女の方ではなかろうか。ＡＶにも清純娘という設定が欠かせないくらいだ。セックスのテクを求めるなら風俗に行けばいい。ある程度以上精神的繋がりのある女だったら、身体方面はいつまでたっても慣れないくらいが男は萌えるのではなかろうか。

いや、そのようなことも含めて、つまり「うぶな演技」も含めて、非処女の方がうまいのだ、という考えも成り立つ。処女はそのあたり鈍臭く余裕がないから、非処女の敵ではないと。

しかし、女は場数を踏むとエッチじゃなくなる、という意見も根強いのだ。セックスを経験するにつれて、「こういうものか」という達観が根を下ろしてくる。冷めて要求水準が下がる。セックスに多くを期待しなくなる。この理由により、あまり若いときに処女を捨てるのはお勧めできない、とする者がセックス礼賛派の中にもいる（宮台、2013, pp.193-7）。

対して、経験のない処女、とくにロマンス小説やＡＶの観賞経験だけあって実体験のない処女は、セックスへの過大な幻想を抱き、期待水準が高くなりがちだと宮台真司は言う。すると、いざ本番となったときに、非処女よりもエロい振る舞いをする傾向があるのだと。

もしそれが本当なら、幻想と妄想と期待で火照った処女の初夜は、コンドームの外れや破れをわずかでも気にしたセックスでない方がよいだろう。生理的にも、ゴムなしの中出しセックスは、ゴム付セックスの何倍もの融合感がお互い得られるし、なによりも射精後に密着状態のまま余韻を楽しむこともできるのだから（ゴム付きの場合、ペニス縮小後も挿入したままにしていると、抜いたとき膣内に精液ごとゴムが残ってしまうことがある）。つまり、遊びの延長であれこれ気兼ねしながらの中途半端セックスではなく、ガチのセックス――確実な結婚相手と、子どもができてもＯＫという舞台設定で、遠慮なく全力で執り行なうのが「最もエロい初体験」というものではなかろうか。男にとっても、妻たる女のそうしたたった一度の妄想的初夜をともにできるかどうかは重要問題だろう。つまり処女厨はまったく正しいということになり、処女厨批判者が機能主義を持ち出したのはヤブヘビになってしまう。

機能主義が正しくて非処女の方がエロいのか、それとも処女の方が妄想にまみれてエロいのか、統計的真実がどちらであるにせよ、こういった機能主義論争はあまり意味がないだろう。というのも、処女といえども結婚後はセックスを重ねていくわけであって、いつまでも堅くなっていたり、妄想を膨らまし続けたりするわけではない。結局のところ、長い縁を保つうちに、どんな女だろうが「セックスの技巧」や「セックスへの期待」に関して似たり寄ったりのレベルに収束してゆく、というのが男のおおかたの達観だろう。そうなると、生涯最愛の女については「初期の妄想段階」から収束段階まで、エロチシズムの変遷のすべてを知っておきたいと望むのは、ごく自然な欲求と言えそうだ。処女厨はそれを率直に表明しているだけ、とますます感じられてくるのである。

ちなみに、「婚前交渉しなかった夫婦はセックスレスになりやすい」という俗説は真実でなく、実際は、初夜まで肉体関係のなかったカップルの方が性生活の満足度が高いという調査結果が発表されている(Hendrick, 2010 参照)。これは個人の婚前経験ではなくカップル間の婚前経験の有無についての調査なので、処女のメリットを直接示したものではない。が、性生活において処女が非処女にまさる確率が高いことを間接的に示してはいる(夫と婚前セックスをしない女は処女である確率が高いと仮定するならば)。妄想を持ったまま「試し愛ナシの本番」に突入することのエロス的メリットを支持する傍証と言えよう。

処女のうぶな期待と妄想がセックスのハードルを上げ、それにつられて実際の性愛レベルも上がり、エロチック度を押し上げる。この事情は童貞についても言えそうである。新婚家庭のほとんどで処女と童貞の初夜が営まれ、妄想まみれのぎこちないセックスが夜な夜な感激のパワーアップを重ねてゆく。そんな世界だったら、どんなフリーセックス社会も遠く及ばぬ性的満足度を誇ることだろう。

なので、処女厨が正当と認められたければ、童貞厨にも正当性を認める必要があり、処女厨は必然的にOEO主義者であるべきだ、ということにもなる。

ただ、現実に童貞厨の女がいることは確かであるものの、男の中の処女厨に比べ圧倒的少数であることもまた確実だ。むしろ童貞を嫌がる女も多い。女が童貞をとくに望まないということであれば、あえて「処女厨はOEO思想であるべし」とする必然性はなさそうだ。需要がなければ義務も生じず、非対称的に処女厨の主張だけが普遍化されうることになるだろう。

♥

いずれにしても、機能主義は当初思われたほどの信憑性を持たない。とはいえ、比較回避説系統には機能主義よりも一段洗練された、そして多くの人が信じている「常識」がある。

その常識とは、「体の相性」を結婚前に確かめておけ、というアドバイスである。

結婚においてセックスは重要な要素であり（そもそも処女厨が処女にこだわるのもそのためであり）しかも建前上、互いに唯一のセックスパートナーとなるわけであるから、身体的相性のいい相手を探し当てなければならない。そのためには、複数の相手――なるべくタイプの異なる多くの相手――とセックスしてみて、自分に合うのは誰なのかを比較しておかねばならない。それを怠って、婚前セックスなしに結婚したりすると、相性が悪いことが判明してセックスレス、離婚、ということになりかねない。

以上のことは、生理学的な事実であると広く信じられている。

実際は、先ほど言及したように逆であり（Hendrick, 2010）、「体の相性」を前もって確認しなかった夫婦の方が性生活の満足度が高いのだった。しかし次のような反論が起こるかもしれない。「……処女や童貞は、セックスに無知だから低レベルでも満足しやすいだけのことだろ？〈満足な豚であるより不満足な人間であれ、満足な愚者であるより不満足なソクラテスであれ〉とJ・S・ミルも『功利主義』第二章で言っている。低レベルの満足に甘んじたくない向上心旺盛な人々は、性生活レベルの確認のため、結婚前から複数の可能性を試すものなんだよ！」

つまり、一般に処女は慎重で非処女は思慮に欠けると思われがちだが、実は逆だ、というわけである。非処女は、慎重に理想の相手を選ぼうとするがゆえに非処女となったのだ。体の相性など意に介さぬあまり、何も確かめずいきなり結婚生活に入ってしまう無謀な女が処女なのだ。非処女の方が思慮深く、人生をなるべく価値高きものへ仕立てる計画に従って歩んでいることがわかるだろう。男はそういう思慮深い女を妻として選ぶべきだ。

結婚による幸福を最大限にしよう、という考えなので、先ほど引用されたJ・S・ミルが主唱した倫理学説**「功利主義」**の名で呼ぶことにしよう（ミルは、J・ベンサムが提唱した功利主義に、幸福感（快楽）の質の区別を導入した哲学者である）。

功利主義の主張を詳細に分節化すると、こうまとめられるだろう。

前提1　結婚の本質は永続的性的関係である
前提2　性的関係、とくにセックスで得られる快楽は善である
前提3　男女には個人ごとにセックスに関する体の相性がある
前提4　セックスに関する体の相性は、実際にセックスしてみないとわからない
∴　結婚前にセックスをして体の相性を確かめ、結婚の効用（善）を最大にする相手を選ぶべきである

この論証は四つの前提と結論から成っている。結論（功利主義）が真であるためには、四つの前提すべてが真である必要がある。

たとえば、「結婚の本質は永続的性的関係ではなく、子育ての協力である」と考えるなら、前提1が否定されるので、功利主義の結論は出てこない。セックスで得られる快感は善である、という前提2は四つの前提の中で一番もっともらしいが、もしこれを否定するなら、やはり功利主義に同意する必要はない。「体の相性」があるという前提3は、まさに功利主義を際立たせる鍵となる「通説」だが、本当に相性などというものがあるのかどうかについては科学的な調査が必要だろう。

前提4も功利主義を特徴づける重要前提だが、実は最も疑わしい前提だ。「体の相性」なるものがあるとしても、生きた体どうしである以上「心の相性」と分けることができず、セックス中の心理的交流でどうにでもサポートできるのではなかろうか。身体的側面に限ったらどうだろう。それでも「相性」なるものは密室外で視覚・聴覚・嗅覚などにより感じあえる身体的魅力がベースとなるはずだから、

デートを重ねれば自ずと判定できるはずではなかろうか。会話や抱擁など通常の接触では判断できないセックス固有の相性などというものの実在は、かなり疑わしい。男女の体は鍵と錠前のような規格品ではないので。

「セックスしないとわからない相性」は、現実には、婚前セックスしたい男が女を口説くときの決まり文句として流通している。セックスで受け身になりがちな女に対しては説得力のある概念でもある。もともと女は、セックスのクオリティは「男の側の上手下手」で決まるという「相手依存」のセックス観を抱きやすい（経験豊富な女ほどそのセックス観に染まっている傾向がある）。「下手な男」と一生連れ添うのはちょっと……ということにもなるだろう。また、「男の上手下手」は絶対的なテクニックとは限らず、自分と男との「生理的相性」に由来すると女は信じるかもしれない。いずれにせよ女自身ではどうしようもない、運のようなものだ。

こうして、占いや血液型性格判断が好きな女からすれば、自分の工夫や努力ではなく「運≒相性」で善し悪しが決まる、というセックス観はきわめて心地よく感じられる。実際、複数の相手とセックスしてみれば、体調や実施条件によって気持ちよさに差異が生ずることは事実なので、「体の相性」の実在を信じるのがますます合理的に思えたりもするだろう。そうやって出任せの理屈が功を奏していき、男がいい目を見ることが度重なって、いつのまにか実体らしきものを備えてしまった迷信が「体の相性」ではないだろうか。

「体の相性」が持ち出される理由はもう一つある。オルガスムに達しにくい女の反応に失望し、自尊心を傷つけられた男が「体の相性」へと責任転嫁する心理だ。これも「男がリードすべきセックス」という神話の産物である。ところが他方では、女のオルガスムは普段の膣圧トレーニング（膣トレ）で自己開発できるという俗説があり、実証例も豊富である（大場、2014, pp.92-94）。膣の締め方次第によって、男と女がイくタイミングを女が積極的にコントロールできるともされる。つまり女がリードするセックスも大いにありうるというわけで、女性誌セックス特集では「愛する人を喜ばせ自分もイケる」テクニックがさかんに伝授されてきた。愛の前では体の相性など克服すべし的なイデオロギーも、普通の女の恋愛観には叩き込まれてきたはずなのである。

しかしとりあえず、四つの前提すべてが真であるとしてみよう。そうであっても、結論を導き出すにはまだ十分ではない。なぜなら、次の二つの疑惑があるからだ。

A　（前提3への但し書き）体の相性とは、程度の差として感知できるにしても、主観的なものであり、当人どうしで意見一致するとは限らない。したがって相性の確認は、比較対象を増やせば増やすほど、意見不一致のパターンが多様になり、結婚の同意に結びつきにくくなるかもしれない。

B　（前提4への但し書き）体の相性は、初めて行なう時点では個人ごとに違いがあるとしても、同じ相手と交わっているうちに程度が高まったり低まったりして、最終的には誰もが同程度に落ち着くものかもしれない。たとえば同一の相手と自覚的にセックスを重ねると、相手に合った膣圧コントロールの学習になり、ナチュラル膣トレになるのかもしれない。

A、Bのいずれかが成り立つとすれば、体の相性を比べるために多くの相手と婚前セックスしてまわるのは、無意味である。そんなことをするよりも、始めから一人に絞った方が結婚の効用が増すことになる。

実際は、「体の相性を確かめるべし」とアドバイスする人は、比較のことを言っているのではなく、絶対的相性のことを述べているのかもしれない。すなわち、「セックスによって〈相性がダメ〉とはっきりわかる場合がたまにあるから、結婚後に初めて気づいて破綻しないよう、念のため」くらいのつもりで言っているのかもしれない。闇雲に多くの候補との相性を比べるというのではなく、「一定レベル以下の相性」というリスクを避けるための事前検査なのだと。だからとりあえず最愛の一人とやってみれば十分なのだと。

しかし、「愛する人とのセックスが絶対的に相性悪し」と判明する確率はどのくらいなのか。確率があまり低いならば、婚前交渉の必要性は認められまい。また、依然として、A、Bいずれかが真という可能性があるのであれば、婚前の確認セックスはほとんど無意味になる。たとえば、一方が相性のなさを理由に別れを考えたとしても、他方は相性が悪くないと言い張ったとしたら、二人はどちらの感覚を信じたらよいのだろうか。おそらく何度も試みて確かめ続けるしかない。結局、相性確認のためには、セックス以外で問題がない二人なら、事実上結婚するのがよいということになろう。「体の相性」は何の役割も果たせていない。

A、Bがともに偽だとしても問題は残る。婚前セックスで「体の相性」が悪かった場合、たまたま体調または条件が悪かったのか、相性が本当に悪いのかを識別するためには、少なくとも一方が経験豊富でなければならない。しかも対等の認識度で相性を確認するには、男女双方とも経験豊富である必要がある。ただし、深い恋愛感情を抱くのを待っていると、若いうちに多数の異性とセックスする機会が掴めない。よって、さほど愛していない相手と適度にセックスを試してみることになるだろう。おそらく数十人。

そうなると、「愛のないセックスと愛のあるセックスを混在させてはたして意味ある比較データがとれるのか」という疑問が生ずる。そしてまた、ほとんどの女が現在「ヤリマン」と呼ばれるレベルの経験を積むという状況が実現することになる。

どんなヤリマンをも擁護するつもりがある非処女擁護者にとっては、今述べられたことは何ら問題にはならない。そして実際、狩猟採集時代の人類の女の本性は全員ヤリマンだったと説く理論も存在する（ライアン&ジェタ、2014参照）。一夫一妻制度は不自然でストレスが大きすぎ、現代社会でも多夫多妻システムこそ自然であり利点が大きいと。男による配偶競争は、個体レベルではなく、精子レベルで、女の体内で行なわれるべきだと。しかし現代人の中には、アンチ処女厨、非処女擁護者でさえ、ヤリマンを結婚相手として好む者はほとんどいないようだ。「体の相性」や「多夫多妻」をポイントとした功利主義路線での非処女擁護は、かなり難しいと言わざるをえないだろう。

♥

功利主義や機能主義に対しては、別の批判もありうる。セックスの意義を過大評価している、という批判だ。たしかに。しかし「セックスの意義の過大評価」という批判は、処女厨批判のためにこそ転用できるのである。すなわち、「処女厨はキモいんだよ。肉体関係にばかりこだわりやがって。結婚はもっと複雑な関係だろうが」

これは、**「アンチ唯物論」**あるいは**「アンチ物質主義」**と呼ぶべき立場である。処女厨は他ならぬ処女にいちばん嫌われるのだ、と囁かれるのもこの点だ。ネットに流布するその説の根拠は、処女かどうかを気にする処女厨のエロ妄想ぶりが処女には引かれる、というものである。実際、処女厨嫌いの処女による批判的書き込みも散見される（ただし、処女による処女厨批判のほとんどは、処女肯定への引きではなく、非処女罵倒への嫌悪から成るのだが）。

また、アンチ唯物論とはやや異なる角度から「処女厨の下半身こだわり」を批判するお定まりの言説がある。もはや誰もが聞き飽きたと言える、次のような頻出言説だ。

「なに膜ひとつにこだわってんだか。そもそも膜なんて始めっから無いし。もともと破れてるんだから。処女だって生理の血が外に出ていくわけだし」

「処女」が話題になると、リアル世界でも必ずこの「始めから穴あいてるよ」的返答が聞こえてくる。判をつくようにこの返答をする人が、男にも女にも非常に多いのは不思議なくらいである。完全な密閉膜を想像する人などもともといないのに、わかりきった「始めから穴が」がどうして繰り返し力説されるのか。不明だ（処女へのこだわりがタブー侵犯的な不快感を惹起し、とりあえず手近な反論（処女膜の不完全性の指摘）を誘発する、ということか）。不明ながら、ともあれ言いたいことは理解できる。「処女膜貫通の前後で大した物理的断絶があるわけじゃないさ」ということだろう。前後で大差なし、というこの種の処女厨牽制を**「相対主義」**と呼んでおこう。処女と非処女の区別は絶対的ではない（広義の「減るもんじゃなし」）という理論だ。

しかし、相対主義は処女厨批判として的外れである。第一に、事実の問題。処女膜貫通は、傘の骨をすべて逆に折ったような裂傷として、貫通前後の違いを引き起こすことは確かだろう。出血量の個人差はあるにせよ、少なくとも処女膜再生手術なるものが成立しうるほどには前後の違いが生ずるわけである。それは無視できない。

相対主義が的外れである第二点は、それが処女膜フェチへの批判にしかなっていないことである。すなわち、初物趣味説の当てはまる処女厨にしか通用しない。しかも初物趣味的処女厨も含めほぼ全員の真のこだわりは膜ではなく、純潔なのである。膜の破れ方がどうであろうが、ペニス挿入そのもの、正確には「ペニス挿入を許した」という精神的要素が問題なのだ。

さて、相対主義と同じく「膜の有無」を突いた処女厨批判として、もう少し手強い理論も考えられる。

「実証主義」と呼ぶべきその理論は、次のように問いかける。

「処女でなきゃヤダと言ったって、どうやって確かめるんだい。膜なんて再生手術で簡単に回復できるんだし。ナチュラルになんべんも出血する女だっているんだから。血が出たといったって処女の証明にはならんってことさ。逆に出血しない処女だっているわけだしな。結局は不確実なんだよ。本人の申告を信じるしかない。疑ったり信じたりするだけ徒労なんだよ」

これは前章で、適応度説への注釈として言及したことだ。自然選択はアバウトなので、人体のあらゆる機能が最適化されているわけではない。気管に唾が入って咽せたり、舌を噛んでしまったりする。人体は不完全だ。処女膜もそうで、厳密に処女だけを男に一〇〇パーセント識別させるような精密器官として進化してなどいない。だいたいのところを察知させて統計的有利さが確保できればよいくらいの不完全器官だ。さらに、セックスの時期を生理と合わせることによって、相手に処女だと思わせるテクニックもしばしば使われているらしい。「破瓜」は信じるに値しないのだ。

処女膜が信じられないとして、では直接確認をするのか。結婚前に「処女だろうね」と念を押したとしても、ウソでないという確証はない。女の友人、元彼、元彼候補、その他いろいろ調査して回る気か？　興信所に依頼するか？　そこまでやったって、真実はわからないかもしれない。そんな不確かな「処女性」にこだわるのは無意味ではなかろうか。

こうして実証主義は、処女性なんて背後霊とかオーラとか波動のようなものだ、と切り捨てる。頭ごなしに信じるしかない。そして、霊媒師の言うことを信じたくなっている人が何が何でも信じてしまうのと同じように、相手にのぼせているときは「私は処女」という言葉を信じてしまうものだ。

実証主義はさらに、処女性にこだわるのは無意味なだけでなく有害だからやめておけ、という**「合理主義」**へと展開するだろう。「検証不可能な女の自己申告を信じる、というのは、軽信の態度を生み、相互信頼の価値をむしろ減らしてしまう。そこで軽信に陥らないように足掻くなら、『検証不可能だから自己申告をいつまでも疑い続けよう』という猜疑心に凝り固まることになる。軽信も猜疑も、不幸な関係を生みやすい不適切な態度だ。その二つをともに避けるには、処女性などという検証不可能な事柄は些細なこととして無視するのがよい」……。

女の自己申告を信じたら軽信、信じなければ猜疑、いずれにしても不幸なことになる。この論じ方はまさしく「構成的ジレンマ」だ。妻となる女が処女であるかどうかは、信じても信じなくてもまずいことになる。とすれば、信じるとか信じないとか、そういうこだわりを一切捨てることだ。そうすれば構成的ジレンマから逃れられる。彼女が処女かどうかなんてことは、彼女がかつて本当に金魚を飼っていたことがあるかどうかと同じくらい、結婚にとってどうでもいいことなのだ。

なかなかうまく出来た処女厨批判ではないだろうか。

実証主義と合理主義は、相対主義とは違って、処女膜フェチだけでなく処女厨全員に訴えかけている。検証不可能な処女性への執着はやめて、覚醒しよう、解脱しよう、悟りを開こう、と。

実証主義、合理主義に反論するとしたら、二つのポイントがある。

実証主義に対しては、「処女かどうかを検証することはできない、というのは本当か？」

合理主義に対しては、「処女かどうかは、検証不可能だからといって、どうでもいいトリビアルなことなのか？」

第一の問いに対しては、とりあえずノーと答えられる。処女膜再生手術で再生したとしても、初夜に出血するように再生できるだけであって、専門医に内視鏡診察をしてもらえば、元からある処女膜なのか、再生手術による膜なのかは検証できる。本当の処女なら、最後の手段として、医師によって「性交経験なし」のお墨付きをもらうという手がある。非処女にはできない。

つまり、処女であることは実証的に判定できるのだ。しかし逆は言えない。処女膜が再生手術によるものだと診断されたからといって、非処女だと証明されたわけではない。スポーツや事故で破ってしまったのかもしれないからである。「これは事故の結果です」と女が申告した場合、男としてはそれを信じるか、疑うかの二者択一となるだろう。つまり軽信か、猜疑の泥沼かである。合理主義が警告する「構成的ジレンマ」の煉獄に飛び込むことに変わりない。

問題が生ずるのは天然処女膜がなかった場合だけであって、処女だと検証された場合は文句なかろう、と論じられるかもしれない。しかしいろいろ困難がある。第一に、彼氏の偏執的処女厨に理解ある処女なら、内視鏡検査に協力し、彼氏を安心させることができるだろう。しかしそこまで彼氏の処女厨に迎合する女がどれほどいるだろう。しかも大半の男は、診察による実証などというところまで女を疑うことには引け目を感じるだろう。結局のところ、彼女が本当に処女であったとしても、処女厨は忸怩たる不幸な心理状態にとどまり続けることになりそうだ。

それでは、処女性は事実上検証不可能だということを認めた上で、「では検証不可能ならこだわる意味がないのか？」という第二の問いに移ろう。

「検証不能な問いは無意味」だろうか。われわれは日々、完全には検証できないことを信じて生きている。あなたの温和な親友が、かつて犬を殺したという事実はない、とあなたは信じているし、最も信頼できる友人が、あなたを内心軽蔑しているとか、あなたに深い恨みを抱いているとか、そういうことはないとあなたは信じている。しかし、他人の過去や心の中などわかるはずがない。が、あえて疑う理由がないならば、疑うことはない。生活とはそういうものだ。

彼女が処女かどうかも同様である。「いかにも処女のように見え、嘘を言っている気配がなく、それを反証する証言などがいっこうに洩れ聞こえてこない」のであれば、もはや疑う余地はない。処女膜再生手術を受けたことを隠している確率はゼロでないにしても、嘘をごく自然に貫き通している確率の方がさらにずっと小さいだろう。

命題Aの確率そのものに自信が持てなくとも、Aが偽であるために必要な別の命題Bの確率がきわめて小さいことに気がつけば、もはやＡそのものに自信を持ってよいのである。

このように、常識や直観を確率１と確信できるレベルまで疑い続ける「完璧主義」は、捨て去るべきなのだ。検証不可能だからといって、どうでもいいことだと放り出すべきではない。検証不可能でも信じるべきあるいは拒むべきことは自ずと決まってくるのだ。

処女と非処女の違いを過大視してはならないと警告する系のもう一つのバージョンとして、**「結果主義」**も考えられる。「非処女は運が悪かっただけだ。非処女といえども、むやみやたらにセックスしたのではなく、したときには相手と結婚するつもりだったに違いない。非処女すべてを、軽々しくセックスする女と見なすのは間違いだ。処女だって、結婚前に旦那とやってた人がけっこういるじゃないか。そういう処女と、たまたまセックス相手と結婚に至らなかった非処女の違いは、些細な違いではないのか」

しかしこの線での擁護もあまり見込みがない。「意図はどうあれ、現実にセックス相手と結婚できなかったという失敗は、当人の評価に反映されて当然である。結婚の見込みが不充分な段階でヤってしまった不用意さはマイナス要因として数えられるべきだ」……処女厨はそう反論するに違いない。これはすでに前章のＥＱ説、呪術的信仰説、挫折重視説などで確認した論点である。

♥

こうして、相対主義、実証主義、合理主義、結果主義など、処女と非処女の相違を些細なものとして消去しようとする戦略は大した成果を望めない。もともとの、非処女が処女にまさる側面を積極的にアピールする議論——本章でここまで見てきた中では「機能主義」だけだったが——に戻った方が発展性があるだろう。

改めて、処女にはない非処女のメリットを探してみよう。

やはり、最も頼りになりそうなのは進化心理学の**適応主義**だろう。「適応度説」が、処女礼賛と処女厨擁護に目覚ましい力を発揮したことを思い出せば、非処女擁護にもそれなりの理論的支持を与えてくれるのではなかろうか。処女の適応的利点として挙げられたのは主に原始時代の環境での利点だった。現在の都市環境は原始時代とは全然違う。現代都市環境では非処女の属性の方が進化論的に有利だと判明する可能性はあり、そうすれば逆転に持ち込むことが望めるだろう。

まず、処女がコミュ障疑惑にさらされていたことを思い出そう。非処女擁護者としてはその論点はぜひとも突くべきだ。

適応主義つまり生物進化論を素朴に当てはめるなら、ウェブでも常識扱いで反復されている次のような主張が成り立ちそうだ。「セックス経験の有無は、男女交際の豊富さと相関関係があるだろう。つまり、非処女はモテたのであり、処女はモテなかっただけだ。あるいは、非処女は対人交渉能力に優れており、処女は対人交渉能力に欠ける可能性が高い。そして、性に対して非処女は前向きであり、処女は臆病な傾向があるので、何事に対しても非処女の方が積極的に対処するという望ましい性格を持つ確率が高い」。

処女擁護のときは、「慎重さ」というプラス属性の証拠となった処女性が、今度は「対人能力低し」「臆病」というマイナス属性として読み替えられるのである。

たしかに、「男をそう簡単に受け入れない」という、原始時代には有利だっただろう属性が、現代もそのまま有利と言えるかどうかは考察の余地がある。現代は避妊法も発達しているのだから、男を積極的に受け入れる性格だからといって原始時代ほどはっきり不利になるとは限らない。むしろ現代の都市環境では、女も男並みの積極性、大胆さ、交渉能力を持つ方が有利であり、その有利さの証拠の一つが「非処女」という属性に他ならないのかもしれない。

もちろん、「モテるし対人能力大だし積極的ではあるが、セックスに関して男に迎合しないだけ」というしっかり者タイプの処女も多いだろう。なので一概に非処女の方が「モテ、対人能力、積極性」で優れているとは言えないかもしれない。が、平均すると、「性に対しての積極性」がある女の方が社会生活でNG要素が少なく、現代の複雑な環境で要領よく振る舞っていける可能性が高い、つまりEQが高いのではないか、とは考えられる。

前章で見た「EQ説」は処女のEQの方を高く評価したが、それは男性心理の理解に関わる比較的狭い範囲に限られたEQ評価であって、生活全般にわたるEQの総合評価となると、非処女が逆転するのではないかということだ。たとえばフェミニストと呼ばれる女たちは、女の性欲の解放を唱える傾向が強く、ほとんどが非処女だと思われるが、彼女ら自身、社会にとって望ましい行動的性格、対人交渉能力、知的生産性、人間的魅力に恵まれていそうではないか。現代文明の環境では、原始時代に有利だった属性を未だに引きずる処女たちより、新スペックの非処女たちの方が平均して能力、魅力とも上なのではないか？

この直観は、**「ロマン主義」**と呼ぶべき立場からも補強される。適応主義の言う「対人交渉能力」は、人を愛する喜びとか、関係性に対する情熱などだろう。つまり、非処女の方が人を愛する喜びをよく知っており、内包豊かな人間関係を結ぶすべを知っているのではないか。

さらに、ロマン主義の延長で、人格面の徳についても非処女を擁護することができる。非処女は、男の欲望に「迎合した」わけではない。女自身に性欲があるわけだから、非処女は欲求に素直だっただけのこと。男をいたずらに焦らすような気むずかしさもなく、駆け引きなどしない大らかさ、寛容さ、やさしさがある。つまり非処女は、処女に比べて「気立てがよい」と言うべきだろう。

男都合に迎合したように見える非処女も多いだろうが、それは迎合というより「困っている男への同情」から応えたと見なすべきであり、女性本来の「ケアの本能」が強かっただけである。そう考えると、前章で処女を支持した「ジェンダー説」の観点からも、むしろ非処女に軍配が上がりうるのだ。

「ケア」は血の通った人間関係の基本であり、徳倫理学の重要概念でもあるので、重視しないわけにはいかない。むろん、現実的なツッコミはいくらでもありうる。「賢い女は自分の体のケアも忘れずに危険な挿入以外の工夫をするでしょ」「優しく語らいながら手でやってあげるRPGケアがいいでしょ」……あまり凝った代替セックスは膣内射精障害の原因ともなり（阿部、2004, pp.99-102）別途検証の要がある。いずれにせよ最低限の安全を期してロマンチックなセックスに応じる女であれば、処女に比べて明朗、柔軟、率直、従順という望ましい性質を備えていると言えるのではなかろうか。

今挙げた「明朗、柔軟、率直、従順」という美徳は、処女に付与された「繊細、冷静、慎重、流されない」という美徳の対極である。にもかかわらず、美徳であることに変わりない。そして、処女が持つ美徳に比べて、より「心の結びつきを深めるのに適した」美徳である。非処女の美徳は処女の美徳に比

	モテ、明朗、対人能力高、寛大、率直（性質A）	非モテ、内気、対人能力低、頑固、神経質（性質B）
処女	①	③
非処女	②	④

図表4-1

べいささか男目線的に都合良い性質だとも言えば言えるが、男目線に都合良いことが女目線的に悪とは限らない。男と女の利害・善悪はべつに一致してかまわないのだ。それに、どのみち処女厨だって（いや、処女厨こそ）男目線で見ていたわけなのだから、処女厨どもこそ、男にとって楽しい性格傾向を備えた非処女の良さを理解すべきだろう。短期的相手としてだけでなく長期的パートナーとしても。

♥

さて、ここでわれわれは、処女と非処女をめぐる男の選択課題として、一つの興味深い対比に行き当たる。図表4－1を見ていただきたい。

図表4－1は、何が何でも処女性を重視して他の属性は考慮しない重症の処女厨は別として、常識的な大多数の男が抱くであろう選好の順序づけである。伴侶として望ましい順に、①、②、③、④と分類されている。

つまり、性質Aの方がBより望ましく、処女の方が非処女より望ましく、直接人間関係に影響する性質の方を処女性よりも優先する、という価値判断にもとづいた選択順位表が図表4－1である。

もちろん、細かいところで異論はあるだろう。「モテ」は恋人としてはよいが妻としては間男が寄ってきそうで不安……等々、疑義は残る。が、総じて、恋愛で魅力的な女であれば、長期間いっしょに過ごしても楽しいはず、という確率的判断にまずは従ってみよう。

さて、この図を見て、軽症の処女厨も含め常識的な男は一般に、処女と非処女、どちらを選ぼうと思うだろうか。

この図だけからは、合理的な選択は「処女を選ぶ」以外はありえないだろう。なぜなら、いかなる女であれ性質Aを持つグループに入るか性質Bを持つグループに入るかどちらかであり、Aなら①>②、Bなら③>④だからである。つまり、ABどちらの場合であっても、処女の方が非処女よりも好ましいということだ。

「構成的ジレンマ」の理屈により、「AまたはB」「Aなら処女よし」「Bなら処女よし」「したがって、処女よし」というわけである。なるほど、非処女を選ぶ理由がない。

よって、婚活サイトなどで結婚相手の条件を自由に出せるとしたら、「処女のみ」に絞るという戦略は、賢明だということになる。性質AかBかは曖昧であり、本人の自己申告が不正確になりがちな種類の属性なので、条件指定しても当てにならない。誰であれ「AかB」とだけ考えておく。そして「処女」は一応明確な線引きのできる条件だから、始めから「非処女お断り」としておくべし。「処女専用の婚活サイト」なるものも存在するので、始めからそこを利用すべし。

これはごく当たり前の論理に見える。

ところが、図表4-1に適応主義+ロマン主義を加味した図表4-2を見ていただきたい。

結婚相手となりうる母集団のうち、①、②、③、④に該当する人数比をパーセンテージで付記したの

	モテ、明朗、対人能力高、寛大、率直（性質A）	非モテ、内気、対人能力低、頑固、神経質（性質B）
処女	①　5%	＊　③　45%
非処女	＊　②　45%	④　5%

図表 4-2

が図表４－２だ。これはいま適当に書き入れた数字だが、適応主義・ロマン主義の言い分をかりに認めて、非処女擁護派にとって信じやすい数字によって「作業仮説」を設定してみるわけだ。これによって、処女厨的価値観がどのような挑戦を受けるか、見てみよう。

図表４－２において、先ほどと同じように、「処女限定」として結婚相手を探すとしてみよう。すると、望ましい属性である性質Aを持つ女は一割しかおらず、九割は性質Bの女に当たることになる。逆に、「非処女に限る」と指定すれば、性質Aの女は九割いる。

つまり、全体の九割は②か③であり、①か④に当たる確率はほぼ無視できる。そのうえで②>③なのだから、②を選ぶ、つまり非処女を選んだ方がよい、ということになるのだ。

正確には、性質Aが性質Bよりa倍望ましく、処女が非処女よりb倍望ましいという「効用」の数値を考えて、効用×確率の「期待効用」を処女と非処女について求め、どちらの期待効用が大きいか、という計算をしなければならない。いずれにせよ②と③が圧倒的多数を占める設定ならば、非処女の期待効用が処女の期待効用を上回ることがわかる。「処女に限る」という戦略より、「非処女に限る」という戦略の方が賢い。「処女厨」は間違った戦略なのだ。

図表4－1と図表4－2とでは、相反する選択が推奨された。どちらが正しいのだろうか。

図表4－1にもとづく「処女選択が合理的」という意思決定の原理は、**「優越原理」**と呼ばれる。特定の視点からすべての場合を列挙して（この場合は性質A、性質Bという二通りだけ）、そのどれに当たっても処女という属性が加わっていた方がよいから、処女を選ぶ。そういう選択の仕方である。

図表4－2にもとづく「非処女選択が合理的」という意思決定の原理は、**「期待効用原理」**と呼ばれる。すべての場合の確率と効用を掛け合わせて、いちばん数値の大きな場合に賭けるのが賢明だとする。①優れた処女、②優れた非処女、③ダメな処女、④ダメな非処女のうち、②優れた非処女の「期待効用」が最も大きい。ほんとは①優れた処女が一番よいが、効用は大きくても確率が小さいため、期待効用が②に負けてしまう。なので、処女か非処女かと言われれば、非処女を選ぶべきなのである。

適応主義・ロマン主義が正しいならば、「期待効用原理」に従って非処女を選ぶべき立派な理由があることになるのだ。しかし、その路線で「非処女を選ぶべし」という攻めの姿勢をとる反処女厨論者に対しては、いくつか反論が降りかかるだろう。

一つは、今の議論が肝心の素朴な立場を無視しているということ。確かに「非処女選択の余地もある」ということはこの議論により立証されはしたが、「期待効用原理」ではなく「優越原理」を信じてはならない理由が示されていない。「優越原理」は、ただ場合分けをしてすべての場合に得な方を選べ、というだけのシンプルな原理なので、図表4－2にも当てはめることができる。確率を無視して「優越原理」を信じる人にとっては、依然として処女が賢明な選択肢であり続ける。だから、非処女を推奨する「期待効用原理」を振りかざしてもまったく説得力がないのである。

それでは、優越原理より期待効用原理の方が優れた原理であることを立証できるだろうか。

ここに二つめの反論が出てくる。すなわち、最も説得のし甲斐のあるタイプの処女厨に対しては、「優越原理より期待効用原理」という方針での説得ができそうにないと。なぜか？

期待効用原理がうまく適用できるのは、次のような状況である。

設定Ｋ　ここに見知らぬ一〇〇〇人の女がいる。処女と非処女が半数ずつ。この中から自由に結婚相手が選べるが、処女から選ぶべきか、非処女から選ぶべきか。

この設定Ｋでは、図表４－２を認める限り、非処女から選んだ方が賢明だろう。その方が性質Ａを持つ確率が高いからだ。

しかし設定Ｋは、現実的な結婚市場のあり方をモデル化していない。設定Ｋは、抽象的な「一人の女」を考えて、それが処女グループから選ばれていてほしいか非処女グループから選ばれていてほしいか、という判断を要求している。しかしそれは、具体的個人を想定せずにとにかく非処女を貶めたいという動機に駆られた処女厨と同じ目線になってしまっている。そのような「ゲリラ処女厨」ではなく、真面目に悩むタイプの「実存的処女厨」のことを考えよう。実存的処女厨が提出する問題意識は、彼の、目の前にいる特定の女に関わっているのだ。

非処女擁護派は、愉快犯のゲリラ処女厨なんぞを論破しても意味がない。真摯な実存的処女厨を説得できなければならないのだ。

実存的処女厨は、特定の女を前にして悩んでいる。「付き合ってきた彼女が非処女だった。別れたい」とか、「妻が非処女だったことが気になり始めた」とか、「処女だというのは嘘だった。婚約破棄したい」とかいう「悩める男」なのである。つまり、設定Kとは順番が逆なのだ。処女か非処女かを先に選択して、後から性質AかBかのスペックがわかるという設定Kとは反対に、性質AやBやの細かい属性がわかっている個人としての女が先にあって、その女が実は非処女だった、という瞬間に実存的処女厨の悩みが始まるのだ。この現実的な状況設定を設定Yとしよう。

設定Y　ここに愛する一人の女がいる。この女が処女に属していてほしいか、非処女に属していてほしいか。

設定Yでは、はっきりと優越原理が当てはまる。性質A、Bあるいはその混合としての具体的スペックが始めに与えられているのだから、図表4-1、4-2の横軸が先に決定される。すると、その属性スペックのもとでは、①>②、③>④なのだから、非処女だったことが残念だ、ということにならざるをえない。彼女を愛していればいるほど、その残念さは大きいのだ。ここで、期待効用原理を持ち出すのは的外れとなる。すでに属性A、Bの度合がわかったうえで愛してきた女のことなのだから。

優越原理に従うこの態度は、「処女or非処女」という側面だけを分離して、他の同一諸性質を保った一人の女に着せたり脱がせたりできる、という非現実的態度のようにも見える。だがそうではないことに注意しよう。「同一スペックの女の全属性をまるまる固定したまま、そのうえに処女という望ましい性質を付け加えるか、非処女という望ましからぬ性質を付け加えるか」という単純な比較がなされているのではない。処女という性質が加わると他の諸属性も全面的に再解釈され、非処女という性質が加わると他の諸属性は別の仕方で全面的に再解釈される、ということなのだ。そして、どんな女（属性の集合）が先に与えられていても、処女だと判明した方が、非処女だと判明するよりも、諸属性システム全体の好ましさが増大する、という話なのである（これは本章始めで見た「全体論」の確認である）。

こうして、とくに恋愛からその延長として結婚を考えるさいには、期待効用原理よりも優越原理のもとで選択するのが合理的となるわけだ。

期待効用原理によって論破できるのは、誰だろうと非処女はダメ、と中傷する軽薄な「ゲリラ処女厨」にすぎない。本当に論破しなければならない真面目な「実存的処女厨」は依然として、優越原理による「処女∨非処女」的価値観から抜け出せないままに放置されてしまう。

それでも、少なくともゲリラ処女厨を論破できたのであれば、それなりの成果ではなかろうか。なにしろ最も迷惑なのはゲリラ処女厨なので、彼らを黙らせれば、多くの非処女が謂れなき侮辱に甘んじなくて済むようになる。

しかし事はそう甘いものではないかもしれない。適応主義・ロマン主義の第三の問題点は、ゲリラ処女厨ですら説得できていないかもしれない、ということなのである。

ゲリラ処女厨が虚空から湧いて虚空へ消えてゆく妖怪のような輩であるならば、期待効用原理を突きつけて「非処女を選んだ方が身のためだぞ」とやりこめることもできよう。しかしゲリラ処女厨といえども真空の中で暴れているわけではない。具体的な彼女や婚約者を想定できていなくても、いずれそのような女と出会ったときのことを想定して、そのとき自分や他人が実存的処女厨として悩むのは御免だ、という切望がゲリラ処女厨を少なからず支えている。あるいは、すでに実存的処女厨の悩みを経験し、別れ・婚約破棄・離婚のいずれかの辛苦を舐めて、ゲリラ処女厨化している輩も多いだろう。「これというのも女どもが勘違いして女性誌の口車に乗っているからだ」と特定事例に義憤を覚えた覚醒者がゲリラ処女厨となって鬱憤晴らししている、というような。つまりは、実存的処女厨を説き伏せることのできない非処女擁護論は、多くのゲリラ処女厨にも通用しないのである。

では少なくとも、完全に愉快犯的なゲリラ処女厨——実存的問題とは無縁なゲリラ処女厨は退治できるだろうか。いや、それすら無理だ。なぜなら、肝心の実存的処女厨の悩みに対しては期待効用原理が無益であることを引き合いに出して、「それみろ」とゲリラ処女厨が非処女を叩き続ける、ということが依然として可能だからである。

いずれにしても、実存的処女厨をきちんと説得できないかぎり、ゲリラ処女厨が自他の実存的悩みに乗じて暴れ回ることを防げないのである。

さて、適応主義・ロマン主義の第四の問題点。期待効用原理が非処女を支持するためには、常識での「性質Aが性質Bより望ましい度合」が、処女厨本能での「処女が非処女より望ましい度合」を上回っていなければならない、ということだ（たとえば、〔性質Aの効用÷性質Bの効用〕>〔処女の効用÷非処女の効用〕）。そうでないと、①②③④の番号の位置が、図表4－1、4－2ではなく、図表4－3のように

	性質A	性質B
処女	①	②
非処女	③	④

図表4-3

なってしまう。

こうなると、性質Aを持つ女の比率が処女より非処女の方でどんなに高いとしても、非処女の価値が処女の価値を上回ることは不可能となる。なぜなら、B処女の方がA非処女よりも望ましいのだから。

つまり、これは最初に注釈したことだが、期待効用原理は「軽度の処女厨」にしかアピールできない。進化論的本能に目覚めてしまった処女厨の大多数は、図表4－3のような選好順序で行動しがちだろう。つまり非処女を選ぶ理由をまったく持たないことになるのである。期待効用原理に従ってさえも。

適応主義・ロマン主義の問題点は他にもある。

第五に、処女と非処女の間で、性質A、Bの分布が異なるという保証もなければ、非処女に有利な具合に偏っているという保証もない。さらには、「性質Aより性質Bの方が好きだ」と心底主張する処女厨が大多数である可能性も無視できない。もともと「いかにも処女っぽい」性質を処女厨が好んでいる可能性が高いからだ。好ましい男性的属性と好ましい女性的属性は違う、ということは前章で見たが、具体的にどんな性質が好まれるかという事実問題には不確定要素がつきまとう。それに対して、「処女より非処女を好む男がいない」という事実だけは、例外的に磐石なのである。

そのような、好みの事実（「である」の問題）に反して、選択規範（「べし」の問題）を打ち立てるには、期待効用原理はあまりにもデリケートな条件に依存しすぎている。

対して、優越原理の方は、確率など考えず単に場合分けをして「いずれの場合も〈処女∨非処女〉だよね」と言うだけなので、デリケートな条件に左右されず、磐石である（「いずれの場合も○○∨▽▽だよね」という判断が成り立たない多くの属性の比較があるが、結婚が問題である限り、処女と非処女という属性については一〇〇パーセント近い男に妥当することが十分確かめられている。統計もすでに紹介した）。

第六に、適応主義・ロマン主義に対する最大の、致命的な反論が残っている。かりに、図表4－2が認められ、今までの五つの反論がすべて退けられ、期待効用原理を採用するのが合理的であることにみなが賛成したとしよう。それで処女厨は考えを変えるだろうか？

「合理的かもしれないがいやだ！」という処女厨が必ず出てくるのではないか。

「そんな合理性は無視」という立場が実際成り立つのである。あるいは、「それが本当に合理的と言えるか」と言い表わされるかもしれない。

それは、次のような立場である。

立場α「確率は低いかもしれないが、僕は①の人を見つけるんだ。処女であってしかも優れた属性を持つ女。一生ものの相手を選ぶには、①を狙わんでどうする！」

立場β「確率は低いかもしれないが、僕は④の人は避けたいんだ。非処女であってしかも劣った属性を持つ女。妻がそんなのだったと判明した日には悲惨この上ないだろう。④を摑まされる危険はなんとしても避けねば！」

この二つの立場は理解可能だろう。このいずれかに立脚すると、決して非処女を選んではならない。図表4－2にもとづく期待効用原理は、低確率の〔最高のケース・最悪のケース〕を除外して、高確率の〔中の上ケース・中の下ケース〕だけを比較し、中の上ケースを選ぶという、「穏当な戦略」と言える。しかしそのほかに見込みある「極端な戦略」が二つあるのだ。

立場αは、「危険を冒してでも最高を摑み取れ」という、「勝ったときのメリットを最大化せよ戦略」。立場βは、「安全には安全を期していけ」という、「負けたときのデメリットを最小化せよ戦略」。言い換えれば、立場αは冒険主義の最たるもので、「何が何でも理想を実現」派。**「マクシマックス原理」**と呼ばれる。立場βは極端な安全主義で、「最悪を確実に回避」派。**「マクシミン原理」**と呼ばれる。

期待効用原理、マクシマックス原理、ミニマックス原理の三択のうち、第一の選択肢をとるのが「合理的」だと前提してきたわけだが、はたしてそうか。実際は文脈によるだろう。

期待効用原理が「合理的」というのは、あくまで確率計算によって「何が得られそうか」を弾き出す数量的損得判断としてだ。冷たい機械的計算だ。しかし血の通った人間にとって重要なのは、そういった冷静な判断だけではない。「理想を実現しようとする情熱」（マクシマックス）とか、それとは正反対だが「最悪を防止する慎重さ」（ミニマックス）とかが、場合によっては最も大事な態度となる。マクシマックスの情熱が、歴史上の偉大な芸術作品や科学的達成、深い哲学的洞察をもたらしたのであるし、ミニマックスの思慮も、核兵器や核燃料廃棄物に満ちた地球に住み続けるうえで大切なことだろう。狭義の合理性だけで割り切ることのできないこの両極端の姿勢が人類には必要であり、個人にとっても必要ではないだろうか。

立場α（マクシマックスのこだわり）は、高スペックのモテ男にふさわしい姿勢かもしれない。彼は自分が最高の女をゲットする権利があると思っている。対人交渉能力に優れ、友だちが多く明朗で寛容で聡明で、誰からも好かれ積極的かつ大胆に行動し、外見も魅力的なのに性的行動についてはナチュラルに恥じらいまくるので激しくギャップ萌えを誘発し、ただし楽しむことを知る女なのでいったん結婚すれば風俗嬢そこのけのテク開発に熱心で濃密な情緒的繋がりを実現する能力と好奇心と柔軟性を持つ、でありながら女らしい安定志向の基本は揺るがないので規範を守り浮気はしないといった「理想の女」。そういうものを思い描いて処女にこだわるのは、多少愚かかもしれないが決して間違った態度ではない。

逆に、立場β（ミニマックスの思慮）は、高スペックの非モテが心がけるべき態度かもしれない。というのも、ろくに女を知らぬまま婚活市場に踏み出すと、性悪のビッチにたぶらかされて人生棒に振る、という可能性が決して小さくないからである（女に保険金掛けられて殺される男すら実在するのだから）。少なくとも処女を選べば、最低の極悪女は避けられるだろう。

マクシマックス原理とミニマックス原理は、それぞれ「ギャンブル」「安全策」という正反対の戦略なので、両立しないのが普通である。しかるになんと処女厨戦略は両方を満たしているのだ。処女厨は、冒険的かつ慎重な態度を体現した賢明な人物ということになる。

とくにロマン主義にとって痛いのは、マクシマックス原理に沿った立場αの存在だろう。立場αで処女にこだわる男こそ、まさにロマンチックな情熱を秘めた立派な男と言うべきではなかろうか。ロマンチックな立場αを否定して期待効用原理の小賢しさに退避した時点で、ロマン主義は自らの理念に背い

	高スペック男と結婚	結婚できない or 低スペック男と結婚
処女を守る	②	④
処女を捨てる	①	③

図表 4-4

ており、自己否定に陥っていた。そもそも「合理的な選択」というのは、ロマン主義者には最も似合わぬお題目なのである！　ロマン主義者こそ、たとえ非合理的であっても処女厨を貫くキャラであるべきではなかろうか。シンデレラのような気立てのよいA級処女の属する五パーセント領域に賭けるのが男のロマンではなかろうか。

こうしてロマン主義は自滅する。

♥

しかし諦めるのは早い。視点を変えることで、非処女擁護論を復権させられるかもしれない。すなわち、女の視点から優越原理・期待効用原理の図式を描いてみると、また別種の非処女擁護論を展開することができそうなのだ。

「愛欲も性欲も好奇心もあるのでセックスしたいと思いつつ厳しく躾けられたためにまだ踏み出せないでいる、若い魅力的な処女」を想定しよう。処女厨が最も処女のまま保ちたいターゲット層の女である。

彼女は、魅力的な男（ただし自分と結婚しないだろうという予感のする中スペック男）とのデートで、それなりの雰囲気になってきたのを感じている。もっと楽しくなるために、彼の誘いに乗って流されてみるべきか、親の言いつけに従って思いとどまるべきか、迷っている。そのとき、無意識に彼女の中では図表

4－4のような損得計算がなされているはずだ。

今この瞬間のいい雰囲気を壊したくないし、彼と長くいっしょにいたい欲求も強いし、思い出を作りたいし、何より彼の欲望に応えたい。なので、今セックスをする方がしないよりも望ましい。他方、彼女には結婚願望があり、高スペック男と結婚して専業主婦になれれば最高と考えてもいる。

そうなると彼女にとって最もいい人生は、今セックスして恋愛を謳歌し、かつ今の彼氏よりも高スペックな男と結婚することだ。ただし、短期的な婚前セックスの快楽より、長期的な安定した結婚生活の方が価値が高いと思っている。したがって、彼女の中で優先順位は①＞②＞③＞④となる。

彼氏に体を求められている今、どうするのが賢明か？

優越原理は次のようにアドバイスする。「君の人生は、これから、『高スペック男と結婚』となるか、『結婚できないor低スペック男と結婚』となるか、どちらか一方だ。前者の勝ち人生の場合、①か②であり、①＞②。後者の負け人生の場合、③か④で、③＞④。どちらにしても、『いま処女を捨てる』の方が勝っているじゃないか。場合分けを尽くしたのだから、他に考慮すべきことは残っていない。いずれの場合も『処女を捨てる』が賢明ってこと。迷うことはない。さあ、今の彼の要求に応じよう！　将来なんてどう転ぶかわからないんだから、楽しめるときに楽しめ！」

期待効用原理のアドバイスは正反対だ。「高スペック男ほど処女厨だから、処女を守れば高スペック男と結婚できる確率が高まるぞ。ここで処女を捨てたら、運命の男に出会ったとき必ず後悔する。ライバルが処女だった日には勝ち目がないからな。真剣な婚活市場で安く見られたいのか？　低スペック男につきまとわれたいのか？　つまり②か③が起こる確率が圧倒的で、①と④は無視していい。すると②

＞③なのだから、処女を守れ。ここは断れ。流されるな。純潔の覚悟を彼氏にわかってもらえ。本当に愛する、信頼しあえる結婚相手が現われるまで自分を大切にしろ！　その方が幸せになれる！」

どちらのアドバイスに従うのが賢明だろう？

さしあたり、期待効用原理の方に説得力を感じる人が多いのではないだろうか。一時の快楽に負けて長期的な計画、努力、蓄積をおろそかにする者は、究極の勝利に値しない。これが学校教育から社会倫理に至る全人類共通の常識だ。「自己を律することのできる者」が幸せになる権利を勝ち取る。

……もっともだ。期待効用原理に軍配を上げたくなる。

だが、ここで注意すべきは、「②か③が起こる確率が圧倒的に高い」という判断が成り立つのはなぜか、ということだ。もちろん、「高スペック男の大多数が処女厨だから」というのがその理由だった（正確に言うと、「男は大多数が処女厨で、その本音を実現した結婚を狙えるのは高スペック男だから」）。しかしこの理由づけは、男は処女厨で当然、という敗北主義的な前提に依存している。「②か③が起こる確率が圧倒的に高い」という現実があるにせよ、「そのような現実の容認が妥当かどうか」が論点なのだ。もし「妥当でない現実」なら、それを変えよう、というのが、非処女擁護論のポイントなのだ。

不当かもしれない現実に譲歩して、目下の快楽を諦めるべきなのか？

やみくもに快楽を自制して「自己を律する」こと自体にはなんの美徳もない。哲学書を読みたいのをあえて我慢するとか、絵を描きたいのを我慢するとかには、自制心は発揮されていても全然称賛すべき点はない。セックスを我慢することだってそうだ。どうして称賛されるべきなのか。「男の一方的な性欲に迎合するまい」ということなら処女の高潔さを示すとも言えるが、期待効用原理の思惑は「男の処女厨傾向に迎合しよう」という俗っぽい打算にすぎないではないか。処女厨傾向への迎合が、男の性欲への迎合に比べて、より「自制心を保った」称賛すべき態度であるなどという保証はない。

♥

そこで、**「自然主義」**と呼ぶべき非処女擁護論が登場する。「セックスは本能の謳歌である。自分の性欲、あるいは相手の性欲への共感は。なのに、小賢しい結婚戦略によって本能を抑える打算的な女が処女を守る。非処女は、そうした策謀をめぐらさなかった素直な女だ。損得勘定を超えて、そのつど現在の愛に生きることができたのだ。現在を大切にできない者が、本当に将来を大切にできるのだろうか。いずれは現在になる将来を。たえず現在を大切にしていく非処女の生き方こそが正しい」

たしかに恋愛は、損得勘定を超えた人間関係だからこそ価値がある。利害に囚われぬ行動こそが、現在を変え、未来を変える。古い硬直した無意味な道徳をも変えてゆく可能性がある。自然主義の主張はもっともだ。

ただし自然主義を貫くなら、若い頃肉体関係を謳歌したために結婚できなくなるという帰結に陥ったとしても、本望だとしなければならない。後悔したり嘆いたりしてはならない。処女厨たちもまた自然な本能に従っているのだから（これは先ほどロマン主義に対して提示された自己反駁的批判と似た論点である）。しかも、「好きな人とはセックスする」というのが、「セックスは結婚相手のためにとっておく」という長期計画に比べて、「損得勘定を超える行動」なのか、「ただの刹那的行動」なのかははっきりしない。

いっそのこと、②>③という前提そのものを捨てる立場もありうるだろう。つまり、高スペック男との結婚、低スペック男との結婚、非婚、その三つを一律に順位づけることなどできない、という立場だ。もし女が一般にこの立場をとるならば、高スペック男の好みに気兼ねする必要などなくなる。妊娠や性病のリスクを考えて慎重になる女は依然として多いだろうが、それ以外には処女を守るメリットはない。セックスしたい女はすればいいし、したくなければしなきゃいい、というだけだ。はっきりと優越原理の方が正しい行動原理となる。

高スペック男との結婚を望まない、という生き方は、専業主婦志向を脱して、女自らが経済力を持つ、という生き方に代表されるだろう。実際、処女厨の言説には、次のような言葉が散見される。

「女性だけに貞操を求めるの？⇒あくまで少しでも男性に依存しようとしている女性に対してです」(http://okwave.jp/qa/q7835334.html)

「若いうちにＤＱＮ同士で結婚する女性ならまだ筋が通っています」(http://detail.chiebukuro.yahoo.co.jp/qa/question_detail/q10114268280)

男が処女厨傾向を脱するのが先であるべきか、女が高スペック志向を脱するのが先であるべきか……それぞれの初期条件が女の本能的好み、男の本能的好みに根差しているだけに、どちらの「解脱」も、社会の変化が相当進まないと不可能だろう。ただし、相対的にどちらの解脱が起こりやすいかは予測できる。

そう――、男が処女厨傾向を脱する方が起こりやすいだろう。

女が高スペック志向または安定収入志向（年収厨）を脱するのは当分無理だろう。

その証拠に、女の高スペック志向は今もって公然と語られるが、男の処女志向の公言はすでにタブーである。タブー化されると、少なくとも意識に浮上させないよう自己防衛する男が増える。それによって本当に意識から消えてゆく。実際に、処女厨は特殊な例外であって自分はそうでない、と信じている男は多い。

本音が言えないということの事情は、処女厨を消去する重要な環境要因となりうる。インターネット時代の到来とともに処女厨の反攻が始まっているが、ネット社会の熟成とともに、ネットからも処女厨言説が消えてゆくこともありうる。対して、女の年収厨発言が消えることはないだろう。

男の処女厨傾向が消えるほうが、女の年収厨傾向が消えるよりも容易である理由には、もう一つ重要なものがある。「非処女に比べたときの処女のメリットは、低スペック男に比べたときの高スペック男のメリットほどには明確でない」という事実である。高スペック男は低スペック男に比べて、家庭への経済的貢献が高いというプライベート要因だけでなく、社会にとって生産性が高いという美点を持つ。つまり高スペック男は、概して低スペック男よりも、社会に望まれる人材なのである。社会的貢献度が給与などに反映される資本主義経済システムの中では、これは必然的な相関関係だ。そして、社会的に望まれる人材の方をより好きになる、という嗜好は、それ自体社会的に望ましいだろう。つまり、女の高スペック志向は、社会的に望ましい嗜好として世に認められ続ける可能性が高い。

それに対して、社会的に非処女より処女の方が望ましい、という根拠はない。プライベート要因としては、これまで見てきたように、処女の方が浮気しにくいとか、規範を守るとかいったメリットが確かにあった。しかし、父子DNA鑑定によって子どもとの血縁を確認できるようになった今日では、妻が浮気したとしても夫が被る実害を防止することが可能となっている。つまり、これまでは配偶者に不倫されたときに被る害が夫妻で非対称的だったため、妻の不倫だけを一方的に責めるべき理由が醸し出されていたが、その理由も消滅した。今や不倫の罪も男女平等になりつつあるのだ。

すると、プライベート要因としても、処女の方を非処女よりも高く評価する理由はなくなりつつある。夫が血縁のない子を知らずに養わされる危険がテクノロジーの発達ゆえ消滅したことにより、女の貞操の価値が、男の貞操の価値と同程度に低下したのである。

♥

このことをふまえると、父子ＤＮＡ鑑定の普及が男女平等の一つの鍵となりそうだ。避妊法の普及につれて男の処女偏愛傾向が世界的に低下しているが（バス、2000, pp.115-6）、これは女の性体験が「他の男によって妊娠させられている」疑いに必ずしも直結しなくなったからだ。父子ＤＮＡ鑑定は、この流れを完成させる。妻がいかに奔放な性生活をしていようとも、夫は「自分と血縁ある子どもを持つ権利」が保証されるのだから。

フェミニストが父子ＤＮＡ鑑定に反対しているのは皮肉である。性的自由の男女平等を勝ち取るためには、父子ＤＮＡ鑑定規制はハッキリ逆効果だからだ。配偶者の不貞で被る実害が夫婦非対称だからこそ、社会倫理は女の不倫可能性ばかりを過大視し、女の性的自由を束縛してきた。なにより女自身が束縛を内面化し、不倫女に厳しく当たってきた。不倫妻は、不倫夫よりも深刻な罪悪感を抱かされた。ここで父子ＤＮＡ鑑定が一般化すれば、男が一方的に騙される非対称性が消滅する。男女の「不倫の自由」または「不倫の罪」も同等になる。女の性的自由が完成するのである。

ただし、父子DNA鑑定が商業的私企業にお任せの高価なオプションである限り、性的平等は実現しにくい。あえて父子DNA鑑定に固執する夫は「妻の不貞を疑っている」とされて、夫婦間に気まずさが生じかねない。現にそういう問題（疑惑は解けたが相互信頼が失われて離婚、など）が起きている。DNA鑑定が法律で一律義務化されれば、その問題も解決する。義務であれば、夫は「自分は妻を信頼しているのにしぶしぶ従っているのだ」という建前を保つことができ、夫婦の信頼関係は失われずにすむだろう（ちなみにDNA鑑定は赤ちゃん取り違え事故の防止になるので、母子関係の確認としても有益である）。

DNA鑑定が義務化されてもなお、妻の不貞可能性を責める夫がいたら、その夫は当然、妻と同等の貞操を守る義務を負うことになる。もはや不貞行為によってどちらが受ける被害可能性も同等だからだ。これが本当の性的平等である。

このように、女の不貞のリスクが過大視される動機がなくなれば、非処女は非童貞と変わらぬ評価を受けるようになるだろう。つまり肯定的評価が受けられるだろう。処女厨は単に趣味の問題となり、八重歯フェチや静脈フェチがいるように処女フェチというのもいる、という程度に見られるようになるだろう。「妊娠してなきゃ処女も非処女も同じ」という**「ミニマリズム」**の価値観が普及するだろう。物理的実害がなく、気の持ちようで対処できることならば、とやかく言わずにすべて許容しよう、というミニマルな（最小の）生活観である。マイルールやこだわりを必要最小限に切りつめるのだ。

ミニマリズムに従った生活スタイルが一般化すると、処女への男の偏愛はますます抑えられるだろう。他方、女の年収厨は消えそうにない。なぜなら、物質的富が関わる問題として、生活水準がかかっているからである。つまり女の側からの高スペック男への偏愛はそのままで、男の側からの処女への偏愛だけが消滅していくだろう。ただし、非処女への偏愛へと逆転する可能性は考えにくい。男の本能のデフォルトが処女好みだからである。遊びは非処女、結婚は処女という漠然とした傾向は残るだろう。しかしそれは本能の残り火というか、余熱としての無意味な傾向だろう。ミニマリズム価値観のもとでは、現在の処女厨の世界の中で処女膜フェチが占めるのと同程度のマイナーな地位を、性愛の世界で処女厨が占めることとなるだろう。

「実害なければすべて許容」のミニマリズム性道徳のもとでは、本能が好むから、嫌うからという理由づけは通用しなくなる。ミニマリズムの最小倫理で動く社会というのは、男女の配偶者選択の望みに対して非対称的な構造を持つ。女の年収厨は、物理的利害に関係するので本能的善として許容され奨励され続けるだろう。産前産後休業・育児休業が完備されたとしても、女は就業の中断によって業績面で男に後れをとり、昇進等が遅れ、男と対等になりにくいという現実がある。業績査定がフェアであればあるほど、そして企業が普通に利潤追求すればするほど、男女の収入格差は縮まらない。とすれば、女としては、専業主婦その他の多様な可能性を自ら確保しておくため、年収厨の本能に従ってなるべく経済的に安心な男を求める戦略が理に適っている。防衛本能からして当然だ。

他方で、ＤＮＡ鑑定が普及すれば女の非処女化どころか女の不倫でさえ男に特有の物理的実害をもたらさなくなる。すると、男の処女厨は擁護できなくなるし、得でもなくなる。つまりミニマリズム社会は、今の社会よりも男の道徳的クレーム権が縮小される社会となるだろう。

ただし、もしも性道徳における処女厨本能を反転させたような女の性的本能があるとすれば、その本能をもミニマリズムの社会は制限することになるだろう。「実害のない」ところで男が過剰反応しているのが処女厨だとすれば、同じく「実害のない」ところで女が過剰反応している分野があるかもしれない。そして実際にある。

それはどのような分野だろうか？

ミニマリズム社会で女の道徳的クレーム権が縮小されるとすれば、それはどの分野なのか。

そう――「減るわけでもない」ものを守ろうとして女が躍起になるのを、ミニマリズム社会は牽制するだろう。DNA鑑定時代に処女を守らせるのがナンセンスだというのが処女厨批判だったが、同じように、「処女を守る権利に象徴的に繋がるような女のこだわり」が、現在ほど尊重されなくなるだろう。

つまり、第1章終わりで見たような、現実に非処女を生理的に受け入れられない男にも「実害はないから」と受け入れを求めるのがミニマリズム社会だ。ならば、女の側の同種の生理的本能にも同様の負担が求められる可能性が出てくる、ということである。

それは女のどのような生理的本能か。

♥

次のような主張を考えてみよう。Yahoo! 知恵袋での m000000000009 さんの回答（三〇代女性回答者への応答。2014/1/31 02:14:34）。

処女と童貞の価値が一緒と言っていますが、違いますよ。

なぜ女性は女性専用車両や強姦罪などで守られているのでしょう。男性より大事な体と思われているからでしょう。

これを一緒というなら、女性専用車両などいりませんよね。あなたが痴漢にあった時も男性がされた時のような軽い罰しか与えられなくても文句言えませんよ。だって一緒なんだから。

(http://detail.chiebukuro.yahoo.co.jp/qa/question_detail/q10120264940)


昔は大目に見られていた痴漢やセクハラは、近年、大いに取り締まられるようになり、女の身体が大切にされるようになってきた。それに反して、女自身による身体の性的侵害（婚外セックス）への規制は緩くなってきた。ともに心理的に捉えて「女性の自己決定権」の伸張と捉えれば矛盾はない。しかし身体的に捉えて、物理的侵害をどれほど許容するか、という点から見ると、近年の性犯罪厳罰化と、フリーセックス傾向とは、たしかに矛盾するように感じられるのである。「物理的実害にかかわらず女の身体をどれほど特別視し保護するか」の問題として共通しているからだ。

すでに第1章末尾で痴漢の例を出して論じたことがあった。ここで改めて、痴漢と非処女妻の構造を比較しながら整理してみよう。

ミニマリズムに従えば、「減るもんじゃない」事柄については、男も女も譲り合うことが求められる。たしかに、非処女と結婚したからといって、すでに他人の子を身ごもっているようなことさえなければ、男は文句を言う筋合いはない。非童貞と結婚した女が文句を言ったりしないのと同様だ。ならば……

「……気の持ちようだな。電車の中で尻に触られたからといって、妊娠の危険はないんだから、条例や刑法に訴えるほどのことでもない。イヤだったら払いのけるか、声を上げればいいだけだ。猥談レベルのセクハラや、密かになされる痴漢行為は、物理的な実害を被害者にもたらしゃしない。だから大袈裟に騒ぎ立てるのはおかしい。痴漢冤罪で職を失う犠牲者を出す方がよっぽど問題だよ。職を失ったら実害も実害、物理的大損害だからね。妻が非処女なくらいでぶつぶつ言って結婚生活不愉快にしちゃ本末転倒だろ。実害ない非処女を責めるなよ。それと同じ。実害ない痴漢なんてむやみに逮捕するなよ。誤認逮捕は怖いよ。尻をちょこっと触られる不快感と、懲戒解雇で路頭に迷う物理的損害とは比べものにならないからね」

これは屁理屈のように聞こえる。非処女と痴漢を同列に扱うなど筋違いも甚だしい、と。

しかし、処女厨問題の原点、すなわち婚前セックスの敷居が下がった風潮に目を戻してみよう。「やり逃げ」を嘆く女の悲しみと、痴漢された女のショックとを並べてみよう。いま見た「屁理屈」も、構造的にはそれほどの暴論ではないことがわかってくる。

婚前セックスの権利を女が安易に行使する傾向は、女が自らの身体的純潔を軽視するようになってきた証拠である。女が自分の身体的純潔を軽視するばかりか、その軽視傾向がマスコミ的に推奨されてきている。にもかかわらず、女への身体的侵害行為の厳罰化は進んでいる。痴漢で逮捕されただけで、まだ裁判の結果も出ていないのに問答無用で会社をクビになる、というのが常識になっている。そのような「女の身体的純潔の過度の重視」が、女自身による身体的純潔軽視傾向と矛盾していることは明らかだ。

女自身の意思でない性犯罪被害と、自由意思による婚前セックスを同列に扱うな、という反論がありうるだろう。しかしその反論はあまり意味がない。殺人と自殺を同列に扱うな、という言い分と同じだからである。個人の生命が尊重される平和な社会では、生命軽視の社会でよりも、殺人の問題は重大視されるし、自殺の問題も重大視される。同様に、純潔が尊重される社会では、尊重されない社会でよりも、性犯罪は重大視され、婚前セックスも重大視される。逆に言えば、ミニマリズム社会では、現在の社会でよりも、婚前セックスは問題視されず、（物理的被害のない）性犯罪も問題視されなくなるはずである。

現在の社会は、婚前セックスへの問題視が薄れる反面、（物理的被害のない）性犯罪の問題視が強まっているという、ねじれ現象が進行していると言えるのだ。このような論理的ねじれを指摘したものとして、「非処女・痴漢同一視論」は傾聴に値する。少なくとも、「痴漢を合法化しろ」という暴論としてでなく「痴漢に対して現在科せられている社会的制裁は緩和されるべきだ」という主張として読めば、ミニマリズムの最小倫理の枠内では十分理解できる理論となりそうだ。

「非処女妻との結婚と、痴漢被害とでは、構造は同じかもしれないけど設定が違いすぎてピンとこないよ！」という人もいるだろう。もっともである。そこで、もう少し似た例で比べてみたい。「過去の挿入へのこだわり」という点で似た例――レイプ被害のトラウマによるＰＴＳＤ（心的外傷後ストレス障害）を考えよう。

♥

非処女との結婚を、処女厨があたかも現在の被害であるかのように投影している。つまり、「女が過去に経験した挿入」を「他者からの現在の挿入」であるかのように投影して苦しんでいる。そんな具体例をいくつも見てきた。それらと同じく、レイプ被害者の中には、過去のことを現在のことのように感じ続ける人たちがいる。すでに終わって物理的痕跡もない性的被害について、まるで現在なお暴力が続いているかのように、記憶によって頭痛や吐き気にいつまでも悩まされることがあるのだ。

そのような後遺症――PTSDに苛まれる女を「そんな無駄なことに悩むなんて」と責めるのは酷だろう。セカンドレイプに等しいだろう。彼女にとっては、現在のことのように生々しいのだ。そのPTSDも、レイプ犯が犯した罪に数えられるべきだろう。同様に、挿入という身体的侵害を自ら進んで受け入れていたという妻の過去に苛まれている夫を、「そんなことにこだわるなんて、器が小さいね」と嘲るのは酷ではないだろうか。彼にとっては、現在不倫されたかのように生々しいのだ。過去の性行為は妻の「罪」に数えられるべきだ。……処女厨の主張を代弁するとそういうことになる。

対して、「どちらも気にするな」と諭すのがミニマリズムの最小倫理である。

処女厨とミニマリズムは、PTSDに対する態度は正反対だが、「非処女問題とレイプ問題とは同列に扱うべし」という点では一致している。

二つの問題の構造がいかに似ているかを確認するために、対照表（図表4－5）を描いておこう。第1章で触れたラディカルフェミニストの標語「すべてのセックスはレイプである」を思い出しながら見ていただきたい。

非処女との結婚もレイプ被害のPTSDも、どちらも女体の侵害に関わっている（A、B）。ただし当

被害者	夫	レイプ被害者
加害者	非処女妻	レイプ犯
症状	処女厨	PTSD
A 加害行為	婚前セックス	レイプ
B 加害行為の意味	夫以外に体を侵害させたこと （夫が望まぬ挿入）	女の体を侵害すること （女が望まぬ挿入）
C 現在の物理的被害	なし	なし
D 被害者の「合理的な」態度	気にしない	気にしない
E 侵害された本能のモデル	不倫の黙認	現在のレイプ甘受
F 錯覚の原理	時間的投影（過去→現在）	時間的投影（過去→現在）
G 物理的被害のモデル	托卵 （知らずに他人の子を養育）	望まぬ妊娠、病気感染
H 侵害される権利	財産権	自己所有権
I 許すことによる可能的被害	将来の寝取られ確率上昇	レイプへの警戒態勢弛緩
J 可能的被害の防止策	父子 DNA 鑑定の法制化	緊急避妊・事後避妊の 確実化

図表 4-5

面の物理的被害はない。どちらも過去の出来事であって、現在なんらかの物理的侵害や権利侵害を被るわけではない（C）。なので、最も合理的で精神衛生上よいのは、「気にしない」ということだ。一切無視できれば、何事もなく済む（D）。

しかし、意識は合理的であろうとしても、生理的本能が拒絶する。非処女妻に対して夫は、まるで現在不倫されたかのような裏切られ感を抱く。過去の婚外性行為を現在の婚外性行為へと置き換えて思い描いてしまうのである。同様に、レイプの記憶を持つ女は、過去の暴力を現在の暴力へと投影し、想像し、体が錯覚して強い不快感に襲われる（E、F）。

妻に不倫されること、見知らぬ男にレイプされることが、どのような被害をもたらすかは説明の必要もない（G）。自分の稼いだ金をどう使うかという財産権、自分の身体を自分でコントロールする自己所有権がそれぞれ侵害されるのだ（H）。現実には非処女妻の夫は不倫妻の夫ではなく、血の繋がらない子に財産を投資させられてはいないし、レイプ被害者は現在レイプされているわけでなく、これから望まぬ妊娠を強いられる怖れもない。それが理性ではわかっていても、体はわかっていない。本能的生理的に、不快の感情に飲み込まれてしまう。

それだけなら、「ただの不快感だ、我慢しよう」と言い聞かせることもできる。しかし問題はＩである。不快感に堪え、トラウマに慣れ、過去を完全に受け入れてしまうと、これから本当の物理的被害が降りかかる確率が高まるのである。

非処女妻の過去を許容し、警戒を怠っていると、ちょっとしたきっかけで不倫されてしまうかもしれない。「結婚に結びつかないセックス」という前歴がある非処女妻は、処女妻に比べて不倫確率が高いことは統計で実証されている。元彼との出会いの可能性も危険だ。過去へのこだわりをなくしてしまうと、夫は気がゆるみ、妻の不倫に気づかない可能性が高まる。あるいは、妻の過ちを未然に防げたはずの簡単な措置を怠りかねない。

ＰＴＳＤも同様である。過去を寛容にやり過ごせれば精神衛生上はいいだろうが、副作用として、身体的侵害を軽視する傾向を生む。性犯罪者に「いいカモ」として繰り返し狙われ、再びレイプに至るかもしれない。抵抗する反射神経が鈍って、いざというときに防御態勢がとれなくなるかもしれない。

このように、非処女妻を持って平静でいることは、過去のレイプ被害を心穏やかに受け入れるのとまったく同型の「不利」なのだと言える。同種の実害が将来繰り返されるのを防ぎにくくするからだ。したがって、情緒的に取り乱すくらいが正しい。「被害対策」が完備すれば（Ｊ）物理的実害の重要性は限りなく小さくはなるが、それでも被害者は被害感情をゼロに抑えるのが合理的ということにはならない。こう考えると、〈非処女との結婚〉は、〈過去のレイプ〉と同型の被害ということになり、処女厨は正しいことになるのである。

これは、「非処女はレイプ犯と同程度の罪を負った存在だ」という意味ではない。あくまで、「非処女妻の夫：過去へのこだわり＝レイプ被害者：ＰＴＳＤ」という同型関係が成り立つということに他ならない。あるいはもっと露骨に「非処女妻：処女厨＝レイプ犯：ＰＴＳＤ患者」という同型関係。婚前セックスとレイプという違いはあるにせよ、ともに、「女体への挿入という重い出来事は、現在進行形の実害がないからといって現在への物理的影響ゼロと割り切ってはならない」という反ミニマリズム倫理がそこに働いているのである。

「物理的実害がないから」という理由でミニマリズムの最小倫理を採用することから、何が帰結するか。それを実演した議論を見てきた。不快感以外の目立った実害がないからといって非処女との結婚に対する処女厨的反発を却下することは、ＰＴＳＤ患者に心ない批判を投げつけることと同じだ、ということである。その等式は正しいだろうか。正しくない？　しかしミニマリズムを真剣に採用すると、「非処女妻：処女厨＝レイプ犯：ＰＴＳＤ患者」という等式が成立してしまうのだ。ということは……、ミニマリズムは却下されるべきなのだ。

……という「背理法」として、以上の議論は読めるのである。決して「非処女はレイプ犯と同程度の罪を負った存在だ」という暴論だったわけでないことがおわかりいただけただろうか。暴論を導き出すようなミニマリズムは肯定できないことを示した**「背理法」**だったのである。

念のため確認すると、背理法とは、ある仮定から不合理な結論を導いて、その仮定が偽であることを証明する間接証明法。「非処女妻：処女厨＝レイプ犯：ＰＴＳＤ患者」という不合理な結論を導いてしまったミニマリズムは、偽であることが証明されたというわけだ。ただし、「非処女妻：処女厨＝レイプ犯：ＰＴＳＤ患者」は不合理でなく真っ当な見方だという人は、ミニマリズムを受け入れることができる。その人は、処女厨の強力なシンパであるか、ＰＴＳＤ患者に対する社会的同情を共有しない冷厳な人か、どちらかだろう。

なお、レイプではなく完全に合意のセックスによって処女喪失したのに、ひどく後悔し、自責の念でトラウマ化させている女も珍しくない。２ちゃんねるの「20年間守ってきた処女ドブに捨てたけど質問ある？」（http://hayabusa3.2ch.net/test/read.cgi/news4viptasu/1360111883/）はその種のスレッドにしては誠実なレスを多数呼び込んでおり、多くのまとめサイトに転載されている（ありふれた「やり逃げ」ではなく、逆に女本人が「電話とメールあったけどスルーした／また連絡きたら拒否設定しようと思ってる」という事例である）。

さらに極端な場合は、初体験の相手と別れておらず「彼のことは大好き」であるのに、一年前の初セックスについて「罪悪感と後悔で押しつぶされそうになり、胸が苦しくなって、怖くて怖くて」という女もいる（http://detail.chiebukuro.yahoo.co.jp/qa/question_detail/q1321341003）。

このような女たちの「後悔」「トラウマ」を嘲ることなく同情的に受け止めるべきだとするなら、ますます処女厨の心理も正当化できることになるだろう。

♥

性的被害の認定範囲が広がりつつある衛生的な反セクハラ社会では、ミニマリズムが普及する見込みは薄い。いかなる婚前セックスも潜在的に「やり逃げ」であり、論理的潜在性が心理的被害へと浮上するかしないかは偶然である。そのことをふまえると、女のトラウマ的経験を我が痛みとする処女厨の感性は、密かに全女性の共感をも誘いかねない説得力を持ち続けるのだ。

こうしてミニマリズムは、成り立ちがたい立場であることがわかった。煎じ詰めれば二点において成り立ちがたい。すなわち、「物理的被害がないなら気にしない」という境地に達することのできる人は少ないこと、そして、その境地に首尾よく達したとしても、まさにその到達が原因で「物理的被害がない」という前提がひっくり返る可能性が高いこと。その二点においてである。

ミニマリズムは困難であるとともに、自己否定的なのである。

このような問題を孕みながらも、ミニマリズムは、将来的に男女の感性が進化してゆくべき方向を指し示しているかもしれない。そのためには、女の経済的自立の法的支援、父子ＤＮＡ鑑定の制度化など、男女平等世界達成のために越えるべきハードルがいくつかある。将来、処女厨がまったく正当化されなくなる可能性については、次章で論じよう。少なくとも現在の処女厨を批判して非処女を擁護するには、ミニマリズムは正論かもしれないが非現実的な主張にとどまるだろう。

第5章　×♀厨の政治哲学　外在的批判を探る

前章で、非処女擁護論を①処女と非処女の違いを無化または縮小する消極的擁護論、②非処女のメリットをアピールする積極的擁護論、の両面から眺めてきた。

そのどちらもが、処女厨への有効な批判となっているとは言いがたい。そこで最後に、三番目のカテゴリを見ることにしよう。①や②と違って、この三番目の諸理論は、処女厨の言説や感性が正しいかどうか、つまり処女の方が非処女より優れているのかどうかという原理論について発言するのではなく、「処女厨であることは不利である、愚かである、損である」等々の政治的観点から処女厨批判を展開する。処女厨の価値観そのものでなく、「処女厨であること」の反‐価値を説く。処女厨の主張内容ではなく姿勢を批判するのだ。①②が、処女厨への内在的批判（意味論的批判）だったのに対し、今から見る批判は、外在的批判（語用論的批判）と言えるだろう。

換言すると、理論的な批判ではなく「政治的な」批判を試みるわけである。

処女厨への外在的批判をまず列挙しよう。これらは、「男がリアル社会で処女厨的本音を口にすることがほとんどないのはなぜか」を説明する理論でもある。言い換えれば、処女厨的本音を安易に語るような男になってはいけない、という戦術的考慮からのアンチ処女厨論である。

・**パターナリズム**「処女厨がばれるとますますモテなくなるぞ！　男にも嫌われるし」

・**表出主義**「ほんとに愛してれば彼女が処女かどうかなんて瑣末なこと。処女にこだわるのは、おまえ自身の愛が足りないことを公言するも同然で、恥ずかしいことだぞ！」

・**投影主義**「別れたい本当の理由があるんだろ。それを認めたくないから非処女を表向きの理由にしてるんだろ。よくないぞ、そういう不正直な態度は！」

・**契約説**（ＯＥＯ主義）「当然おまえも童貞なんだろうな？」

・**平等主義**「処女厨は男尊女卑の差別主義者だ。女にばかり性道徳を押しつけて！」

・**義務論**（普遍化可能説）「処女をそんなに尊重するなら、当然おまえは処女とヤッて放流するような真似してないよな。処女厨の同志に対する裏切りだぞ！」

・**自由主義**「処女って、性を抑圧する政治制度に服従する奴隷だろ。そんなものを応援する処女厨は反動的な意気地なしだ！」

・**ポストモダニズム**「女にガード固めさせせんじゃねーよ。自分にチャンスがないからって人のチャンスも潰そうとしてやがる。嫉妬とルサンチマンに駆られた道徳主義者めが！」

・**逆説的禁欲主義**「人が言えない本音を身も蓋もなく言ってんじゃねーよ。腹立つな〜！」

・**事なかれ主義**「無駄に波風立ててんじゃねーよ。寝た子を起こしやがって！」

・**現実主義**「処女を美化しすぎ。高潔な聖女だとでも？　結婚したら失望するぜ！」

・**啓蒙主義**「もしかして処女って稀少種だと思い込んでないか？　世間知らずだなあ、処女なんてうようよいるよ。普通の女たちだよ」

・**エリート主義**「貞操観念が失われた世相だからこそ、〈本当の処女気質の女〉が目立って万歳じゃないか。性が乱れれば乱れるほど、耐え続けた純潔女が真の女だと保証されるのさ」

・**ニヒリズム**「女房が非処女の方がいいぞ。罪悪感なく浮気できるじゃん！」

・**連続主義**「処女と非処女って分け方にあんまり囚われすぎてると、もっと重要な区別が見えなくなっちゃうかもしれないぜ！」

・**社会構築主義**「処女厨が男の本音だって？　本能だって？　かりに現在はそうだとしても、いつまでもそのままだと思うなよ。すぐ時代遅れになるぞ、恥ずかしいぞ！」

これらのほとんどは、すでに本書の各所で述べたことによってその誤りが仄めかされているように思われる。しかし本当に誤った批判なのだろうか。一つ一つ確認していこう。

♥

まず**パターナリズム**（「嫌われるぞ」）はどうか。「処女厨は嫌われるものである」という現実を肯定した上で、「そうあるべきである」と規範化しているわけだが、それは論点先取である。「処女厨は嫌われるべきものかどうか」がもともとの問題なので、頭ごなしに世の風潮を引き合いに出しても、アドバイスにはなっても議論にはならない。世の風潮に従うのが正しいということなら、倫理は必要なくなるだろう。

のみならず、パターナリズムは自己破壊的である。たとえば「ヤリマンと結婚したくない」という趣味を持つ男は、無理もない趣味だと容認されるだけでなく、支持と共感を得る風潮があると言える。するとそこからパターナリズムにより「ヤリマンと結婚してはならない」というお節介な道徳が導き出される。「非処女は処女よりもヤリマンである可能性が高い」という自明の前提を加えると、「非処女と結婚してはならない」というさらにお節介な道徳が正しいことになる。以上を総合すると、パターナリズムの結論として「処女厨は正しいが、嫌われるべきである」という、倒錯した命題が導き出されてしまう。パターナリズムゆえに。つまりパターナリズムは、単なるアドバイスとしてすら辻褄の合わない教唆になりがちなのだ。

「世の風潮」がよいとは必ずしも認めないが、処女厨の身のためを思って「世の風潮に逆らうのは損だ」と忠告するタイプの**「穏健なパターナリズム」**なら問題ないかもしれない。しかしこれは別種の矛盾を呼び込む。

自分の好みを表明するタイプの実存的処女厨やゲリラ処女厨に対してなら、パターナリズム的処女厨批判はそれなりの忠告になっているかもしれない。ところが処女厨にはもう一つ、「啓蒙的処女厨」の側面があるのだった。処女に対して「非処女になると婚活で苦労するぞ」と諭すタイプが啓蒙的処女厨である。啓蒙的処女厨も、そのスタンスはパターナリズムであると言える。啓蒙的処女厨というパターナリズムを、パターナリズムで批判することができるのだろうか。

啓蒙的処女厨に対して「嫌われるぞ」と諭すパターナリズム的批判は矛盾に陥る。なぜなら、処女厨自身がパターナリストとして「非処女は嫌われるぞ」と諭しているのであり、その姿勢はまさに批判者自身の「処女厨は嫌われるぞ」と同型のアドバイスであるからだ。啓蒙的処女厨へのパターナリズム的批判は「相手への批判を正当化するために相手の姿勢を容認しなければならない」というジレンマに陥る。「『嫌われるぞ』なんて言うのは嫌われるぞ」というパラドクスにはまり込むのである。

♥

次に**契約説**（「おまえも童貞だろうな」）を見よう。この考えは、「結婚相手に求める美徳は、男女で異なる」という生物学的事実を見損じている。処女厨が自分の態度を正当化するためにOEO主義者である必要はない。すでに見たように、低身長の女が長身の男と結婚したがったり、無職の女が専門職の男を切望したりするのは、不自然でも不道徳でもない。純潔でない男が、純潔な女と結婚したがるのもまた自然なのである。のみならず、「童貞は絶対イヤ」という女も珍しくない。この非対称性は男女関係に限ったことではない。およそパートナーシップなるものは、双方に同じ能力や生活スタイルを常に要求しはしない。著者と担当編集者は、双方ともが同等の企画力と文章力を兼ね備えている必要などないだろう。むしろ適性が違っているからこそうまくいく。夫婦も同様だ。そういった一般常識から、契約説の誤りを示すことができるだろう。

契約説の言い分を個人間レベルでなく社会レベルで反復する**平等主義**（「処女押しつけは男尊女卑だ」）にも同じ批判が当てはまる。平等主義は、男女それぞれにとってふさわしい道徳が異なるという事実と、不正義な不平等とを混同している。「性交を強要してはいけない」という刑法上の掟は、男には強く課せられるが女には弱くしか課せられない。強姦罪の単独正犯として罰せられるのは男だけであり、女は対象外だ。また、売春防止法にしても、第一条に明記されたその目的は、「女子」の売春を防ぎ、女を保護することである。善悪の基準は、男女で異なるのだ。

平等主義による処女厨批判には、もう一つ重大な勘違いが含まれている。「女に処女道徳を押しつけることは、結果的に男にも童貞を押しつけることを意味する」という因果関係が考慮されていないのである。このことはネットではとっくに指摘されている。

多くの処女婚推奨派の男性達は、処女婚を推奨すればするほど、未婚の男性に童貞が増えていく、ということがわかっているにもかかわらず、処女婚を進めている、ということなのです。これは『男尊女卑』にあたるのでしょうか？　違うでしょう。

(http://detail.chiebukuro.yahoo.co.jp/qa/question_detail/q1467433124) (plasmasapphire さん　2011/8/10　4:23:12)

言われてみれば当たり前のことだが、処女厨倫理は平等主義に合致しているということである。女が婚前セックスを決して許さなくなれば、男は童貞ばかりになる――少なくとも素人童貞ばかりになるはずだ。とはいうものの、なぜ女に先に純潔を求めるのか。男が先ではまずいのか。まず男に童貞を求めるのでなく、女に処女を押しつけることばかりが熱心に説かれるのはなぜだろうか？

理由は四つある。

第一に、若くしてセックスすることは、男にとって不利益はあまりないのに対し、女にとっては不利益が大きい。妊娠の危険はもちろん、性感染症も男から女への方がその逆よりも伝染りやすい。淋菌やHPVのように、メジャーな病原体は男より女の方に癌や不妊など多様な障害を引き起こす。相手の男が病気でなくてもセックス自体が女に尿路感染症をもたらしやすい。等々……女に対しては、道徳的理由以外に禁欲の説得理由（医学、経済、精神衛生など）が豊富である。利己的な動機に訴えかける説得が最も効果的なのは自明であるため、女がまず純潔教育の対象となるのである。

第二に、女は選り好みをし、男は選り好みをしない傾向があること。つまり、素人のセックス相手を見つけるのは男より女の方がはるかに容易である。男は魅力がないと風俗嬢以外のセックス相手をゲットしづらく、童貞を脱するのが難しい。つまり、童貞道徳などあえて押しつけなくても童貞が減る心配はあまりないのである。

第三に、セックスを禁欲することも女の方がはるかに容易であること。つまり純潔教育は、女を説得対象にした方が効果が上がりやすいのだ。

第二、第三の理由と関連した第四の理由は、男が童貞を保とうとしても、女に誘惑されてしまうと脆いこと。逆に女がしっかりしていれば、男がいくら躍起になってもセックスの実現確率は低い。結婚前のセックスの有無は、もっぱら女の意思に左右されるため、どうしても男でなく女をターゲットにして純潔倫理は布教されることになるのである。

こうして、一見正義の主張のように見える平等主義は、①男女に求められる社会倫理が異なることへの無理解、②処女厨倫理が男尊女卑的な結果を生みはしないことへの無理解、③禁欲教育の効率が男女で異なることへの無理解、という三点において、間違っているのである。

平等主義的傾向の強い女子に純潔を奨める説得項目は、具体的に次のようになるだろう。

・恋愛は大いに楽しめ。あなた自身を成長させるから！

・セックスも、あなた自身がどうしてもやりたい気持ちになったなら（後悔しないと確信できるなら）、大いに楽しめ！

・セックスに気が進まなければ、遠慮なく断れ。セックスは可能性だけを餌にしてあなたが恋愛の主導権を握れ！

・それに不満で去ってゆく男はそのまま見送れ。愛がなかった証拠だから。うまく選別できてラッキーだったと思え！

・女のセックス経験人数はモテとは無関係。友だちが威張っていたら憐れみの目で見てやれ！

・誠実な男はセックスにがっついたりしない。慎重に見極めて、最高の男を捕まえろ！

・処女を守って本当に良かったと思うはず。夫として望ましい高スペック男はオクテが多くて、モテ度のわりに童貞だったりするからね！

以上七項目は、いかなる平等主義者もフェミニストも納得の戦術ではないだろうか？　結婚のタイミングは、生物学的にいくらでも先延ばしできる男が必ず主導権を握る。だからこそ、最終的に対等になるには、恋愛関係のうちは相手選びのペースで女が主導権を握らねばならない。男の性欲にやすやすと迎合するようであってはならないのである。

ちなみに、女の迎合は三種類ある。①気が進まないのにセックスに応じる。②ゴムを付けてと言えない。③イッてないのにイッたふりをする。――「ジェクス ジャパンセックスサーベイ2012」によれば、セックスでイッたふりをしたことのある女は、未婚で六七・一パーセント、既婚で六四・二パーセント。ふりをする理由は、「社交辞令（お互いが気持ちよく終わるため）」が大半のようだが、「セックスがあまり好きでないから早く終わらせるため」というものもある（大場, 2014, pp.140-2)。イク女だと思われると男にますます求められることになるので、セックス嫌いな女にとっては逆効果だ。短期的対処が長期的逆効果に繋がる点で、「イッたふり」は恋多きゆえ結婚難に陥る非処女の哀しき勘違いを象徴していると言える（なお、「感じたふり」は、古今東西、職業的娼婦の基本的なスキルだった）。

迎合が減って男女平等になればなるほど、どうやら不要なセックスが減っていきそうだ。つまり平等主義は、処女厨倫理をかえって強化する方向に作用してしまう。

♥

義務論（「おまえこそ処女とはヤるなよ」）に対しては、「処女厨の多くは実際、処女とのセックスを避けていますよ」と答えることができる。**自由主義**（「性の政治的抑圧に荷担するな」）、**ポストモダニズム**（「モテないからって道徳家ぶるな」）に対しては、「生き方が道徳や制度に合致しているということから、その動機が屈従や怨恨であるとただちに結論することはできない」と答えることができる。実際、学問や芸術の創造活動に努力する人について、「あいつらは学芸を奨励する政治体制の奴隷である」「学芸と関係ない娯楽や遊興に明け暮れる人々への嫉妬や恨みから娯楽の価値を貶めようとしている道徳主義者だ」などと批判しても、誰も感心しないだろう。

現実主義（「処女を美化しすぎるな」）は、もっともなことを述べているようだが、だからといって非処女と結婚すれば理想的結婚生活が確保されるとは限らない。むしろ非処女との結婚の方が、処女の美化・理想化が一生未体験ゾーンに祭り上げられたまま、後悔の形をとって残る可能性が高い。つまり、美化された理想に従わなかったばかりに、かえって理想の幻に囚われてしまうことも多いだろう。どうせなら処女厨的こだわりを実現させて失望した方がはるかにましである。そして**逆説的禁欲主義者**（「ドヤ顔で本音言いやがって」）は、自らが隠れ処女厨であることを告白しているにすぎない。率直に自分も声を上げればいいだけだ。

事なかれ主義者（「寝た子を起こすな」）も自分自身が処女厨なのだが、逆説的禁欲主義者のような私的観点ではなく社会的意識を持っている。処女厨言説を公にすることは世の中を不穏にするだけで利益がないと意識しているのだ。しかし利益がないかどうかはやってみないとわからない。現に処女厨発言が女の性行動を変えかねない勢いを得ている現状を目にして、あくまで沈黙を守ろうとするのは、頑固な敗北主義と言うべきだろう。

♥

対して**啓蒙主義**（「処女の稀少価値を崇めているなら勘違いだぞ」）は、かなり適確な指摘である。処女厨の多くは、処女を実際より稀少な存在として珍重しすぎる傾向があるからだ。アンチ処女厨からの「今どき処女なんて希少種」といった揶揄に、「それは違う」と堂々反論する処女厨がほとんど見られないことからも、処女厨の勘違い傾向は見て取れる。過剰な悲観ゆえに、処女厨は不必要なほど激烈で乱暴な発言に駆り立てられているとも言えよう。また、「珍しい」という意識ゆえに処女の倫理性を妄想の域にまで高めてしまった処女厨も少なくない。

ただ、そうした勘違い派も含めほとんどの処女厨は、啓蒙主義者の言うことが事実である（処女は実際は多数いる）と知れば、処女に幻滅するのではなく、単に喜ぶだけだろう。処女厨は統計の勘違いゆえに処女厨になっているわけではなく、処女の属性ゆえに処女厨になっているのだからだ。つまり、啓蒙主義はまったく正しいのだが、処女厨の些細な事実誤認を訂正する力があるのみであり、根本的批判にはなっていないのである。

依然として処女を稀少視したがる処女厨に対しては、**エリート主義**（「処女は減った方が厳選されていいじゃないか」）がアピールするかもしれない。「みんなホイホイ処女を捨ててる中で、断固処女を守ってる女をおまえら探せばいいだろう。それこそ本物の貞操観念の持ち主なんだから。もし昔みたいに家も世間もやかましくて女が簡単に夜遊びもできない社会だったら、ほとんどが〈たまたま処女〉にすぎないだろ。そんなものに何の価値がある？　精神的処女と精神的ビッチの区別がつかんだろうよ。女性誌が煽ってくれるからこそ、もろい女はすぐあぶり出されて脱落する。魔女は正体を現わす。篩い分けしたければ、女どもに好き勝手ヤラセといた方がホンマモンが残るってもんだぞ」

これは一理あるが、処女気質の女までが非処女化されかねない危険な時代が現代なのだと反論されるだろう。強い貞操観念を持っていながら、たまたま置かれたシチュエーションにより、「時代の常識」を盾に性的プレッシャーをかけられる女も少なくない（上昇志向の生真面目な女ほど事実上の枕営業へと「自発的に」追い込まれやすいなど）。あるいは、メンタルセラピーと紛らわしい形で「処女喪失サポート」の類が宣伝されると、貞操観念の程度とは全く関係ない文脈で処女喪失に踏み出す女が出てくるだろう。

エリート主義の誤りは、「まず先に貞操観念の素因の一定値が個人に内在していて、それが処女を守れるかどうかの確率に反映される」という前提である。その前提が正しければ、性的に乱れた環境で試練を与えることにより、貞操観念の強さを測定することが意味をなすだろう。しかし実際は、安心して処女を守れる環境にいるかどうかによって貞操観念も育まれてゆく、というふうに、貞操観念と処女保全確率とは双方向に影響を与えあう。

たとえば、同じ家庭に育った一卵性双生児の姉が処女率九〇パーセントの高校に通い、妹が処女率一〇パーセントの高校に通っているとしよう。姉妹各々が放課後に男に誘惑されたときに「みんなやってないから」という口実を使えるかどうかの違いが、処女喪失するかどうかに影響するはずである。遺伝子型と生育環境が同じなら貞操観念も同レベルと考えられるが、実際に貞操観念が有効に働く度合は、当面の環境によって大きく異なるのだ。生まれつきの貞操観念の強度が処女保全確率を一方的に決める、という遺伝子決定論めいた前提は間違いなのである。

さて、**ニヒリズム**の発言（「浮気やりやすい方がいいじゃん」）は見覚えがあるだろう。そう、第2章始めの方で見たアンケート「自分の結婚相手は処女と非処女のどちらがいいですか？」への、非処女派回答者のコメントだった。不真面目な回答のようだが、実はこれこそ、最も説得力ある「非処女との結婚の勧め」なのかもしれない。実際、すでに見た「ミニマリズム」が予期する男女平等社会では、男も女も、子どもを健やかに育てるための秩序を結婚生活では保ちつつ、性愛生活では嫉妬よりも愛を優先する。

つまり自由に好きな人とセックスする権利を認め合う、という大らかな道徳が常識化しているかもしれない。いわゆる「オープン・マリッジ」の世界である（ラッセル、1996，オニール&オニール、1975，ライアン&ジェタ、2014参照）。

そうしたミニマリズム社会では、妻が頑固な処女であっては夫も他の女とセックスしづらい。非対称性が広がって結婚生活が不安定になってしまうかもしれない。ならば非処女を妻にしておいた方が安心だろう。

しかしミニマリズムを考えたとき確認したように、そのようなミニマル倫理の社会は実現するとしてもグローバルではなくローカルだろうし、あまりにも現在の社会とかけ離れているため、本当に望ましい社会かどうかも不明である。そして、ミニマリズム社会以外の環境で、ニヒリズムが真面目な処女厨批判として通用するかは大いに疑問だ。

♥

ニヒリズム並みの割り切り派の処女厨批判としては、**表出主義**（「愛が足りないから処女にこだわってるだけだろ」）と**投影主義**（「本当の問題点を非処女に転嫁するなよ」）が残っているが、これらはどうだろう。表出主義と投影主義は、「愛の不足」「別れたい真の理由」という強調点の違いはあるが、ともに「相手が非処女だという理由づけは、他の理由をカムフラージュする悪しき自己正当化である」という処女厨批判である。

婚約破棄や離婚の瀬戸際にあって、本当の理由を探ろうとせずに、「非処女だから」で済ませるのは、最低限の人間関係維持能力の欠如を物語る。誠実な人間関係のためには、〈何にでも使えてしまう口実〉はない方が望ましい。処女厨的な思い込みさえなければ見えたはずのさまざまな問題点が、「非処女」という呪文で封じ込められてしまう――そのような場では、個別ケースごとの問題解決ができないだろう。

これは、処女厨に限らず、先入観に囚われた態度全般への批判となりうる人生訓である。たとえば、「血液型で人格は判断できる。婚約者がO型だと思っていたのにAB型だと判明した。だから婚約破棄！」などという差別主義者がいるとしたら、そういう人にも当てはまる警告と言えよう。そんなことで婚約を破棄すること自体、何か別の問題を抱えていたに違いない。真の問題点を「血液型」という問答無用の呪文へと〈投影〉し、愛情不足を臆面もなく〈表出〉しながら欺瞞的な自己正当化を図っている可能性大なのである。

だが、根っからの差別者に対しては、表出主義も投影主義も教訓にならない。「非処女」という事情以外に、本当に問題点が見つからないのかもしれない。魅力的な彼女の中に、あるいは自分と彼女との間に、「非処女」とは独立の問題点がまったく見出せないのに、その非処女だけを理由に結婚候補から除外したり、結婚を後悔したり悶々としたりという「純粋な処女厨」も多いことは事実だと思われる（第1章末尾や第2章二番目に引用した事例はその典型例だ）。「おまえは本当は別の問題点を隠蔽しており、非処女という言い訳に逃げ込んでいるのだ」と指摘し続けるのは、それこそが呪文型の洗脳主義と言うべきだろう。

実際、逆の事例が多いようである。すなわち、質問サイトなどから察する限り、「彼女が非処女だから」という理由を隠して、別の理由を言い訳にして別れる、というパターンの方が一般的のようだ。

純粋な処女厨は、「処女or非処女」という側面だけを切り離して、独立した要因として扱っているとは限らないことに注意しよう。処女だと思っていた女が非処女だったと知ることで、彼女の人生の構造が全面的に再解釈され、イメージが全面改定される、ということは起こって当然である。妊娠・出産にも繋がりかねない性行為というものが過去になされていたかどうかは、女の人物評価にとって無視できない重要ファクターであることは確かだからだ。

第4章始めの「全体論」で確認し、「優越原理」の適用についての注釈で再確認したことだが、人物xに関する〔今までの言動〕という同一データに対し、〔性経験なし〕というデータを組み合わせた場合と〔性経験あり〕というデータを組み合わせた場合とでは、確率的に推測される今後のxの振る舞いが大幅に異なる。データによる仮説の修正は、まったく健全な知的態度と言えるだろう。そして、その修正の度合は、xが男である場合より女である場合に格段に大きくせざるをえない。心身へのセックスの影響や覚悟の度合は、男の場合よりも女の場合の方がはるかに大きいからである。

しかし、そのような「全体論的影響」をもたらすデータは、「処女か非処女か」に限定されるわけではないだろう。性経験人数または回数について、0と1の間に最も大きな区別を設ける必然性はない。「処女」は伝統的に心理的反応を引き起こしやすい単語だから、処女厨言説がインパクトを持ち多くの男を過剰に「目覚めさせて」いるだけなのかもしれない。伝統社会とは違う現在の都市文化では、処女と非処女の区別に反応することは実は全く的外れだ、という可能性は十分考えられる。

♥

そこで、「処女か非処女か」という**二分法**（二元論）を否定する**連続主義**（「もっと重要な区別に注目しろよ」）の見込みを探ってみよう。連続主義は、処女と非処女の区別を見直す点で消極的内在的批判に通じるが、あくまでその区別そのものは認めた上で、現代社会では的外れの区別ではないか、的外れの区別に囚われるのは間違った割り切り方ではないかと問う、人生訓としての外在主義的処女厨批判である。つまり、先ほどの二分類での〔①処女と非処女の違いを無化または縮小する消極的擁護論〕ではなく、「処女と非処女の区別は結婚のような文脈にとって的外れの区別かもしれないことに、無自覚でいいのか？」と諭す議論である。

連続主義者は言う。「処女か非処女か」の二つだけに分けて、そこに深い断絶を見るのは間違っている。完全な純潔から極端なビッチまでのスペクトルを考えるべきだ。それぞれ均等な違いのある無数の段階に女性は分けられるのであり、ただ一人と一回性交したからといって、処女と程遠い人格に変貌し、一〇〇人と性交経験のある女と似たり寄ったりになる、などというのは偏った見方である。しかも、性交回数や人数がそのまま比例的に「ビッチ度」として骨肉化されるわけではない。処女の中にも精神的非処女がいたり、非処女の中に精神的処女がいるなど、処女と非処女の境界をまたいでビッチ度、純潔度の濃さは複雑に変化しうるのではないか。一次元的な順序づけそのものが的外れではないか。濃淡模様の多次元的スペクトルが潜在する内部構造の微妙さを無視して、「処女か非処女か」という二項目間にだけ深い溝を設ける処女厨の女性観は根本的に歪んでいる。

たとえば次の投稿を見よう。


質問者igljfnfrjさん　2014/2/2805:48:48
精神的にひどく幼く荒んでいた時、今は理由も思い出せませんが名前も知らない人と初体験。以来ネットでセックス相手を募集し一夜限りの関係を繰り返した時期がありました。気持ちいいと感じたことなど一度も無く、最中はいつも気持ち悪さを、帰り道では締め付けられるような虚無感を感じていましたがやめられませんでした。（中略）経験人数は30人程ですが恋愛経験は0です。（中略）最近、人生で初めて恋をしました。（中略）出会えただけで感謝しています。これ以上想うのは苦しいだけと先日別れを告げました。

彼と出会って、セックスに関する価値観ががらっと変わりました。どうしても理解できなかった体を大切にという言葉の意味を理解するようになりました。（中略）醜い自分の過去を抹消したいという気持ちが膨らんできます。ああ、女性として真っ新な状態に戻りたいと酒を飲んでは布団の中で声を抑え叫び悪夢を見る毎日です。

いつか他に好きな人ができたら私は罪を犯します。「私は処女」と嘘をつく罪です。（中略）私の夫となる人は詐欺の被害者ですが、絶対に後悔はさせません。何が何でも妻・母としての役割を完璧にこなし夫を心から愛し尊敬し過ちを二度と繰り返さないと誓います。

補足　処女偽装に当たり私の過去を知る全ての人と絶縁、遠方への引っ越し、処女膜再生手術、整形手術をする予定です。

(http://detail.chiebukuro.yahoo.co.jp/qa/question_detail/q1012172274５)

このような女は少なからず実在する。私も何人か直接知っている。世間的には紛れもないビッチに分類されるだろう彼女らは、処女性に対して処女厨に勝るとも劣らぬこだわりを示している。しかももともとセックスが好きなわけでもないのだから、セックス経験は本当のセックスというより自傷行為と見るべきだ。つまり、レイプされた女とさほど違いがなく、精神的には処女だと言えるのではなかろうか。

……こうした疑問に、連続主義は答えを用意する。

「そのとおり。身体的セックスの回数だけによって処女性の度合を決めるのは間違っている」と。

連続主義のポイントは、「身体的な処女と非処女との間の境界線が、他の任意の境界線以上に重要な意味を持つと考える根拠はない」という主張だ。ビッチ度または純潔度の順序づけをしたいならしてもよいが、どう順序づけても、〔純潔な処女〜そうでもない処女〜精神的処女である非処女〜精神的処女であるビッチ〜精神的ビッチである処女〜普通の非処女……〕という具合に、処女と非処女の境界が意味を持たないパッチワークとなるだろう。つまり、経験人数の順に次第にビッチ度が上がってゆく、などという保証はない。したがって、経験人数0か1かでくっきり明瞭な線など引けはしない、と。

この処女厨批判は、たしかに、無意味な序列を批判する点で、傾聴に値する。ただ一度セックスを経験したことで、処女とは無限に遠い場所に位置づけられ、ビッチと大差ない評価を受けるというのは、当人にとって不本意だろう。挿入を伴わない倒錯プレイを何百回経験していても処女である人がいるというのに、たった一度だけ挿入を許して不本意にも別れた場合はビッチと同一視されてしまう。こんな理不尽なことがあるだろうか。

これは、経験人数の違いが全く重要でない、という議論ではない。実際、アンチ処女厨にも、「経験人数を問わない」という者はほとんどいないようだ。質問サイトで興味深い現象を見たことがある。残念ながらURLがたどれなくなり引用することができないが、だいたいこんな感じだった。三〇代前半の非処女からの相談で、「彼氏が私とは結婚できないと言っている。理由は非処女であること。納得いかない」という内容。回答者はみな質問者に同情的で、彼氏の処女厨ぶりを強く批判する者もいたが、質問者が途中の補足応答で過去の経験人数を明かしたとたん、回答者たちの態度が急に厳しくなった。「考えを改めろ」「馬鹿じゃないのか」と一斉に叱責モードへ鞍替えしたのだった。質問者の経験人数が多すぎたからである（たしか二三人とかそのくらいだった）。最初の真摯な文面からして、経験人数は多くとも二～三人とイメージされていたのだろう。

質問者は、「すべていい加減なセックスではなかった、それぞれちゃんと愛があった」と主張したが、回答者の誰もその言葉を信じず、質問者は全員に見放された形になってしまった。ヤリマンを肯定する非処女支持者はいなかったのである。質問者は文面からして真面目なしっかりした人で、たしかに「主観的には真面目なヤリマン」が実在するという証明になっていた。が、ヤリマンというだけで味方を失ってしまったのだった。

するとここで、重要な論点が浮上する。経験人数三人が許されて二二人が許されないとなると、やはり〇人と一人の差にこだわる姿勢を批判できないのではないか。22／3より1／0は限りなく大きな差だからだ。喫煙者とは結婚したくないという人に、「一日二二本は論外としても、一本ならこだわるなよ」と言ってもナンセンスである。量の問題ではないのだ。アンチ処女厨ですらヤリマンを擁護するつもりがないという現実に照らすと、処女へのこだわりはもっともなことなのである。

結局、連続主義者として辻褄の合った姿勢は、どんなヤリマンも肯定する、という姿勢だけだろう。人に迷惑をかけない限り一日一本だろうが一〇〇本だろうが個人の嗜好として認めるというのでないと、まともな喫煙容認派とは認められないのと同じである。

♥

そこで最後に、最もオーソドックスな処女厨批判に立ち返ってみよう。「処女か非処女か」「ヤリマンか否か」等、およそ性体験に関わる属性で序列づけする見方は時代遅れだという、わかりやすい立場だ。「時代遅れ」というそれこそ時代遅れ的イメージの濃いレッテル貼りが、実は最も有望な処女厨批判になりうるかもしれないのである。そして最有望かもしれないそれは、ここでもまた、適応主義系統の理論なのだ。その理論は**社会構築主義**（「本音とか本能なんて、時代や社会とともに変わっていくぞ」）である。

え？　と思う人もいるだろう。

適応主義系統の社会構築主義？　と。

社会構築主義というのは、個人の行動や価値観・美意識・倫理観や、さらには「本能」とされる性向までも、社会環境・教育環境・イデオロギーなどによる後天的な構築物と見なす考えである。対して、生物進化論に立脚した適応主義は、人間の遺伝的本性を重視する立場である。つまり、人間の行動傾向の説明にさいし文化的要因と生物学的要因のいずれに依拠するかについて、社会構築主義と適応主義は、互いに正反対の世界観を代表している。社会構築主義者と適応主義者はあらゆる学問分野において仇敵どうしと言ってもいい。それなのに、適応主義系統の理論として社会構築主義が登場するとは、いったいどういうわけか？

理論の名称を私がいい加減に選んできたからではない。実際、社会構築主義と適応主義とは、見かけよりはるかに相性がよいのである。人間の本能のあり方（現われ方、発現の仕方）が遺伝子によって決まっているということと、環境によって決定されるということとは、矛盾しない。矛盾しないどころか、補い合うのである。

たとえば、読者のほとんどは日本語を母国語とする人であろう。なぜあなたは日本語を喋るようになったのか？　主に次の二つの答え方がある。

A　人類進化の途上で、言語を使える個体が有利になってその遺伝子が優勢となり、私たちは勝ち組の祖先の遺伝子を受け継いだから。その遺伝子は、大脳皮質に言語中枢を形成する。よって私たちは言語を話し、理解する本能を持っている。

B　日本列島に生まれ育ち、小さい頃から日本語を聞いて育ったから。大脳皮質の言語中枢において、神経細胞の結合が日本語を理解し使えるような機能を持つように形成されていった。

AとBは矛盾しない。矛盾しないどころか、併用しないと完全な説明が得られない。Aは、あなたがそもそも「言葉を話せないのではなく話せるのはどうしてか」を説明している。Bは、数ある言語の中で「中国語でもアラビア語でもなく日本語を話すようになった事情」を説明している。Aが適応主義的な説明であり、Bが社会構築主義的な説明である（正確には、両方とも適応主義的な説明だが、「社会構築主義」と整合的な適応主義的説明がBである）。

個体がどのような環境に生まれ育つかによって、遺伝的本能の具体的現われ方（発現の仕方）はさまざまである。互いに全く同じ遺伝子を持つ一卵性双生児が、一人は韓国で、一人はデンマークで育てられれば、当然、同じ言語的本能が全然違う言語を話すように発現する。そして言語構造の違いが、異なった価値観や人生観や異性観を発現させる。遺伝子の物理構造だけでは個人の「本能的属性」は決定されず、環境要因の入力が必要なのである。

さて、ここで、以前から何度か確認してきた「処女厨の本能」がなぜ本能なのか、もう一度よく考えよう。本能の存在を決めるのは究極要因である。つまり、「自分の遺伝子を受け継ぐ子どもを産む可能性の高い女を大切にせよ」という指令に従う男（つまり処女厨）は自分の遺伝子を残しやすく、従わない男は遺伝子を残しにくい。結果として処女厨の遺伝的傾向が広まった。そういうことだった。

このことが説明しているのは、「これまで処女厨が有利だった」「だから今、男には処女厨的本能を持つ者が多い」ということである。ここから「現代において処女厨が有利である」という結論は導き出せない。「現代の男の大多数の本音は処女厨である」ということも導き出せない。

導き出せるのは、あくまで「昔は処女厨が有利だった」「現代の男の多数派は処女厨的本能を持っている」ということだけである。

まず、後者から考えよう。「現代の男の多数派は処女厨的本能を持っている」はずなのだが、「本音が処女厨でない男も珍しくない」らしいという事実についてである。本書がこれまで前提してきた「処女厨が男の初期設定」「結婚市場での男の本音は処女厨」という命題は、あくまで議論のための作業仮説であって、頭ごなしに真だと決めつけてはならないということだ。決めつけてしまえば議論は単純化されるが、「勝手に人の『本音』だの『本能』だのを決めるなよ。何様だ?」という反発を免れないだろう。

たとえば、現代の男の多くは異性愛者である。だからといって、同性愛の男に対して次のように言ったらどうだろう。「男の本能は女に性欲を感じることだ。きみは自分の性欲の対象が男だと思い込んでいるらしいが、それは自己欺瞞ってもんだ。女とやりたいってのが男の本音のはずだろ」

——こんな説得が的外れであることは明らかだろう。

同様に、どんなに内省してみても自らの心に処女厨的本音を見出すことのできない男は存在するはずである。処女厨は、そういう人に向かっても「無意識では非処女を避けたいはずだ」「非処女と結婚するなんて自己欺瞞だ」と言い続ける。本音を勝手に決めつけられるのは、当人にとってみれば理不尽だが、批判者は大真面目だ。処女厨は、誰もが処女厨的本能を持っていると信じている。たしかに、処女厨的本能が適応的に有利であるならば、その本能は多くの人に残っているだろう。男の大多数が処女を高く評価し、女の大多数が処女であろうとするだろう。現代のフリーセックス肯定の風潮は、男にも女にも無理な文化的ポーズを強いている、と言えるだろう。だが、本当にそうなのだろうか。処女厨的本能は現代社会で有利に働いているのだろうか。だからこそ処女厨という本音が「誰にも」あるいは「ほとんどの人に」あるいは「多くの人に」残存しているのだろうか。よく考えてみる必要がある。

♥

都市文明が成立して環境が激変した後も処女厨が有利かどうかは、自明なことではない。人間の遺伝的傾向は、何万年も前までの「安定した環境」に適応した結果の産物であり、急速に形作られた現代の都市環境は生物学的人間にとって全く不慣れな、新しい環境だからである。氷河期までの年月において有利だった行動や思考傾向が、地球史上類例のない都市文明環境においても同じく有利なままである、などという根拠はどこにもない。

生態学的な都市環境の特殊さを考えると、処女厨がかりに二一世紀の社会で有利だとしてもそれは偶然だろう。適応とは関係ないだろう。そこで、実際に処女厨が現代社会において有利なのかどうかを改めて調べなければならない。そして「現代社会でも処女厨の方が有利である」かどうかは、「現代社会において有利」とは何を意味するかによる。

たとえば、適応主義の言うとおり、自分の遺伝子を受け継ぐ子ども、孫、ひ孫をどれだけ多く残せるか、ということが「有利」の尺度なのだろうか。もしそうだとすれば、処女厨はその他の男より一応有利だと言えるだろう。結婚時に妻が他の男のタネを宿している確率、そして結婚後に、妻が他の男のタネを宿す確率が、処女厨でない男の場合よりも低いからである。

ただし、いくつかの要因によって、処女厨の有利点はなくなっていくだろう。

一つめの要因は、避妊法の進歩と、父子ＤＮＡ鑑定の普及である。すでに見たように、父子ＤＮＡ鑑定が法制化されれば、処女厨であることに有利点はなくなる。妻が処女だろうが非処女だろうが浮気性だろうが、夫は自分の子に確信さえ持てれば、非生殖的な不倫を極度に警戒する必要が薄れるからだ。血縁という結果の確保を防波堤にして、貞淑という過程の精神論が無用になってゆく。貞淑な処女妻をゲットすることの利点は減少するのである。

父子DNA鑑定法制化は「リベラルな核家族の維持」に道を開くだろう。妻の貞操倫理を夫のそれと同レベルに引き下げるという「性的一夫一妻制緩和」によって、夫妻の共同生活の再構築という「社会的一夫一妻制強化」が図れるからだ。

ところが社会的一夫一妻制そのものが崩れる傾向が見え始めている。それが二つめの要因だ。

二〇一三年九月四日、最高裁判所大法廷で、嫡出子と非嫡出子（婚外子）の相続格差を定めた民法の規定が憲法違反であると決定された。この最高裁の判断に従って民法が改正され（十二月十一日施行）、婚外子の立場が好転した。これによって、家族制度がゆるやかなものになる可能性が見えてきた。不倫によって子を設けることへの罪悪視もなくなり、シングルマザーへの社会的法律的支援も充実してくるかもしれない。そうなると、男にとっては「愛人をどれだけ持てるか」が「貞淑な妻を持てるか」よりも強力な「有利さ」の尺度になってくる。

結婚はさほど重要でなくなり、恋愛の価値基準が社会全体で優勢になるということだ。つまり、男のダブルスタンダードのうち、非処女を好む本能（当面の本音）の方が処女厨的本能（究極の本音）を圧倒し始めることになるだろう。その極端な形態が、ニヒリズムのところで言及した多夫多妻のオープン・マリッジ社会だ。

三つめの要因は、「有利」をもっと広い意味にとったときに現われてくる要因である。自分の遺伝子を残す方法は、「自分の子を残すこと」だけではない。自分の遺伝子と同じ遺伝子は、世界人口の中のあちこちに散在している。血のつながりのない人々どうしが、同じ遺伝子を分け持っている。ここから、とくに現代情報社会では「間接的な子作り」が可能になるのである。

言い換えると、**ミーム**（文化的情報）がジーン（生物学的遺伝子）に反映される可能性が重要になってくる。自分と同じ遺伝子を持つ子孫を残す方法は、セックスや人工授精だけではない。つまり、精子と卵子の合体だけではない（あるいはクローニングも含めた「生物学的複製」を残すというやり方だけではない）。著作物や芸術作品を通じて、あるいはネット情報の発信によって、自分と似た趣味や世界観を共有する人々を啓発したりサポートしたりすることによって、「自分に似た人間」に有利なように社会環境を作り換える、というやり方がある。自分に似た人々の生活しやすい社会を生み出し、自分の持つ遺伝子と同型の遺伝子を間接的に増やしてゆく……これは、**「包括適応度」**と呼ばれる概念で測られる、広い意味での適応の仕方である。

現に、処女非処女論争のいくつかのフレーズはネットに反復出現するミームとして拡散しており（「非処女は中古」「非処女はビッチ」「処女はめんどくさい」「過去の経験があるから今の私がある」等々）、処女や処女厨に対して抱かれるイメージを形成し、処女厨的・アンチ処女厨的世界観を持つ人間の比率に影響を与えている。そしてミームは、もともとそのミームに肯定的に反応しやすい遺伝子を持つ人の文化的ポジションを快適にすることを通じて、彼らの繁殖を促してゆく。

つまり、人は誰でも、精子を送り込んだり受け入れたりすることとは別に、個性的創造的な情報発信をすることで、〈自分的な人間〉の環境を有利にし、包括適応度を上げることができるのだ。情報発信により、文化に関わる趣味・価値観を司る遺伝子が自分と似ている人々、つまり「論理的な親戚」の社会的地位をサポートして、子どもを作りやすくしてゆく。ミームの発信によって、他者の子作り確率をコントロールし、自分の遺伝子を増やしてゆくのである。

現代では、学歴の高い男女が子どもを残さない傾向があるが、だからといって彼らが「負け組」であるとは限らない。彼らは、文化的発信により、自分の主義主張や美的趣味に感応する〈自分的な人間〉の活動を促進し、そういう人々が子どもを作れば、その子らが成長したとき社会的に重要な地位を占めやすくし、これが重なって学歴に関係なくさまざまな層で〈自分的な遺伝子〉の快適生存確率を上げてゆくことになるだろう。

以上、三つの要因――避妊法と父子ＤＮＡ鑑定の普及、婚外子の権利確立、遺伝子の文化的拡散――が重なって、処女厨の遺伝的本能は、適応的とは言いがたくなるのである。この三つの「社会規範」が「個人規範」として内面化されれば、古い処女厨的個人規範は次第に廃れてゆくだろう。三つの要因の中では、最後の包括適応度の要因（ミームによるジーン拡散）は、哲学的に最も興味深く、物理的に最も影響力が大きいと思われる。

セックスによらない「文化的な生殖」が遺伝子の拡散を支配する時代では、処女厨本能は包括適応度の点で利点を失う。金持ちの処女厨が、処女妻をゲットしつつ大勢の愛人を囲ってやりまくったとしても、封建社会でない市民生活では残せる子どもの数はせいぜい数十人程度だろう。一夫一妻にせよ多夫多妻にせよ、それが生物学的繁殖の限界である。それに対して、人気ブロガーは、自分と同じ趣味を持つユーザをサポートすることにより、自らセックスに励む場合の数千倍の遺伝子コピーが達成できるかもしれない。遺伝的子孫を残す効率によって「適者」が決まるとしたら、現代社会の適者は、配偶者防衛（妻の貞操の確保）より、情報発信の力によって決まりそうである。しかも、インターネット以前の時代にはほんの一握りの芸能人やベストセラー作家や芸術家にしかできなかったミーム拡散が、無名のネット民たちによってカオス的発信の形でなされるようになっているのだ。

したがって情報社会では、浮気性の非処女と結婚し、血の繋がらない子どもを育てるのにせっせと財産をつぎ込んで人生終えたとしても、その男は敗者となるとは限らない。処女厨の遺伝子は、もはや情報社会においては適応的な遺伝子ではないかもしれない。処女厨を、「有利な遺伝子を持っている」「有利な遺伝的本能に従っている」という形で擁護するのは的外れである可能性が高いのだ。

同様に、貞操観念の強い女が適者であるとは限らない。貞操どころか結婚せずに自らは子どもを作らない女の方が包括適応度が高いかもしれない。性的放縦を称賛する発言や文筆活動で若者の生活スタイルに影響を及ぼして、ヤリマンやビッチやアンチ処女厨が物理的にも精神的にも住みやすい環境を調えてゆく未婚フェミニストの方が、良妻賢母より高い包括適応度を誇るかもしれないのである。

いや、もちろん、すでに見たように、インターネットでの処女厨言説のミーム拡散力は目を瞠るものがあるので、結局のところ処女厨遺伝子の方がアンチ処女厨遺伝子よりも包括適応度を高める、ということになるかもしれない。重要なのは、「処女厨が処女厨であるがゆえに処女厨傾向によって適応主義的に有利になる」という時代は終わっているということだ。処女厨が有利だとしてもそれは偶然にすぎず（たとえば処女厨の言説がアンチの言説より「たまたま面白い」がゆえに多くの多産な人々に支持される、というような偶然にすぎず）、論理的に処女厨を称揚する理由にはならないということなのだ。複雑な現代情報社会では、どのようなミームが生物学的子孫を増やして栄えてゆくかは、あらかじめ予測することはできないのだから。

特定の個人規範を持つこと（とりわけ処女厨であること）が、社会規範によって遺伝的に有利になるかどうかは、今後、全くの偶然ということになりそうである。

♥

さて、以上の立論を認めたとしよう。すなわち、現代の社会規範では、貞操や結婚をあてにせずとも、さらには自らセックスをしなくても、自分の遺伝子を増殖させる方法がいくらでもある、と認めたとしよう。だから処女厨が必ずしも有利とは限らない、とも認めたとしよう。その上でなお、「現代でも大多数の人が処女厨の本音を持っている」と主張し続けることができる。なぜなら、処女と処女厨の本能が「包括適応度において有利でなくなった」とはいえ、不利に働くことが示されたわけでもないのだから。

つまり、原始時代以来のデフォルトとして処女厨は、依然として基本的な戦略であることは確かなのだ。処女厨は原始時代ほどの明らかな利点を失ったかもしれないにせよ、大多数の人の遺伝子に残っているはずであり、今なお「自然な傾向」であり続けている。

それは正しいだろう。配偶者防衛はあらゆる生物個体にとって有利であり、人間も例外でないからだ。なにしろ都市文明が確立してから五〇〇〇年程度しか経っていない。複雑な大衆的情報社会が出来てからはまだ一〇〇年程度しか経っていない。こんな短い時間では、人類六〇〇万年、いや哺乳類二億年の遺伝的本能が変化することはありえない。現代人も、当然、原始時代同様の処女厨遺伝子を備えているだろう。現代都市環境が処女厨にとって有利とは限らなくなったとしても、依然として大多数の現代人の体内で処女厨遺伝子が働いている、というのは全く正しい。

しかしここから、「処女厨傾向は正しい」という結論が導かれるだろうか。「導かれる」という主張には二つの問題点がある。

それを見るために、その主張を次のような**三段論法**Sに分解して書こう。

前提1 （原始時代に有利だった）戦略行動Pを指令する遺伝子を、現在も大多数の人が持っている

前提2 大多数の人が持っている遺伝子の指令に従うことは、（大多数の人にとって）本能的に自然な行動である

結論 したがって、戦略行動Pは現在も正しい行動である

この三段論法Sは、このままではスカスカなので、隙間を埋めないと、妥当な論証なのかどうかがわからない。（大筋に関係ないので、前提2の「大多数の人にとって」は以下、簡略化のため省略して表記する）。

まず、前提1と前提2から、「原始時代に戦略行動Pを指令していた遺伝子に従うことは、本能的に自然な行動である」という命題が導かれることは間違いない。しかしこの命題は、結論「戦略行動Pは現在も正しい行動である」とは似ても似つかない。結論を導くには、次のような**補助前提**を補う必要があるのだ。

補助前提a　本能的に自然な行動は、正しい行動である

　この補助前提は、「本能に従うことは正しい」と言っているに等しい。第3章の冒頭で注釈したこと「事実認識から価値判断や規範的判断が直ちに導かれはしない」という教訓を思い出していただきたい。「○○は本能的行動だ」から「○○すべきである」が導かれるとは限らないのである。

　実際、本能的行動はすべて正しいなどとは誰も認めないだろう。夜道で帰宅途中の女を見てムラムラしたなら、男性ホルモンの命ずるまま襲ってレイプすることが正しいのだろうか。窓口業務の最中に疲れて眠くなったら、客をほったらかして一眠りしに行くのが正しいのだろうか。本能に従うことは、たいていの場合、得でなく、善でもない。つまり正しくない。本能の要求を抑えて、都市環境に合わせた理性の導きに従って自己を律するのが、正しい戦略である。

「自然であることは正しい」という仮定は、進化心理学で**「自然主義の誤謬」**と呼ばれ、批判されてきた（倫理学で使われていた用語の流用。もともとは「～である」から「～べし」を導く推論一般を指す）。「自然である」というのは、人間がどのような遺伝子を持っているかという問題であり、物理的事実の問題である。他方、「正しい」というのは物理的というより規範の問題であり、社会的決断の問題である。この二つは次元が異なる問題であって、イコールで結ぶ必然性はない。ちょうど、「赤いものは美しい」とか「甘いものは美味しい」とか一般化するのが独断にすぎないのと同じように、「遺伝子の命ずる傾向に従うのは正しい」と言うのは独断にすぎないのである。

問題点はもう一つある。かりに一歩譲って「遺伝子の命ずる傾向に従うのは正しい」と認めたとしよう。つまり、「本能的に自然な行動は、正しい行動である」と認めたとしよう（たしかにレイプのような迷惑行動でなければ、「本能的に自然な行動は、正しい行動」と認めることにさほど不合理はないかもしれない）。そこから、結論「戦略行動Pは現在も正しい行動である」は導かれるのだろうか？

実は、導かれない。まずは、前提1と前提2から間違いなく導かれると先ほど認めた命題をもう一度見よう。

「原始時代に戦略行動Pを指令していた遺伝子に従うことは、本能的に自然な行動である」

この命題と、補助前提a「本能的に自然な行動は、正しい行動である」とから導かれるのは、正しく述べると、次の命題である。

「原始時代に戦略行動Pを指令していた遺伝子に従うことは、正しい行動である」

ここから、結論「戦略行動Pは現在も正しい行動である」を導くには、もう一つ補助前提が必要なのだ。どんな補助前提だろう？

そう、次のような補助前提だ。

補助前提b　原始時代に戦略行動Pを指令していた遺伝子は、現在も、同じ戦略行動Pを指令している

補助前提bは真だろうか？

——真とは限らない。

すでに見たように、同一の遺伝子が、環境によって全く違う行動を指令することがあるからだ。「なぜあなたは日本語を喋るようになったのか？」という問いを思い出そう。言語を司る遺伝子そのものには、英語か日本語か韓国語かという言語の選択は含まれていない。全面的に環境によって言語は選択される。同様に、どのような配偶者を好むか、という選択衝動は、遺伝子の中に既定値で含まれているわけではなく、環境によって柔軟に発現の仕方が変わる、と考えるのが穏当だ。

とくに、遺伝子は別の遺伝子の影響を受ける。都市環境は、原始時代にはありえない刺激を人体に及ぼしているので、多くの遺伝子が、原始時代とは違う働きを強いられている。自動車を運転したり、数学の問題を解いたり、スマートフォンを操作したり、契約書に署名したり、パチンコ依存症になったり、SNSでブロックや既読スルーをされたことに憤ったり、といった原始時代にはなかったさまざまな「自然な」行動反応を、遺伝子は新しく生み出している。すると、処女厨遺伝子の作用も、原始時代とは違うものへと変わったと考えるのが自然だ。原始時代にはなかったさまざまなアイテム、情報、対人関係に合わせて、働きが物理的に調整されてきたはずなのだ。

女性誌のセックス特集を見て女子高生がどんどんセックスしたくなったり、男がガールフレンドの性的過去に無関心であったりするのは、処女厨が言い募るように「文化的に本能がねじ曲げられた」姿なのだろうか。そうではないだろう。都市環境では、処女厨遺伝子が、他の遺伝子と協調して原始時代とは別の働き方をしているというだけのことだ。セックスの危険は、一昔前に比べ大幅に下がっている。そのような情報を取り込んで、女も男も、処女性にこだわらない生活スタイルを「自然だ」「快適だ」

と感じるようになる――その方向に遺伝子の働きが変化しているというのは大いにありそうなのだ。遺伝子は固有の性能が書き込まれた精密部品ではなく、単なる自然物なので、外界の変化に応じてどうにでも働きを変えるのである。

♥

現代社会で「処女を守る」ことの価値が低く感じられるのは、とくに女にとって進化論的に自然である。その理由は主に二つある。

第一に、「容易に男に体を許さない」方が有利であるがゆえにそのような本能が女の中に定着してきた、というのが事実であるにせよ、女にとって適応的な本能は他にたくさんあるということ。代表的なのが、「まわりに合わせる」という強固な本能である。この本能は二つの点で有利だ。①まわりの女と同じ好みを持つことにより、多くの女に好まれるモテ男を愛することができ、同じくモテる息子、自分と同じくモテ男を好む性質の娘を産むことができ、子孫が増える、②女どうしの情報共有や子育て協力態勢の中で浮かないように、目立たないように、変人だと思われないようにしてトラブルを避ける。

つまり「まわりに合わせる」は無難で有利な本能であり、女の社会的適応の長い歴史を反映している。それは現在でも「服装が流行に合っていない仲間を批判する」という形で女子の間に根強く残る本能である。

いわば「『普通』でありたい」という本能だ。

女のこの本能は、現代環境では、処女にマイナス評価をもたらす方向で作用する。次のようにしてだ。

パターン1　環境（常識）「男女が付き合ったらセックスするのは当たり前」&事実「私は処女」↓「私は男と付き合ったことがない」（処女↓モテない女）

パターン2　環境（常識）「男女が付き合ったらセックスするのは当たり前」&事実「私は彼氏あり」&事実「私は処女」↓「私は当たり前でない」（モテなくない処女↓異常な女）

つまり処女は、恋愛経験がないならモテない女であり（女性的魅力が低い証拠）、恋愛経験があるなら変わり者である（本能的にマイナス評価）ということになり、いずれにしても女として低い評価を被ることになる。恋愛全盛時代にモテない女も変わり者の一種と考えられるから、処女についての結論は「変わり者である」と一元化できる。

すなわち、「処女は恋愛経験あってもなくても変わり者」。これは以前に見た構成的ジレンマの論理だ。こうして、「処女を守りたい本能」と「女のコミュニティで浮きたくない本能」とが衝突し、処女を守ることが必ずしも本能に従った生き方であるとは限らなくなっているのである。

パターン1、パターン2から、「男女が付き合ったらセックスするのは当たり前」という「常識」を削除すれば、結論としての「否定的自己評価」は導かれない。一昔前の、女性主導の恋愛パターンが回復するだろう。すなわち、

パターン3　環境（常識）「男女が付き合っても、結婚前はセックスしないのが当たり前」&事実

「私は処女」→「私は未婚」（処女→未婚の女　ただそれだけ）

第1章で見たように、セックスなしの恋愛期間を男が辛抱できるかどうかというテストによって、女は、結婚の意思ある誠実な男を選別することができた。それが伝統的な「恋愛」の意義だった。ところが現在では、セックスなしの恋愛が異常とされることによって、普通でありたい女は、誠実な男と不誠実な男を識別する時間的余裕を与えられなくなった。恋愛が結婚のための試練ではなく、結婚のコピーになってしまった。「恋愛は女が主導権を握り、結婚は男が主導権を握る」のではなく、恋愛でも男の性欲が主導権を握ることになってしまった。

「結婚のための試練だったはずの恋愛が結婚のコピーと化した」ことの影響は甚大だ。まさにそれこそが「処女の価値低下」の第二の理由を提供するのである。

第二の理由とは、「恋愛」という文化が新しいということだ。正確に言うと、結婚から切り離された恋愛という対人関係の様式に、現代人はうまく対処できていないらしいのである。「恋愛」と「結婚」の関係を自然人類学的に追ってみよう（文化的変遷は加藤秀一、2004, 佐伯、2008, 森永、1997 他参照）。

そもそもヒトの男女が一夫一妻的になってきたのは、男が多数の女を求めるよりも（あるいは多数の女を求めながら）一人の特定の女を特別視する「恋愛感情」を抱くようになったからである。石器時代に赤ん坊の脳が巨大化してゆき、頭が産道を通れるうちに生まれる子どもだけが生存できたが、そういう子は未熟児ゆえに子育てに手がかかる。すると、やたらタネをばらまく男より子育て協力する男、つまり誠実な愛情豊かな男の遺伝子が有利になる。男が女の子育て事情に合わせて長期間同居する本能が広まる。基本的に男は同時に多数の女に目が向くのではあるが、その中の一人をとくに愛する本命とし、彼女の子どもを確実に育てようという衝動を持つようになる。つまり性的には多夫多妻的であっても、愛は一夫一妻的になる。

現代社会では、多夫多妻的な行動は制度的にはもちろん私的にもタブー視され、一夫一妻関係だけが許容される。それはまず「恋愛」という形で法律の外側で予行演習され、ついで「結婚」という本番として法律のお墨付きを得る。ところがもともと「愛」は二段階に分かれてなどいなかった。行きずりの多夫多妻的セックスと一夫一妻的愛を分けることには人類の本能は長年の適応を経てきたが、一夫一妻的愛を「恋愛」と「結婚」に分けることには不慣れである。

現代都市文明ができた五〇〇〇年の間に、石器時代の遺伝子は変化していない。すると現代人は、男女ともに、一夫一妻生活の予行演習つまり恋愛を、子作り・子育てを含む本番と混同してしまう。本当は法律的に断絶した別ものである「恋愛」と「結婚」があまりに表面上似すぎているため、生理的に混同してしまうのだ。女の体内の、「一対一の親密なお付き合いの相手とはセックスする」という本能が自然に作動するのである。

予行演習としての恋愛は、もともと「結婚生活に入る覚悟があるかどうかを男に対して問いただす試練」のはずだった。それが現在は「結婚生活のコピー」となったため、恋愛独特の試練の餌だったはずのセックスもまた、恋愛の中で結婚生活そっくりに複製されてしまった。可能性としてのみ意味を持つはずだった「恋愛内のセックス」が、「現実のセックス」として簡単に立ち現われるようになった。

現代都市文明では、女は、石器時代に女が配偶者を選ぶときほどに厳しい選択をせずに恋人を選んでいる。恋愛は結婚の文化的予行演習にすぎないという意識でいるのだから当然だ。しかし生理的には、女の心身は、石器時代の女が厳選した男に対していたのと同じ反応で体を許してしまう。恋愛は見かけ上完璧に一夫一妻的であり、「浮気」や「二股」が非難されるネットワークの中で営まれるからだ。ただの彼氏を「夫並みに責任を負った誠実な相手」として女の生理が認識してしまうのも無理のない反応と言える。

ところで、狩猟採集時代の人類の配偶システムを連続的一夫一妻とする通説に対しては、第3章に述べたように異論がある（ライアン&ジェタ、2014）。前章では、処女厨の主観的な動機が問題だからメジャーな通説以外はさほど気にしなくてよい、といった形で片づけたが、ここは処女厨への内在的批判ではなく外在的批判の章なので、処女厨的進化論理解（通説）が「本当に正しいかどうか」を以前よりも気にする必要がある。そこで、狩猟採集時代の何百万年にわたって、人類の女は「恋人を厳しく選んで」などいなかったという仮説が正しいとしてみよう。石器時代の人間の女はチンパンジーやボノボのメスのように「来るオスは拒まず、誰とでもセックスしていた。オスどうしの競争はメスの体内で精子によってなされていた」と。（ヒトの睾丸の大きさから精子競争の度合を推定して、人類のメスはチンパンジーほどヤリマンではなかったがゴリラ、オランウータンに比べれば頻繁にカジュアルセックスをしていた、と通説も認めている）。

その場合は、「女の本能はもともとヤリマンである。ところが農耕社会になってからは貞淑が適応的になってきた。その環境の変化に遺伝的本能が追いつかず、女が結婚と無縁のセックスをしてしまう。それが恋愛の現状」という分析になる。血縁など気にせずに集団の仲間が子どもの世話をしてくれた原始時代の環境と違って、現代社会は核家族を経済の単位としており、子どもの養育に父親の助けが必要である。なのに、それを十分考慮せずに本能のままヤッてしまう女が多い、ということだ。

女が処女を守らない「本能的傾向」を始めから持っていた、という結論に変わりない。現代社会では本来不利である婚前セックス、つまり「法律の庇護なき状態でのセックス」を女がやってしまう本能の由来については、異説と通説とで見方が食い違うが、処女厨がナイーブに想定しがちな「処女・処女厨の本能」はいずれにせよ疑問だということだ。ここでは、それが確認できれば十分である（生物学と違って哲学では、実際にどの経験的仮説が正しいかということは重要ではなく、仮説どうしや仮説と帰結の間の論理関係の吟味が重要である）。

そこで便宜的に、連続的一夫一妻本能という通説をベースに議論を進めてゆくことにしよう。多夫多妻仮説は、現代人の女が男と違って恋愛段階でも一夫一妻的に性と愛を結びつけたがるという「性愛傾向の性差」を説明しがたいのに対し、通説を採用しておけば、理論的説明と現実の性差との齟齬に悩む必要もないからだ（多夫多妻仮説に未練のある人は、以下、文言を適当に変えて読み直していただきたい）。

通説に従うなら、女には、処女厨の想定どおり「男を厳選する（処女を守る）」という本能があるとともに、処女厨の想定を超えて「選んだ男には体を許す」という本能もある。恋愛段階では男を選ぶのにさほど厳しい基準を適用する必要がない、という意識レベルで男を選択した結果、生理的レベルでは「私が選んだ男なのだから体を許してよい」というプログラムが作動してしまう。こうして現代の女は、石器時代の女に比べ、「厳選を経ない男に対して容易に体を許す」という傾向が強くなっている。これは、人為的な操作や洗脳の結果というよりも、本能の自然な作動の結果なのである。

生殖的に最適でない状態でセックスしてしまうこの行動傾向は、生物学的には**「前適応」**と呼ばれるものの一種だ。つまり、同じ遺伝子が、適応的な行動（結婚における生殖行動）を指令するとともに、反適応的つまり不利な行動（結婚に結びつかない恋愛での生殖行動）をも指令してしまうのだ。いわば「本能の誤作動」である。

誤作動とはいえ、あくまで自然な本能の発露には違いない。ちょうど、現代の男が、一回の射精のために風俗店に何万円も払うのと同じことだ。男にとって風俗嬢相手のセックスは生殖的には無意味だし、それは意識でもわかっているのだが、生殖に役立つ性本能がごく自然に誤作動してしまうのである。さらに顕著な誤作動は、ポルノ写真やアダルトビデオでのマスターベーションだろう。三次元の女に似てさえいれば、生殖的に無意味な二次元視覚刺激によって男は快感を誘発されてしまう。

ただし男の場合は性欲の誤作動によって失うものはほとんどない（子作りの機会コストが小さい）。対して女の場合、性欲の誤作動は、妊娠・中絶など損失可能性がきわめて大きい（子作りの機会コストが大きい）。それでも、恋愛というシミュレーションは原始時代の番い関係と酷似しているため、女の本能は容易に性交渉スタンバイとなってしまうのである。

以上のように、「容易に男に体を許さない」という女の本能は、現代において、別の二つの本能（＋環境要因）によって相殺されているわけだ。①「女は『普通』であるべきだ」という本能（＋「恋愛しない女、恋愛してもセックスしない女は変わり者である」というマスコミ的言説環境）、②「自分が選んだ男にはセックスを許し、その子どもを宿せ」という本能（＋結婚の予行演習にすぎないにもかかわらず結婚を最大限模倣する恋愛文化という連続的一夫一妻環境）。

以上は女の遺伝的本能の現代的発現の仕方だが、男の本能も同様の変化を被っている。処女厨がバレると嫌われる。嫌われると恋人を得にくい。恋人の得やすさと配偶者の得やすさに相関関係があるならば、処女厨のバレない男が有利になる。処女厨がバレないための最善の方法は、処女厨でなくなることである。こうして、処女厨遺伝子はまだ広く存在しているにしろ、環境に応じて「処女厨でない別の性質」として現われるようになっていく（そういう男が恋愛でも結婚でも勝者となる）。

・生殖にかかわる女の遺伝子は、男を獲得するという短期的目標によって軌道修正されて、婚前セックスの本能を自然に促す。
・生殖にかかわる男の遺伝子は、女を獲得するという短期的目標によって軌道修正されて、婚前セックスの本能に従う女を長期的配偶相手としても避けない本能を自然に促す。

この二つの傾向が男女の間で「共進化」してゆく。これは十分ありうるシナリオだ。女の場合ほどではないにせよ、男の処女厨遺伝子が処女好みとして発現しない頻度が増えていて、しかもそれは男が必ずしもやせ我慢した結果でもなさそうだからだ。「男は処女を好むのが今でも自然で、女は処女を守りたがるのが今でも自然」という処女厨の前提は、独断的かつナイーブすぎるのだ。

そもそも、結婚制度が原始時代に存在しなかった新しい環境であることを考えると、「結婚に何を求めるか」そのものが、個々人の文化的背景によって多種多様であるのは当たり前である。「安らぎ」よりも情熱恋愛を深化させた刺激を結婚に求める、という男も当然いるだろう。そのような男にとっては、処女厨的本能の出番はない。互いの不倫も、トラブルのもとにはなっても破局の原因にはならない。男女の本能に必ずしも合致しない結婚制度は、個人ごとに異なる価値観を発現させる。複雑な制度的仕組みに適応するために、人間の本能を司る遺伝子の働きは、大幅な相互調整を強いられるのである。「男は結婚相手には本能的に処女を求めるはず」という断定は、遺伝的本能というメカニズムの現われ方を単純化しすぎているわけだ。

現代の社会環境では、処女であること、処女厨であることの利点が激減していることは間違いない。避妊法、性病予防、性病治療の技術が進み、フリーセックスが容認され、婚外子の経済的権利が認められ、父子DNA鑑定その他の技術の普及も見込まれる現状では、あえて処女性を美徳として掲げるべき必然性は薄れている。そうなると、多くの人は、依然として処女厨遺伝子を体内に持ってはいながらも、都市環境におけるニーズに合った形で、当該遺伝子の新しい働きに自然に従うようになっている可能性が高い。

もちろん、処女厨遺伝子が、原始時代そのままの働きをしている場合も多いだろう。恋人や妻が処女でないと知って落胆する男がたくさんいることはネットでさんざん見てきたとおりだし、浅はかな処女喪失がトラウマになっている女、結婚まで処女を守ろうと決めている女が多いことも見てきたとおりだ。それに、経験人数が一〇人を超えるような女を、男女ともに軽蔑する傾向が消える気配はない。基本的に、「信頼できる男だけに処女膜を破らせる戦略」が原始時代に有利だったときの行動様式と意識傾向がそのまま多くの人に残っている。

しかし現代社会は下位環境があまりに多様なので、すでにさほど有利でなくなっている処女厨的行動様式が圧倒的シェアを占め続けるのはおそらく不可能である。処女厨が考えているよりずっと多くの人々が、処女厨には想像できないほどの無邪気さで「処女かどうかなんて気にしないよ！」と本心から思っているかもしれないのである。

♥

以上の諸点を改めて整理すると、こうである。

「原始人と同じ処女厨遺伝子を持つ現代人が、処女厨遺伝子が原始時代に指令していた行動Ｐに従うことは、正しい」という結論が三段論法Ｓによって導かれた、とするには、二つの条件が必要である。

ａ　「遺伝子が指令する本能的行動に従うのは正しい」

ｂ　「処女厨遺伝子は現代も行動Ｐを指令している」

このどちらもが疑わしいのだった。

つまり、処女厨の十字軍的なネット活動は、処女厨遺伝子が原始時代と同じ戦略行動を命じている人々に対して「周囲に流されると後悔するよ」とエールを送るためには有用ではある。しかし、処女厨遺伝子が原始時代と異なる戦略行動を命じている人々に対して「正義はこれだ」と処女厨的信念を押しつけるべき正当な根拠は、何一つ示されていない。

言い換えれば、処女厨的プロパガンダは、〔結婚まで処女を守りたいと思っている女子：ｂが当てはまる人々〕に対して〔規範ａはともかくとして単なる事実に目覚めさせる〕ためには有用ではあるが、

〔結婚まで処女を守るなんて頭が堅すぎて付き合いづらいと本能的に思っている男女：bが当てはまらない人々〕に、〔規範aの価値観を強いる〕べき正当な根拠は、何一つ示していない、と言うべきだろう。

以上のことが正しいとしても、そして処女厨が以上の議論の正しさに納得したとしても、処女厨言説の有効性が損なわれるとは限らないことに注意しよう。処女厨の「男はみんな結婚相手として処女を求めているに決まっている」という決めつけが正しくないとしても、以下のことは正しいだろうから。すなわち、「結婚相手に処女を求める男の人数と、男のその希望を察知している女の人数とが、現代社会ではあまりに食い違っている」という事実である。この事実が広く認識されないと、男女の認識格差がますます広がり、幸福な結婚どころか結婚の成立そのものがますます困難になり、とくに結婚を求める動機が強い方の性（すなわち女性）にとって不幸な時代が続くことは間違いない。

知恵袋を見て「えっ、処女がいいなんて男がこんなにいるの」と女が驚いていることに、多くの男は驚くのである。そんな基本的なことも知らなかったのかよ、と。ああ、そういえば俺たちってセックスさせてくれる女をちやほやしてばかりで結婚観なんて真面目に語ったことなかったもんなあ、と。男が意図せずして女に植えつけている誤解を解いて、女の認識を男の実態に近づけるためには、処女厨のネット発言くらいに過激に誇張されたコトバがほどよい効果をあげうるのだ、と評価することもできるだろう。

しかし誇張はあくまで誇張である。繰り返すと、確実に言えることは、「結婚まで処女を守れ」「結婚するなら処女を妻にせよ」という教えは、「正しい」のではなく、それに従うと男女とも「従わない場合より得をする確率が高い」ということだけなのである。そしてそれだけでも、つまり正義や善とは関係なく損得の戦略レベルだけで考えたとしても、処女厨の主張を尊重し、従う理由はあるとは言えるかもしれない。あくまでも損得という事実認識のレベルで判断する限りにおいて。そして、「正義」「善」のようなあやふやな価値判断を読み込まない限りにおいて。

第6章　×♀厨の平和哲学

論争の発展的解消のために

女は、「今の彼氏のことは好きだけど、経済力がないから結婚はしない」といったことを普通に口にする。女どうしでも、男の前でも。対して男は、「今の彼女はほんといい女だけど、セックスに持ち込むのが簡単すぎた。結婚はもっと身持ちの堅い女でないと」なんて、決して公言しない。男どうしでも、女の前でも。

第1章で、「男の処女厨は女の年収厨に対応する」ということを確認した。結婚相手として、女は男を経済力で選ぶ。それに対して男は、女を純潔によって選ぶ。

この二つの好みは、ぴったり対応している。「男への経済的依存」が女の原始的本音であり、その代償として女は、貞操の証明である処女を捧げ、夫の遺伝子を受け継いだ子どもを産み育てるという暗黙の約束を与える。そしてそうあるべきだ、とされるのである。わかりきっているはずのそんな男の本音は、女にほとんど知られていない。この認識格差は、現代の病弊と言うべきものであり、非婚化・少子化の第一原因と言うべきものである。

同時にまた、処女厨も年収厨も、現代社会では必ずしも合理的な衝動ではなくなっている。遺伝的本音だからといって黙認せず、解消に努めた方がよいのかもしれない。なぜなら、女が男への経済的依存を自ら容認しているようだと、人口の半数を占める貴重な能力がフル稼働しないままとなり、社会の潜在的効率が実現できないことになるし、男が処女にこだわっているかぎり、大らかな人間関係が実現できないように思われるからである。

そして実際、処女厨については、女からのバッシングのみならず、それ以前に男自身による自主規制がなされるようになって久しい。処女にこだわるのは自信のないモテない男だ、という男どうしの相互牽制と、セフレから嫌われないようにという打算的な思惑とによって、男は公には処女厨の本音を口にしない。結果、自分自身も気づかない深層へ抑圧し封印する。避妊方法も父子ＤＮＡ鑑定も発達して、女が貞淑である必要性が減じているから、本音の封印が害をなすこともめったにない。ならば男女ともに婚前セックスを謳歌し、処女が消える傾向をむしろ促進した方がよさそうだ。処女厨は有害無益な前世紀的欲望の残滓として男にも女にも排斥されるようになった。

♥

ただし問題がある。処女厨は徐々に淘汰される傾向にあるとしても、処女厨と対になる年収厨がいっこうに衰えないのである。女が結婚相手の条件に経済力を求めることは、恥ずべきことであるどころか、当然の不変の傾向として認められている。男を叱咤激励する道具にすら使われている。さらには、年収厨を男自身が心地よく感じているのだ。経済的負け組の男には心地よくないかもしれないが、言論や文化を主導する勝ち組の男には心地よいイデオロギーであるため、資本主義的文化風土はいつまでたっても女の本音吐露に寛容であり続ける。

年収厨が減らない以上、男の方も妥協するわけにはいかない。年収厨は核家族中心の経済システムにもとづくイデオロギーなので、それを女自身が強固に支持しているかぎり、女の貞操は無視できないのである。処女厨は寡黙ながら根強く残ってしまう。環境の変化にもかかわらず処女厨が残っている原因には、女の側の年収厨の持続があるのだ。そのことは、ネットで高頻度で呟かれる「養う」という語法によく表われている。「非処女を養うことの馬鹿らしさ」と題する2ちゃんねるスレッドの随所に、あからさまな文言が繰り返されている。

【このスレッドで構築されてきた主な価値観】
・経済的に依存するなら処女であるべき
・非処女なら生活費折半して定年まで働くべき
【このスレッドの存在理由】

就活を成就させて、その先受け取るであろう給料は苦労の集大成と言っても過言ではない。

そんな「苦労」を今まで他の男性と散々遊んできた女性に捧げるのは非常に馬鹿馬鹿しく、全てが台無しである。

現在就活中の男性が今後の人生で後悔しないように、上記の【このスレッドで構築されてきた主な価値観】を「現在の時点で」決心する為のスレッドです。

(http://archive.2ch-ranking.net/recruit/1291651434.html)

女の年収厨を反映する形で、処女厨はたえず生命を吹き込まれているのである。女の実利的現実性が、男のロマンティシズムに映し出される、という構図であろうか。

しかし、最初の疑問がまだ氷解していない。

よく考えてみるとかなりえげつない「年収厨」（人物より相性よりまず経済……！）の本音を悪びれず公言する女に対しては、リアル社会でもネット社会でも目立ったバッシングは見られない。にもかかわらず、どうして「処女厨」を男が表明すると非難合戦の嵐が吹き荒れるのだろうか。相補的・表裏一体・対称的な二つの厨のうち、どうして男側の厨だけが女のみならず男をも傷つけ、顰蹙を買い、炎上のもとになるのだろうか。今さらながら、別枠で整理しておくに値する。

♥

処女厨の言説には、善良な市民層の神経に障る性質がいくつかある。まず、処女厨言説が非処女をはじめとする各方面の「発狂」を誘う原因を考えてみよう。年収厨発言にないどんな〈神経逆撫で性質〉が、処女厨発言には秘められているのだろうか？

真っ先に、「下半身トピックであること」が挙げられるかもしれない（**粘膜性**）。年収厨が経済や文化に関わるドライな話題であるのに対し、処女厨はプライベートな身体に関わるウェットな事柄なので、刺激的であり、センセーショナルなのだ。

しかし逆に謎は深まる。だったらなぜ、童貞やヤリマンやホモやセックスレスが揶揄され叩かれても炎上現象が起こらないのか。むろん、ネットではどぎついシモネタが当たり前だからだ。当たり前のことでは誰もムキになったりしないのである。こうして見ると、処女厨というトピックだけが圧倒的争乱を巻き起こしている理由は説明できていない。

第二に、「処女厨の主張がしばしば誤解されている」ということ。年収厨発言に比べ、処女厨発言は辞書的定義からはずれた言葉遣いがベースになっているため、誤解されやすいのだ（**再定義性**）。ネットでも「処女を捧げたらその時点でその相手にも結婚候補から外されるんですか？　冗談じゃない」という反発が多々見られる。確かに、性交経験した女は処女でないという辞書的意味にもとづけば、「男が伴侶として大切にするのは処女だけ」というのは大変な暴論に聞こえる。男は婚約者と一回セックスしたらすぐ興味を失って別の処女を漁り始める、という含みがあるからだ（この誤解にもとづく的外れな処女崇拝批判は実際多い。たとえば坂爪、2014, p.27, 宮台、2013, pp.183-5）。

しかし再三見てきたように、処女厨の言う「非処女」はあくまで「結婚前に夫以外とセックスした女」である。破瓜を経験しても妻になっても母になっても処女は処女なのだ。処女とは、生物学的概念ではなく、人間関係的概念とされているのである。ここが理解されれば、処女厨への過大な反発がかなり鎮静する可能性はありそうだ。

第三に、処女厨がもう一つ別の誤解に晒されている可能性も考えられる。「非処女は恋愛対象としても失格」と断定されているという誤解だ（**膨張性**）。最初に確認したように、処女厨は、結婚相手としてでなければ（単に女としてなら）非処女をいくらでも愛することができる。処女厨は結婚制度あってのイデオロギーなのだ。したがって処女厨は、核家族を家父長制および女性支配の元凶として批判するフェミニストとは実は相性がよい。処女厨の主力が結婚願望強き男たちであることは確かだが、貞操を必須とする現行の結婚制度がもし壊れれば、多夫多妻的な自由恋愛に処女厨も安住するだろう。結婚という束縛を前提したときにのみ、処女厨のヒステリックな貞操要求が発せられるのである。

むろん、処女厨言説が正しく理解されても、特有の不快感は誘発され続けるだろう。たとえば第四の理由として、「聞き慣れなかったから」という事情が挙げられる。

「今さら非処女ムリなんて言われても！　聞いてない！」……女は騙された感に戸惑うのだ（遡及罰性）。男が本音を伏せていたせいで、深く考えずに処女を捨ててしまった。決して自分の性欲からではなく、彼氏を喜ばせようとして、ムードを壊すまいとして応じてしまった。それが裏目に出るなんて。言ってくれれば守っていたのに。ショック。

……簡単なことだからこそ、処女保全を怠った自分が恨めしい。その潜在的悔いをえぐられると、非処女は怒り心頭に発するのである。学校の性教育で「結婚適性と処女性」の関係を教わった上で、あるいは知恵袋で男の本音を学んだ上で非処女になったならば、事情は違っただろう。納得ずくの選択だから、後に処女厨特有の罵倒に出会っても動じずにいられたはずだ。

逆に「聞き慣れていることだから」という第五の理由があるかもしれない（追討性）。女の場合、「納得ずくの選択」が常に微妙であることは周知の事実だ。非処女の中には、処女厨言説に出会う前から「やり逃げ」された苦い記憶を噛みしめていた者が少なくない。相手を恨み、自分の愚かさを悔いているところ、その苦渋に追い打ちをかけるのが処女厨言説だ。「言われなくたってわかってるよ！　私は馬鹿だったよ！　とっくに悩みまくってるよ！　うるさいよ！」

第六に、処女厨的要求が当たり前に見えて実はいかにも不合理であり、理不尽に感じられることがあるだろう（**不明朗性**）。安定収入は、婚活の文脈に限らず、有利であることが誰の目にも明らかである。多くの金を稼いだ方が、生活も豊かになり、自由も利くようになる。だからスペックの高い男と結婚したがる女の望みは合理的であり、理解しやすい。だが、高スペック男のメリットに比べ、処女のメリットはわかりづらい。非処女に比べて本当に貞操観念が強いのか、見てわかるような違いがないのである。不確かな処女のメリットを褒め称え、不確かな非処女のデメリットを攻撃する態度は、オカルト信者に通ずるものがある。合理主義者であればあるほど処女厨を嫌うのは当然と言えるだろう。

もちろん社会経済的に見れば、年収厨も決して合理的とは言えない。女性の労働条件がいかに改善されようと「やっぱりいつでも辞められるようにしておきたい」という本音に従い続ける〈甘え〉の側面があるからだ。しかし、安定収入ある男との結婚には、利己的観点から見てメリットがあることは依然明白だ。処女厨にはその明白さが欠けている。よって、個人レベルにおける合理性の尺度では、処女厨は年収厨よりもはるかに非合理的であると言える。

リアリスティックな年収厨に比べ、ロマンティックな処女厨は、合理主義的世界観に収まりきらず、そのぶん「いかがわしい」のだ。

むろん、多少非合理なことであっても、「やり直し」が効くことなら、それを推奨するのもわからないではない。処女厨の熱意も理解できる。しかし、非処女はもう処女には戻れない。後の祭りだ。ここに第七の理由がある。もはや努力で変えられない非処女という属性を非難罵倒するのはフェアでないのだ（**覆水盆性**）。年収厨は違う。高収入男を礼賛しニートを軽蔑することは、それなりに男を奮起させる効果がある。ニートが良き妻を得るために努力して一躍高収入男になる可能性もあるのだから。しかし非処女を罵倒してもそうした展望は見えてこない。非処女を処女に戻すことはできず、せいぜい表面を取り繕うことを促すだけだ。処女膜再生手術などで夫を騙したとしても、自分を騙すことはできない以上、女自身は嘘をつき通すまことにストレス深き人生を送らねばならない。こうして、回復の見込みなき属性をあげつらう処女厨言説は、残酷であり、非生産的でもある。

ただし、非処女にとってはもはや変えられないことかもしれないが、処女にとっては処女厨の言説はこれからの指針となりうる。処女に対する効果に着目すれば、「非生産的」という批判は当てはまらないだろう。処女厨言説に出会ったおかげで考えを改め、助かった、という処女は少なくないだろう。処女厨言説の本音露呈性こそは、下品で俗っぽいいかがわしさのぶん、学校の性教育も親の説教も及ばない道徳的説得力を持ちうるのである。

だが、処女厨言説が処女にとって生産的であるからこそ、別の苛立ちが誘発されることになる。すなわち第八には、処女厨言説が「結婚したい女はみな処女であるべきであり、すべての男は非処女との結婚を控えるべきである」という極度に普遍化された主張のように聞こえるということだ（裁断性）。もちろん人の生き方はそれぞれであり、結婚に安らぎを求めている人々ばかりではない。目新しい性的快楽を常に追い求めて悔いない女、その種の女を一生の伴侶とした方がスリルがあって面白いという男、等々の価値観に何も間違ったところはない。処女厨のターゲットは実際はそうした例外的な人々ではなく、主に「処女を守るかどうかが幸せを左右する可能性の高い平凡な女たち」である。結婚願望のない女はもちろんのこと（第二理由参照）、波瀾万丈の結婚を何度も繰り返す覚悟のある女も処女厨の批判対象ではない。堅実なセレブ男と結婚して専業主婦に収まりたい的な安定志向の平凡な女に向けて、「長期計画なしに夢が実現できるなんて甘すぎる」と警告しているのが処女厨言説なのだ。

そのように限定された母集団に向けられているとはいえ、普遍化言明のいかがわしさは拭えない。（安定収入のような）物理的合理性に裏付けられない「処女性」のメリットを普遍化して憚らない独善ぶりが、多くの男女に動揺と納得をもって迎えられている（らしい）有様は、懐疑主義的な人々には鼻につく。人間の合理的趣味は多様な個性を各々誇るべきであるはずなのに、処女性の美徳へと「正しい趣味」を強引に収斂させるナイーブな十字軍的普遍化志向が容易に納得されてしまうのはいかがなものか、と。

こうした懐疑主義者とは正反対に、処女厨言説の正しさをすんなり信じられる人々にとっても、「処女厨言説の生産性」は忌々しい。すなわち第九に、「寝た子を起こすな」という事なかれ主義的苛立ちが掻き立てられるのだ（容喙性）。「覚醒した非処女」にしてみれば、未だまどろみの中にいる処女どもが自分の優位を知らずにやすやすと非処女に墜ちてくるありさまは慰めになるだろうし、非処女と結婚した男も、忌々しい「勝ち組」の夫を減らすために世の処女に無自覚であってほしい。そしてすべての男にとって、処女の貞操がゆるんでいる現状は遊びには好都合だ。せっかく世の風潮が、個性的価値観の多様化礼賛に伴って非処女肯定に向かっているのだから、なにも各方面に不都合な処女礼賛を蒸し返すことはないだろう。処女厨ってのはほんと無粋な野郎どもだ。

非処女やヤリチンにとって処女厨言説が脅威なのは、処女が処女厨言説に従うこと、つまり結婚まで処女を守ることが、実はきわめて簡単なことだからである。覚醒しさえすれば、処女の大多数が簡単にこの教えを守ることができてしまう。

「寝た子を起こすな」とことさらに警戒されるのは、「寝た子は簡単に起きてしまう」からなのだ。そして、寝ていたのは女だけでなく、男もだ。ここに第一〇の理由がある。

実例で説明しよう。私が酒の席で「結婚相手が処女かどうかは重要か」という話を持ち出したさい、その場にいた四人の既婚男たちは全員「そんなものは気にしなかった」と断定した。その中のα氏に適齢期の娘がいるというので、私は訊ねてみた。「もしお嬢さんが、結婚しない相手とセックスしていたらどうですか。べつに気にしませんか」。すると「いや、それはいかんね。ダメだ」という返事。「なるほど。てことは、αさんは、娘の男遍歴より妻の男遍歴の方が気にならない、イヤじゃない、というわけですね」

するとα氏はやや考えて、「いや……、やはり妻の方がイヤだねえ……」

処女厨にはまったく共感を感じないと言っていたα氏が、いつのまにか自らの処女厨性を認めてしまった。誘導尋問によって男の「本能を目覚めさせる」ことは簡単なのだ。処女厨意識を覆い隠す文化的皮膜はごく薄くもろいのである。α氏のデリケートな実例は、何らかのキッカケで結婚後に急に妻の非処女たることが気になり始めた知恵袋の夫らのケースと響き合う。

このような「強制覚醒」を被る不快さを予感しているがゆえに、本能的に男たちは処女厨言説が核心に触れる前にブロックしようとするのだ（**触媒性**）。処女厨発言そのものが神経質に避けられるのも無理はない。

（下半身関係については、男の意識がちょっとしたキッカケで反転することが珍しくない。私の友人に風俗産業を忌み嫌っている大学教授がいたが、マッサージ店のつもりで性感エステに入ってしまった経験をキッカケに、性感エステ掲示板の常連になるほどのめり込んでしまった。処女に関する男の無意識も、同様の「過安定」状態にあると言えよう）。

男の中の処女厨意識の暴露がごく簡単に起こりうるのは、処女性の単純さを反映している。「すべてはごく単純なこと」だからこそ、ささいなキッカケで男は要らぬ覚醒を被る。そしてささいなキッカケで処女を捨ててしまう女たちの浅慮に苛立つ。

すなわち第一一の要因は、ごく簡単な「処女を守る」程度のことがたいていの女には成し遂げがたいということだ。あるいは少なくとも、ほとんどの女が誘惑に負けているのが実情、と多くの男が信じていることだ。「処女はほとんどいない」という再三見た一般的誤解。これによって、希望に満ちた未婚男にとっても「自分が生涯愛することになる女はおそらく非処女」という諦めムードが基本となり、将来の自分を「負け組」に分類しつつイメージしてしまう。そのもとを作った処女厨言説には苛々させられる。非処女を人格的にも毀損する処女厨傾向は、今後実現する我が愛に水を差す確率が高いのだから、未婚男の不快感はなおさら掻き立てられるのだ（**冷却性**）。

しかも、安定収入のある男とそうでない男を判別することに比べ、処女と非処女を判別することははるかに難しい。女側からの男の選別は職業等の公的証明がいくらでも得られるのに対し、男側からの処女識別ははるかに曖昧な作業となる。そのような困難な識別ミッションの試練をくぐり抜けるような人生ゲームを、健全な男は今さら意識に上げたくないのである。処女という非感覚的な選択条件は、要らぬ困難を男に背負わせるのだ。識別困難ということすなわち、男側の識別努力にも女側の保守努力にも値するかどうかが疑わしい些細なこだわりにすぎない証拠なのだから（もし少しでも重要な事柄なら、男の年収のように事あるごとに識別可能な影響をもたらしているはずだから）。

「処女を守る」が女に努力を要しない一見つまらぬ事柄であることは、そんな相手もゲットできない(であろうし、識別すらできないであろう)男自身の自尊心を前もって傷つける。そして希望を挫く。そればかりではない。それ以上に、無自覚な女への苛立ちをも誘発する。

つまり第一二の要因は、努力を要する男側の高収入就業という条件に比べて、対になる女側の「処女を守る」があまりに安直な条件であることそれ自体だ。すなわち、女の務めがその程度のものということから、「女には努力を求めず」という男尊女卑思想が仄めかされる(過保護性)。高収入と処女性とで釣り合いがとれるほど、男女の潜在的努力可能性には違いがある、という含意だ。女はずいぶん軽く見られているのである(そしてその軽い責務すら果たせずに簡単に非処女化してしまう脆弱な存在と見なされているのである)。

貴重品扱いされて処女が喜ぶどころか、処女コンプレックスへの皮肉ととられかねないのはそのためだ。努力の結果でない平凡な属性を褒められて誇らしいわけがない。まれに処女を売りにする女がいようものなら、処女厨言説はそんな勘違い女を煽てる悪趣味として響くのだ。

婚約破棄された友人が「わたし処女だったのよ」とこぼしたその一言がきわめて不愉快だった、と話す女がいた。その友人が「たかが処女程度のことをセールスポイントと見なした」のが、一種の努力不要宣言、女性性に対する自虐的な侮辱に感じられたのだろう。

しかも、先ほど見たように非処女は努力しても処女になれないため、「処女喪失後はもはや女の努力は無駄である」というニヒルなメッセージが暗に伝えられる。女は努力が不要(処女の場合)か無駄(非処女の場合)か、あるいは努力のかわりに欺瞞を用いるか(処女膜再生手術の場合)だ、と。「女は、努力と無縁の欺瞞的生き物だ」——これはきわめて不愉快な女性観だろう。

かといって、反対に処女性を高度に自律的な選択行為と見なせば、第一三の要因として、自由意思の重圧がクローズアップされてくる。年収の高低は自分で直接選んだことではなく、能力と職業選択に付随してきた事情にすぎない。半ば運命のようなものだ。ところが処女喪失は、性の自己決定の結果である。誰を妻とするかも同様。選択の自由が大きければ大きかったほど、後悔と自責の念が強く働く。自業自得。処女厨の罵倒は、過ちへの叱責、後悔の強制、そして不当な処罰であるように感じられるのだ。多くの非処女が、そして非処女を妻に選んだ男たちが、処女厨言説に過剰反応するのは無理もないだろう（**懲戒性**）。

♥

第一四の要因として、経済と愛の相違が挙げられる。夫婦の単純分業の問題である「夫の年収」と違って、貞操は相互信頼の問題なので、そこで格差要求されるのは愛の根本問題に関わる。年収は経済問題であり、処女は心の問題である。心の問題に対しての方が心が過敏に反応しやすい、というのは当然のことだ。心は心に敏感なのだ（**心因性**）。

第一五の要因としては、非処女がビッチと同一視されることが多いこと（**毀損性**）。これは非処女発狂の主要要因だろう。定職があればどんな低収入でもニートと同一視される心配はないが、非処女だとビッチの可能性が必ずや残り、疑いの余地がつきまとう。だから単純化して「非処女＝ビッチ」とことさらに言い募る処女厨言説は、非処女にとって痛いのである。潔白の証明のしようがないのだ。

しかし、そもそもビッチといっしょにされたくないという非処女自身の差別意識が、自己否認の論理を暴露している。なぜビッチがダメかをちょっと省みれば、まさに非処女自身が処女より下に見られる理由が眼前に浮き出てくるのである。「処女：非ビッチ非処女＝非ビッチ非処女：ビッチ」（それどころかたとえば「経験〇人：経験一人≧経験一人：経験五〇〇人」）の図式はそう簡単に崩せそうにないからだ。その自己矛盾に対する葛藤こそが、非処女が遣り場のない怒りに燃える主因をなしているのだろう。非処女発狂は、非処女自身のビッチ差別にもとづいているのだ。

一六番目に、「処女厨が優れた男であるとは思えないこと」が非処女の怒りに油を注ぐ。年収厨の度合いが高い女は、それだけ妥協のない自信に満ちた女だということを男も女も承知している。なのに、なぜ処女厨の方は、自信のないダメ男、とみんな思い込みがちなのだろうか。「贅沢を本気で望むのは自信家だ」という一般法則を、処女厨の場合に当てはめようとしないのはなぜか。これは、第六の理由と関わっている。高収入男に比べて処女はその優秀さの根拠がわかりにくいため、そんなものにこだわる処女厨は年収厨とは正反対のオカルト的迷信家のように感じられるのだ。何が悲しくてそんな輩に上から目線で罵倒されねばならないのか（**侮辱性**）。

しかし、これもネットでしばしば指摘されるように、相手がただの迷信家なら、そして迷信家には興味ないというならば、そんな相手に結婚相手候補から除外されたからといってカッカすることもないだろう。なのにカッカしているということは、「処女厨の主力は高スペックなセレブ男たち」という事実に非処女たちがうすうす気づいていることを示している。つまり非処女は、結婚したい種類の相手から拒否られることで怒り狂っている、という面があるのだ。

そこをあえて気づいていないことにし、「処女厨は低スペックの非モテオタク」と自分に言い聞かせる自己欺瞞は、少なからず気分悪いものだろう。これは第一七の要因として独立させるに値する。自己欺瞞の内容への怒り（「低スペック男が何をほざく！」）が第一六要因、自己欺瞞そのものへの自己嫌悪が第一七の要因（**鏡面性**）というわけだ。

♥

第一八の要因は、「やり逃げ」に代表される女特有の「被害者意識」に関わる。第三要因で見たように、恋愛ではちやほやされたのに婚活で苦戦している非処女は、「男のダブルスタンダードに騙された」という苦々しい思いを抱いている。そして、単に騙されただけでなく、男に非処女化を強要された、とも感じがちである。第五要因で見たような自己譴責・自己嫌悪に加えて、（とくに不本意な別れ方をした場合）あたかもレイプされたかのような記憶も潜在しているのである。

「肉体関係に応じないと彼氏が去ってしまう。破局を迎える」と信じ込んでいた女には、それが当時は死活問題に感じられた。女は恋愛欲が男以上に強いため（澤田、1928）、恋愛の破局防止をセックスで買ったようなものだった。しかし結局恋愛は実らなかった。残るのはエロティック・キャピタルを浪費した事実。すなわち「奪われた」という感覚。

不必要な焦りに駆られた自分を遡って批判する処女厨言説は、非処女にとって、潜在していた被害者意識をえぐり出して増幅するセカンドレイプに等しい。しかもネット内の身元不明の大勢から一斉に加えられる、覆面セカンドレイプだ（**輪姦性**）。

増幅されるのは被害者意識だけではない。女が常々抱く不公平感をもまた、処女厨言説が増幅してしまう。この第一九の要因はとりわけ手強い。

「美人の方が男に好まれる」という俗説があり、それは紛れもなく真実である（そもそも好まれる顔が美形と定義されるので）。恋愛や結婚で競った場合、美人は不美人に比べて有利だ。そこへ「結婚は処女が有利」という事実が知られるとどうなるか。美人度で〈外面の美〉を計測されている現状に加え、処女性によって貞操観念という〈内面の美〉を客観的に値踏みされることになる。美処女なるものは意外といるので（美人は体を張らずとも概してうまくやれるので当然だ）、彼女らが外面の美だけでなく内面の美をもかっさらってしまう。越えられない壁が立ちはだかる。本来不確実な「内面」に慰めを見出そうとしていた凡庸な女からすればたまったものではない（**遮断性**）。

〈内面の美〉という曖昧な基準適用の余地を頼りにかろうじて容姿の格差に耐えていた者からすれば、〈内面の美〉を客観化する処女厨言説は許し難い〈心の安息侵害〉である。

男は、美男であることが恋愛では有利に働くが、結婚においては経済力など他の要因に容姿が凌駕されるため、「高収入イケメン」は高収入フツメンと大差なく、「美処女」ほどの反則とは感じられない。対して女の場合は、美貌と純潔とが同時に有利に作用するばかりか、美と純潔の足し算を上回る相乗作用を享受する。美人が処女だったと判明するや「モテただろうに意外」というギャップ萌えが刺激され、かつ「誘惑が多かったろうによくぞ」と純潔度が際立つからである。

相乗作用によって女性内格差は限りなく広がる。美に恵まれた非処女も美に恵まれない処女も、宝の持ち腐れ状態を思い知らされるだろう。つまりすべての非処女と多くの処女が不愉快になる。処女厨言説をまんざらでもなく受け止められる女は、容姿にコンプレックスのない処女だけ、ということになるのだ。

この第一九要因が難物なのは、多くの不美人がことさらに処女を早めに捨てる動機と密接に関係するからである。自意識の強い女は、自分が美人の部類に入らないというだけで、不必要なほど容姿にコンプレックスを抱きやすい。そして、『男に相手にされない女』と思われないように」という馬鹿げた動機で早めに非処女化する傾向がある（私は実例を大勢知っている）。この動機が馬鹿げているのは、男にとってセックスは、女の容姿ではなく粘膜に対してなされる行為にすぎないからだ（序章「問6」の五区分レベル表参照。「セックスNGのレベル1女」も存在することは確かだが、誰がレベル1に該当するかは個々の男によって異なり、「ほとんどの男にとって共通にレベル1」の女などまず存在しない）。女がセックス相手を見つけるのは簡単で、何の品質証明にもならない。それでも女はセックスしたことによって一応の自尊心を手に入れることができる。しかし処女厨言説は、せっかく獲得した自尊心を粉々に砕いてしまうのだ。

容姿コンプレックスの強い非処女にとってみれば、自分の「戦略」が全くの錯誤にもとづいていたことを思い知らされる爆弾発言こそ、処女厨言説なのである。なにしろ不美人非処女は不美人処女よりは上だと信じていたところが、不美人非処女こそ最悪の部類だと引導を渡されたのだから！

いや、そんなことは先刻承知の不美人非処女もいる。「男性経験豊富なんて属性は、男の目から見れば嘲笑の的ってことくらい私は弁えてる。ダイエットみたいなもので無垢な女の間でのステータス誇示にしか使えない自己満足。でも女どうしでは立派に通用してきた価値証明なのだ。なのに処女厨が男目線をアッケラカンとばらしたせいで、女の中での幻の優位も崩れ去ってしまった。どうしてくれるの！」……同性のコミュニティを意識したこの心理は、単なる不平等感の増幅という第一九要因と区別して、第二〇要因と認定するに値するかもしれない（**幻滅性**）。

♥

もう一つ、かなり手強い第二一の要因がある。女に処女を押しつけることが圧政的道徳の暴力であるように感じられることだ。男に高収入を要求するのは、男本来の競争本能・闘争本能にむしろアピールするので、何ら人権侵害的な抑圧的要素はない。対して、女に処女を要求することは、「女本来の何らかの本能にアピールするわけではなく、自由な恋愛の形態を制限するものであり、抑圧的だ」と感じられるのである（**圧迫性**）。

しかし、女が本当に自由に、喜んで処女を捨てている場合というのはむしろ少数派ではないか、という疑いの余地が大いにある。セックスを後悔する女のネット発言をすでに見て確認できたとおり、女のセックスは、本心からあるいは強い性欲に突き動かされてという割合よりも、男へのサービス（さもなくば自傷行為）という側面の方が大きいらしい。そこが問題なのだ。本当に強い性欲を多くの童貞がもてあましている反面、とくに内発的欲求もなく恋愛継続のための非常手段として女が処女を捨てる風潮に対して、処女厨言説は警鐘を鳴らしているのである。つまり処女厨が問題にしているのは個人の幸福なのだ。しかし、処女厨言説はその内容からして、制度的な意味合いを強く帯びている――抑圧的な家父長制的イデオロギーに支配されている――と感じられてしまう。そして処女厨言説が、その意図にかかわらず家父長制的イデオロギーに利用されうることは確実だろう。なので、フェミニズム的傾向のある人々の大反発を呼び起こすのも無理はないのである。

第三要因で見たように、処女厨はフェミニズムと矛盾せず、むしろ家族制度をストレスと捉える点で同族である。とはいえ、処女厨言説が表面上、結婚制度を固守しているように見える限り、フェミニストにとって有害なノイズでしかないだろう。

まさにそのフェミニズムこそ、処女非処女論争がこうも険悪になりがちな最後の最大の理由——第二二の要因——として挙げられるべきだろう。ネットで処女厨バッシングをする人々の一部は、フェミニストもしくはその傾向のある人々だと思われる。フェミニズムは政治的問題意識を核にしているので、どうしても語調が棘を帯びがちだ。結果として、処女非処女論争も、過度に感情的・扇情的な外観を示すことになる（**目標選択性**）。

論争も、内容的に過激化するのであれば、さかんに進展しているということであり、むしろ解決に近づくことが多い。しかし内容的には全く過激化せず、虚しい堂々巡りを続けつつコトバだけが過熱することが往々にしてある。処女厨論争はまさに言葉上の過熱が先行している悪例である。論争がいくら過激な言辞を弄したところで、内容的に過激化しないままでは、双方にとって有益な結果は生まれそうにない。

ネットのここかしこで、処女非処女論争のいたずらな過熱を沈静化して生産的な方向へ向かわせようという動きが見られないわけではない。処女厨の牙城である2ちゃんねるから簡便な一例をとろう。「処女厨論争してて疲れた非処女ＪＫがマジレス」というスレッドの第一声である。

2013/11/23（土）06:28:09.52 ID:0hzFOrQQo
・処女とは、容姿や家事と同じように「付加価値」であり、処女と容姿と家事どれを最重要視してもおかしくない
・非処女は非処女になる過程で（誰のせいかは別として）自分に問題があったから、逆上して処女厨を責めても仕方ない
・非処女はビッチ自慢や処女厨叩きをやめて、処女以外の付加価値を磨き、処女厨でない男性と真面目な交際が出来るように努力しよう
・処女厨が非処女を貶めても、間接的に心の弱い処女が劣等感を抱き非処女が増えるだけ（具体例：非処女経験豊富自慢↓家庭で貞操について教わらない処女「処女は恥ずかしい！セックスしなきゃ！」）
・処女の絶対数を増やしたいなら（素敵な処女であるかどうかは別）、処女にセックスのリスクを教え、簡単にセックスすべきでないことをわかりやすく伝えられる社会を作ろう（私はヤリチン排除賛成派）
多分色々と足りてない部分はあると思う。

少しゆっくり話しがしたいと思ったんだ、良かったら叩きでも質問でもして欲しい。

(http://ex14.vip2ch.com/test/read.cgi/part4vip/1385155689/)


処女厨の観点からも同様の歩み寄りはたくさんあり、「処女好みは正義でも何でもなくただの趣味に

すぎないと自覚しよう」「非処女叩きよりもセックスのリスク周知を優先しよう」「非処女に懺悔を強いるのではなく今後の努力の必要性を自覚させよう」という点は一致している。

♥

処女厨もアンチ処女厨も納得できる社会（貞操観念についてあれこれケンカせずに済む社会）を実現するためには、ここまで挙げてきた計二二個の「炎上要因」をあらかじめ除去または緩和しておくことが必要だ（実は、緩和困難な第二三の最強要因が考えられるが、それは〈付録3〉で示す）。そのためには、男が隠してきた本音を女が先刻承知、という環境を作り出さねばならない。そのための確実な方法は、やはり早い時期の性教育だろう。進化心理学にもとづいた「男女の本能」の実態を、中学校くらいで徹底的に教え込むのだ。

性教育には二本の柱がある。結婚前の禁欲を基本として、貞節の利益、社会的期待、セックスの断り方、などを教える「純潔教育」と、必ずしも禁欲を前提せずに、避妊や性感染症予防などに力を入れた「総合的性教育」である。日本の性教育は、性交そのものを前面に出さない文言で行なわれる傾向が強いが（橋本、2011参照）、本書の観点からすれば、性教育は性交そのものの問題を中心に教え、かつ純潔教育寄りの方法で行なうことが得策だ、という結論が導かれることは察せられるだろう。

ただし純潔教育といっても、アメリカの「福祉改革法」に見られるような規範的な要素を含む教育（「〜べし」というスタイル）ではなく、社会統計や進化論の理論にもとづいた、淡々とした科学的事実の体系的教示（「〜である」というスタイル）が望ましい。これらの事柄を知った上で、セックスしたい人は自己責任でやりなさい、という方針で行くのだ。実際、女自身に本当にしたい性欲があって、男のダブルスタンダードについての知識、後悔しないという確信、病気や妊娠への対策、等々が揃っていれば、べつにセックスすることを咎められるべき理由はないだろう。

本来は、酒、タバコと同じく、一八歳未満あるいは二〇歳未満のセックスは法律で禁止（結婚する場合は除いて）とするのが一番よいのだろう。しかしプライベートな行為を取り締まるのは難しい。つい法律を破ってしまった場合には、なし崩し的に別の違法行為や法律軽視が育まれてしまい、法律がなかった場合より悪い結果になりがちだ。ザル法はなるべく存在しない方がよい。「セックスは合法ではあるが、なるべくなら避けた方がよい行為」であることを、病気や妊娠のリスクとは別に、処女厨的観点から周知させる、という程度が穏当なやり方だろう。

病気や妊娠のリスクの他に、性教育で教えるべき項目は以下のようになるだろうか。

1 女が男の安定収入にこだわることと男が処女にこだわることとが連動していることを、進化論的基盤の説明とともに男女に意識させる。善し悪しの問題ではなく、事実としてそういう好みが蔓延していることを弁えさせる。【進化心理学】

2 男の遺伝的本能（とくに恋愛と結婚のダブルスタンダード）についてしっかり女に教え、男にも自問自答させる。【二重基準の意識化】

3 高スペック男に処女厨が多い現実を女に周知させ、それが男尊女卑とは関係ないことを理解させる。異性の好みは主義主張ではないことを確認し、処女が増えれば童貞も増えてお互い様で

あるといった論理を了解させる。【処女厨と差別主義の相互独立性】

4　若い頃のセックスは判断の誤りが多く、とくに女の後悔の原因となるという実例を、インターネットの掲示板や質問サイトで研究するよう促す。【セックスの男女非対称性】

5　女目線での処女のメリットを損得勘定で整理する。①恋愛での主導権確保〜エロティック・キャピタルの有効利用、②ハイスペック男との価値観一致、③結婚生活の安定可能性。【道徳から損得へのパラダイムシフト】

6　男目線での処女のメリットは基本的に「非合理」であることを最低限自覚させる。父子DNA鑑定の普及可能性等によって不倫の深刻さが軽減されつつあることを教え、処女厨のモチベーションを減らす。貞操は正義でもなければ義務でもなく、自由な美徳であることを教える。【貞操の意義の技術的可変性】

これらのうち6は、「である」の事実教育を越えて「べし」の規範教育に踏み込むことになりそうだが、処女厨的イデオロギーに対するバランスをとる程度には必要だろう。貞操は「一夫一妻制」のもとでのみ意味を持つ。社会的一夫一妻の消滅は教育的にイメージさせにくいので、性的一夫一妻の消滅可能性に焦点を絞り、父子DNA鑑定のメリットを教えればよい。妻の不貞が夫にもたらす生物学的ダメージを夫の不貞が妻にもたらす経済的ダメージと同程度以下に抑えることができること。これが処女厨の主張の大半を不要にし、争いの元を消去できる。将来的には「非処女特有のデメリットは消滅し、非処女と非童貞が全く同価値になる」という展望が開かれる。これこそ、処女厨的執着を軽減する重要ポイントだろう。

これら六教訓は、性欲が強くて本心からセックスしたい未婚女性の自由を束縛するものではない。本当にやりたいならいくらでもやればよいのである。男は大歓迎だ。乗り気というわけでない多くの女がセックスする前に思い出すべき教訓、それが以上六つで満たされるだろう、ということにすぎない。他方、六教訓は、いつまでも絶滅することはないだろう処女厨の〈言論の自由〉を妨げるものでもない。

♥

最後に、アンチ処女厨のうち、非処女の心構えについて提案しておきたい。処女厨が自らの本能に任せて何を言い立てようと、「ほがらかな好みの問題」として非処女側が軽く流せるようになる。それこそが、泥仕合を決着させるために最も大切なことだからだ。「ふーん、あなた方そういう趣味なんだ。わたしらはべつに童貞にこだわらないけど。お金持ちでありさえすれば」……

では、どうしたら非処女は処女厨言説にいちいち苛立たずにすむようになるだろうか。方策は二つある。

一つは、処女厨の罵倒をすべて素直に受け止め、ただし罵倒としてでなく「これから努力が必要なんだな」という戒めとして活かすことである。とくに、処女だけでなく非処女にとっても「やり逃げ」を食らうことは痛手なので、その対策として男性心理を知ることは重要であり、処女厨言説は大いに参考になるはずだ。

結婚で非処女が不利だという論点に関しては非処女は何の慰めも教訓も見出せない、と言われるかもしれない。しかしそんなことはない。結婚に関しても、非処女は、処女厨言説を真面目に受け止めることから有益な姿勢を身につけることができる。たとえば、「子どもの虐待」について進化心理学が説く教訓を見てみよう。血縁のない父子の場合、血縁のある父子に比べて、子どもへの致死的虐待が一〇〇倍起こりやすくなる（デイリー&ウィルソン、2002参照。実母も夫に迎合して虐待する傾向がある）。猿は、連れ子を奪って殺した雄に雌が進んで身を任せるが、その猿の子孫としては「一〇〇倍」はまことに当然の数字だろう。不愉快だが直視せねばならない。こうした本能にもとづく虐待傾向を抑えるためには、子どもの母親が新たなパートナーに対して「父親なんだから愛して当たり前」という態度をとることなく、子育て協力への感謝をたえず表明するのが有効だという。人間は理性的動物なので、意識的な努力によって、猿的本能に発する統計的結果をコントロールできるのだ。

同様に、非処女が夫の浮気や離婚の憂き目に遭う確率は処女の場合より高いが（加藤司、2009参照）、これも動物としての本能の結果である。直視しなければならない。一夫一妻的な鳥の場合も、オスは、メスが目の届かないところへ行っている時間が長いほど（他のオスと交尾している確率が高いほど）、餌を持ち帰る量を減らすなど、結婚生活への協力を調整する。人間も同様なのだ。しかしこれも、妻の努力によって変えることができるのは言うまでもない。非処女妻は、夫から協力的な態度を獲得するために、コミュニケーションやその他のサービスで工夫を凝らしたり、自らが金を稼いで家計を分担したりすることができる。あるいは、自分が妻として貞節であることを事あるごとにアピールする工夫によって、非処女のハンディキャップを克服することができるだろう。最も効果的なのは、夫婦で「貞節」を含めた下半身問題について頻繁に会話し、理解を共有することだ。

ハンディキャップの存在を否定し続ける態度は有利に働かないだろう。非処女自身、「ソープ嬢はよほど心を入れ替えないと高スペックな結婚はできない」などと思っているのではなかろうか。それが純潔志向男には「デリヘル嬢が立ちんぼを笑ってる」くらいに見えているかもしれない、という想像力は持たねばなるまい。謙虚に「更生する」くらいの心構えでちょうどいいかもしれないのである。

このように、処女厨の言葉に耳を傾けることによって、非処女妻は、自らが背負った生物学的不利を意識し、努力するためのモチベーションと、どこをどう努力すればよいのかといったヒントが得られるだろう。これは、低収入の夫がそれなりに家族サービスに努力するのが賢明であるのと同じことなのである。

さて、もう一つの方策は、処女厨言説を自分の立場からの考察のタネにすることだ。つまり、「処女で結婚することのメリット、デメリット」を女が独自に考えればよいのだ。処女厨発言はあくまで、非処女と結婚することの、男の側のデメリットを力説したものである。副産物として女の幸福にも大いに言及してはいるが、基本は男目線の言い分にすぎない。ならば女目線でやり返せばよいだろう。

女自身が童貞非童貞をあまり気にしない現実があるので、「男にも童貞を要求する」という形式的方針はあまり賢明ではない。そちらを問題にするのではなく、男が問題視している「非処女で結婚すること」の女都合的な損得を考えるのがよい。男都合とは無関係に、女都合を追究するのだ。

それこそが、処女厨論争の「議論内容の過激化」というべきものである。語り方ではなく内容の過激化によって、男女双方の視点を高次のステージで調停させる望みが出てくる。

ところが、女都合で考えている女はまことに少ない。饒舌な非処女ほど、躍起になって男都合に反発しつつ必要もない自己正当化に必死になるばかりで、肝心の「非処女で結婚する女のメリット、デメリット」論がないのは不思議なほどである。

非処女が処女厨言説に発狂するのは、女がいかに男都合に振り回されているか、という証拠にしかなっていない。フェミニストは概して男性的生き方を称揚して伝統的女性性を貶める「逆説的ミソジニー」を示すが、それと同様、処女非処女論争でも、女は男目線を内面化してしまっているかのようである。

女目線での処女婚の損得考察をネットで探してみたのだが、見つからなかった。唯一の例外は、「教えて！goo」にあった「処女で結婚する場合のメリット・デメリットは？」くらい（http://oshiete.goo.ne.jp/qa/8544619.html）。ただしそれも、きわめて混乱したお喋りに終始しているのが残念である。

猖獗をきわめる処女厨言説は、すっかり対象化され言いたい放題言われている非処女および処女にとって、一つの入門試験となるべきものである。つまり、処女厨の男目線言説に苛立っている間は、自分も女目線を獲得できていないということなのだ。女自身の目線で独自判断を提出する心構えを冷静に調えるための、強力な跳躍台として処女厨言説が使われるべきだろう。処女厨に何を言われても、女が自分自身の選択に自信を持っていれば、処女非処女論争は険悪な感情論に流されることもなくなる。冷静な恋愛論・結婚論の探究のために処女厨言説を利用し、男女の相互理解に役立たせればよい。

♥

一部の人が夢見るような、「一夫一妻の結婚制度の打破」は当分不可能だろう。となると結婚制度の枠組みで男と女が相互理解を探るしかない。そのためには、「処女と結婚すること」の処女厨的探究と、

「処女で結婚すること」の女目線的探究が、うまいバランスをとっていくことが望まれる。処女を主題化し重要視すること自体、「女を支配しようとする男の願望を是認することになる」といったありがちな反発も考えられるが、処女厨言説にあれほど非処女たちが発狂していること自体、「処女」が主題として瑣末であるはずがない証拠である。処女は重要テーマなのだ。これを避けては実りある恋愛論・結婚論・ジェンダー論は不可能だろう。

しかも、処女を主題化して議論することは、「女を支配しようとする男の願望の是認」にむしろブレーキをかける。これはすでに何度も述べてきたところである。すなわち、女が処女を簡単に捨てる風潮こそが男にとっては都合がよく、「素人女にほいほいセックスしてもらえるなら結婚する必要なし」ということになり、結婚したい男が減ってゆく。生殖的タイムリミットの関係で結婚願望が男より強い女がますます窮地に立ち、結婚などいつでもできると高をくくっている男がますます強気に出るという、フェミニストの理想とは真逆の社会構造が固まってゆく。もともと不平等である性についての自己決定を徹底化して、女自らセックスに高値をつける風潮が巻き返せば、男女が対等の立場で結婚を探り合えるようになるのである。

女が男に対して対等以上の関係を保とうとしたら、「男の性的要求を堂々と受けて立つ」ことによってではなく、「そう簡単にはやらせない」ことによってだろう。第1章で触れた用語（赤川、1999, p.312）を使えば、「性的拡大均衡戦略」でなく「性的縮小均衡戦略」が女の正しい戦略である。これはごく当たり前の論理だ。男が女に負けないためには「安定した職業を持ってしっかり稼ぐ」必要があるのとまったく同様の、当たり前の論理なのである。

分析哲学を綿密実践するための付録

この付録は、記号論理学に馴染みのある読者のための補足である。ただし〈付録3〉は、第６章への内容的な付記になっているので、記号論理学に興味のない読者もなるべくお読みいただければと思う。

一般的な論理記号

∀ｘ	すべてのｘについて（ｘの母集団は人間）
∀ｘ∀ｙ	すべてのｘとｙについて（ｘとｙの母集団は人間）
∀ｘ∀ｙ∀ｚ	すべてのｘとｙとｚについて（ｘとｙとｚの母集団は人間）
∃ｙ	あるｙについて（ｙの母集団は人間）
□	義務である、必要である
→	条件の記号「ならば」（表記の左右で時間順序の定めはない）
＆	連言の記号「かつ」（表記の左右で時間順序の定めはない）
～	否定の記号「でない」

ここだけで用いられる記号（述語定項）

Ｈｘ	ｘは初体験の相手である
Ｍｘ	ｘは結婚相手である
Ｌｘｙ	ｘとｙは恋人どうしである
Ｓｘｙ	ｘとｙは肉体関係がある
Ｍｘｙ	ｘとｙは夫婦である

※「セックス」の定義から、レイプによる挿入は除く。

付録1　「×♀」の定義

本書五二頁で非処女は「初経験の相手と結婚しない女」と定義された。同頁で処女は「未婚のときに結婚相手以外とセックスしていない女」と定義された。この二つはそれぞれ、ネットで最も普通に見られる言い回しを使った素朴な定義である。

この二つは文法的に対応していないので、互いに本当に否定しあっているかを調べなければならない。すなわち、母集団を女に限ったとき、①「非処女でありかつ処女」であるものが存在しない（背反的）、②「非処女でも処女でもないもの」が存在しない（網羅的）、という二つを調べなければならない。女全体を母集団としたとき、「非処女」と「処女」とで、重複なく全員を含むことが求められるのだ。

互いに単純に否定しあった定義にすればよいではないか、と思われるかもしれない。たとえば、非処女の定義をそのままひっくり返して「初経験の相手と結婚する女」を処女と定義したらどうか。

これはダメだ。これでは結婚が処女であることの条件になってしまう。生涯未婚の処女もいるはずだ。

それでは、処女の定義を否定した「未婚のときに結婚相手以外とセックスした女」を非処女の定義にしたらどうだろう。実はこの定義も不正確なのである（理由は後に見る）。

♥

論理的に正確な定義を得るために、「非処女の必要十分条件」を論理記号で表記してみよう。論理記号で書く理由は主に二つ。①記号化すると解釈が一通りに定まるので、曖昧な日常言語では見えなかった構造的変異が見えてくる、②二つの定義が互いに背反的かつ網羅的になっているかどうか調べるには、「否定」の論理記号の係り方に注意する必要がある。

まず、非処女の定義から出発しよう。

「初経験の相手と結婚しない」

∃x（Hx &～Mx）　xと初体験し、xと結婚しなかった　というxが存在する

xの母集団は任意のものでかまわないが、わかりやすく「人間の男」と考えておく。

この定式化が正しいかどうか、確認してみよう。この命題の一番外側に否定記号を付けたものが、「処女」の必要十分条件になるはずである。母集団を人間の女に限定すれば、「処女」は「非処女でないものすべて」だからである。

～∃x（Hx &～Mx）　xと初体験し、xと結婚しなかった　というxは存在しない

標準論理学の規則に従って変形して、

∀x～（Hx ＆～Mx）

∀x（～Hx ∨Mx）

∀x（Hx →Mx）

これを日常言語に直すと「初体験の相手がいるなら、それは結婚相手である」。

これは、処女の定義として適切だろうか。

この定義は、初体験の相手がいない場合、つまり生涯セックスしない場合にも当てはまるから、処女の定義として正しいように思われる。

しかし、よく考えると正しくないことがわかるだろう。なぜなら、この命題だけでは、「初体験と結婚との間の期間に結婚相手以外とセックスした」可能性が排除できないからだ。

処女か非処女かにとって重要と考えられる「初体験」についこだわったために陥った失敗である。「初体験」は、考えてみれば単に象徴的に重要であるにすぎなかったのだ。

そこで、真に重要な「結婚前のセックス」という一般的な概念で置き換えることにしよう。「未婚のときに複数の男とセックスしていないこと」を条件に入れれば、処女の正しい定義が得られるのではないか。

∀x∀y（Sx&Sy→x＝y&Mx）

H（初体験の相手である）をS（未婚のときのセックス相手である）に入れ替えて、Sx&Syならx＝yである、つまりSはただ一人であることを保証した。

改めて全体を日常言語に直すと、

「未婚のときのセックス相手がいるならただ一人であり、それは結婚相手である」

これで「処女」の正確な定義になっただろうか。

実は、まだダメだ。たとえばこんな状況を考えよう。未婚のときにただ一人の男とセックスし、別の男と結婚し、セックスして、離別して、結婚前のセックスの相手と再婚した、という場合。これは定義を満たしているが、処女とは言えないだろう。二人の夫のいずれに対しても処女婚とは言えない。

「唯一の婚前セックス相手と再婚で結ばれる」といったこの反例を排除するにはどうしたらよいだろう。まず考えられるのが「結婚を一回限りに限定する」という方法だ。処女が離婚や死別によって処女でなくなるというのはまあ妥当な定義だろうから。そこで、

∀x∀y（Sx&Sy→x＝y&Mx）&∀x∀y（Mx&My→x＝y）

日常言語では、

「婚前セックスの相手がいるならそれはただ一人の結婚相手である」

ただ、処女婚と認定する時点で、その女が将来再婚しないという確証を読み込むというのは厳しすぎるようにも思われる。最初の夫にとっては、離別後に妻がどうしようが、自分にとって処女であることに変わりないと言えるからだ。「処女」は夫との関係を表わす概念であり、「処女婚をした相手が少なくとも一人いる女」は処女に該当することを想起すれば、生涯の結婚相手を「ただ一人」に限定する定義は望ましくないと言えるだろう。

その場合は、M（結婚相手）をN（最初の結婚相手）に置き換えることにして、

「婚前セックスの相手がいるならそれは最初の夫である」（ここで「婚前セックス」とは、「最初の結婚の前のセックス」という意味）

MがNに変わったことで、論理式は一つ前と同じ形をしたものに戻ることになる。

$\forall x \forall y\ (Sx \,\&\, Sy \rightarrow x = y \,\&\, Nx)$

あるいはもっと単純化できる。Mとは違ってNには「ただ一人」という意味が含まれるので、x＝yという「婚前セックス相手の唯一性保証」が不要となったのだ。

そこで、次のように書くことができる。

∀x（Sx→Nx）

「婚前セックスの相手がいるならそれは最初の夫である」

念のため対偶をとってみると、

「最初の夫でなければ婚前セックス相手ではない」

どうやらこれで、論理的に正確な「処女」の定義が完成した。

本文での処女の定義「未婚のときに結婚相手以外とセックスしていない女」との関係はどうだろうか。そう、「結婚相手」を「最初の結婚相手」に変えれば、この正しい定義になるわけだ。「結婚は一生にただ一度」という建前のもとでは本文の定義は正しいし、「最初の結婚相手」などとわざわざ言うとわかりにくくなるので、まあ本文のように表現したのは、不正確ではあれ無理なきことではあった。

これをまた否定して、非処女の定義として今度こそ正確なものになるかどうかを確かめよう。

$$\sim\forall x\,(Sx\rightarrow Nx)$$

$$\exists x\sim(Sx\rightarrow Nx)$$

$$\exists x\sim(\sim Sx\vee Nx)$$

$$\exists x\,(Sx\,\&\sim Nx)$$

四行目を日常言語で読むと、

「婚前セックスの相手で最初の夫でない者がいる」

つまり、

「最初の夫以外と婚前セックスしている」

よさそうだ。これが、「非処女」の正確な定義である。

「最初の」を省いて「夫以外と婚前セックスしている」とすると、非処女の十分条件にはなっているが、必要条件にはならない。初婚の相手ではないがいずれ夫となる男と、初婚前にセックスしている場合も当然、非処女に含めるべきだが、定義では除外されてしまうからだ。「最初の夫以外と婚前セックスしている」であれば、そのような事例も非処女認定することができる。

なんのことはない、本文での非処女の定義のHをSに、MをNに変えただけなのだが、これは大きな違いである。ただしこちらも、本文のような定義は、表現のわかりやすさゆえ、無理なきことではあった。

このようにして、ネットでの最大多数発言を元にして作った「処女」「非処女」の最初の定義は不正確であることがわかった。次のように修正すべきなのである。

非処女

「初経験の相手と結婚しない女」

⇓「最初の夫以外と婚前セックスする女」

＝「婚前セックス相手と最初の結婚をしない女」

＝「未婚のときに最初の結婚相手以外とセックスしている女」……α

処女

「未婚のときに結婚相手以外とセックスしていない女」

⇓「婚前セックス相手がいるならそれは最初の夫である女」

＝「未婚のときに最初の結婚相手以外とセックスしていない女」……β

αとβは文法的にも対になっており、望ましい定義であると言える。未婚だろうが既婚だろうがすべての女がどちらか一方のみに当てはまる「排他的かつ網羅的な定義」になっていることを確認していただきたい。

このような正確な定義はネットにも見あたらない。日常言語で直観的に話を進めても大した誤解が生ずるとは限らないが、論理のすり替えが起こりそうな場合には、この定義に戻って議論を整理することが必要である。

♥

なお、記号化によって得られた教訓がもう一つある。日常言語で直観的になされた定義を記号化することによってもとの定義の問題点がわかったが、その問題点こそ、「隠れた常識的先入観」を暴露している、ということである。

本文での「処女」「非処女」の無造作な定義は、HをSに、MをNに変えれば正確になるのだった。つまり、無造作な定義の不正確さは、「婚前セックス」とすべきところを「初体験」とし、「最初の結婚」とすべきところを「結婚」としたがゆえに生じていたのだった。

この間違いには、次の前提が影響している。「処女か非処女かの違いにとって重要なのは、ただ一度の初体験のあり方である」「結婚は生涯にただ一度だから、最初なのかどうかはいちいち断らなくてよい」。

この二つの前提のどちらも誤りである。貞操道徳・結婚制度の裏に潜む暗黙の思い込みを暴くには、記号化による正確な定義と、自然な表現に頼った直観的定義とのズレを検証するのが有益なのである。記号論理学は、序章冒頭で見た「隠れた意識の自覚」というメタ意識の活性化のための、有力な武器になるのだ。

付録2　ロマンチック・ラブ・イデオロギー

処女厨は、「恋愛」「セックス」「結婚」の関係について、女性に特定の義務を要求する立場である。つまり、「たとえ恋愛の相手だからといって、結婚相手以外とはセックスしてはならない」という立場だ。あるいは正確には、「一度でも俺以外とセックスした女とは結婚するまい」という個人道徳、さらには普遍化倫理である。

本書では、分析の結果、道徳ではなく利害の観点から処女厨に同意し、「恋愛にセックスは不要」という立場をとることになった。これは処女厨の立場そのものとは異なるが、ほぼ同じ生活態度を要求する。同様の効果を持つ立場としては、「セックスは不要」「恋愛は不要」「セックスに結婚が必要」「恋愛に結婚が必要」等がありうるだろう。

「恋愛・セックス・結婚」のそれぞれが、他の二つの必要条件であり十分条件である、という人生論は、「ロマンチック・ラブ・イデオロギー」と呼ばれる（以下、ＲＬＩと記す）。どれか一つが欠けることがあってはならない、という三位一体イデオロギーだ。

ＲＬＩにおける恋愛、セックス、結婚の相互関係を森永卓郎は六つに整理して考察した（森永、1997、

第2章)。①「恋愛には結婚が必要」(お付き合いは結婚を前提に/婚外恋愛は御法度)、②「恋愛にはセックスが必要」(付き合ったらセックスすべし)、③「セックスには結婚が必要」(処女・童貞を保つべし/婚外セックスは御法度)、④「結婚にはセックスが必要」(セックスレスの結婚など論外)、⑤「結婚には恋愛が必要」(愛のない結婚など論外)、⑥「セックスには恋愛が必要」(愛する者どうし以外のセックスは論外)の六つである。このうち①~④の価値観は廃れたが、⑤と⑥は現代日本に揺るがず生き残っているという。つまり、「性・結婚の必要条件としての恋愛」への信仰が根強いということである。

⑤と⑥からからただちに、「人生に恋愛が必要である」という人生観が帰結するわけではない。しかし、無条件で「人は誰もが恋愛すべきである」(恋愛しない人生など価値がない)というイデオロギーは可能であり、実際「恋愛至上主義」の形で唱えられてきた(たとえば厨川、1922)。

①~⑥を含め、恋愛、セックス、結婚の相互関係について、処女厨倫理と関連するさまざまな立場を論理的に整理しておこう(図表A-1。以下の「結婚」は、一夫一妻婚のことである)。

「○○主義」と「反○○主義」の関係は、否定の関係ではない。互いに背反的ではあるが、網羅的ではないからだ。たとえばC:結婚至上主義とF:反結婚至上主義の両方に反した状況がありうる。k「結婚すべき人もいれば、そうでない人もいる」というような。結婚至上主義の否定であるためには、kのような状況も許容せねばならない。

というわけで、Cの否定は、Fではなく、$\sim\forall x\Box\exists y(Mxy)$である。「結婚すべき者ばかりではない」という意味になり、「非結婚至上主義」とでも呼ばれるべきだろう。

「非○○主義」は、単純に「○○主義」を否定すれば得られるので、あえて項目にしてはいない。「反

♥A　恋愛至上主義	∀x□∃y（Lxy）	誰もが恋愛すべきである
♥B　セックス至上主義	∀x□∃y（Sxy）	誰もがセックスすべきである
♥C　結婚至上主義	∀x□∃y（Mxy）	誰もが結婚すべきである
＊超恋愛至上主義	∀x∃y□（Lxy）	誰にも「運命の恋人」がいるはずだ
＊準恋愛至上主義	□∀x∃y（Lxy）	誰もが恋愛する社会であるべし
D　反恋愛至上主義	∀x～□∃y（Lxy）	恋愛を必要とする者などいない
E　反セックス至上主義	∀x～□∃y（Sxy）	セックスすべき者などいない
F　反結婚至上主義	∀x～□∃y（Mxy）	結婚を義務づけられた者などいない
♥1　結婚前提主義	∀x∀y□（Lxy→Mxy）	結婚相手以外とは付き合うな
♥2　性愛主義	∀x∀y□（Lxy→Sxy）	付き合ったらセックスせよ
♥3　純潔主義	∀x∀y□（Sxy→Mxy）	結婚相手以外とはセックスするな
♥4　生殖主義	∀x∀y□（Mxy→Sxy）	結婚でのセックスは義務である
♥5　恋愛結婚主義	∀x∀y□（Mxy→Lxy）	結婚は愛ある場合に限る
♥6　純愛主義	∀x∀y□（Sxy→Lxy）	恋愛関係になければセックスするな
＊超純愛主義	∀x∀y（Sxy→□Lxy）	セックスするなら運命の恋人とだけ
＊準純愛主義	□∀x∀y（Sxy→Lxy）	恋人どうしだけがセックスする社会であるべし
＊純愛至上主義	∀x□∃y（Sxy&Lxy）	セックスする恋人を持つべし
7　反結婚前提主義（自由恋愛主義）	∀x∀y～□（Lxy→Mxy）	結婚前提でない恋愛大いに結構
8　反性愛主義	∀x∀y～□（Lxy→Sxy）	付き合ったからとてセックス不要
9　反純潔主義	∀x∀y～□（Sxy→Mxy）	セックスは結婚を前提としない
10　反生殖主義	∀x∀y～□（Mxy→Sxy）	プラトニック結婚大いに結構
11　反恋愛結婚主義	∀x∀y～□（Mxy→Lxy）	愛のない結婚大いに結構
12　反純愛主義	∀x∀y～□（Sxy→Lxy）	愛のないセックス大いに結構
♥#a　一途主義	∀x∀y∀z□（Lxy&Lxz→（y＝z））	恋人は生涯一人まで
♥#b　貞操主義	∀x∀y∀z□（Sxy&Sxz→（y＝z））	セックスは生涯一人まで
♥#c　終身結婚主義	∀x∀y∀z□（Mxy&Mxz→（y＝z））	結婚は生涯一度まで

図表Ａ-1

〇〇主義」が成り立てば「非〇〇主義」は成り立つ（「反〇〇主義」は「非〇〇主義」を含意する）が、その逆は言えない。

ちなみに、＊として例を挙げた「超〇〇主義」「準〇〇主義」「〇〇至上主義」の要領で、「超純愛至上主義」「超性愛至上主義」「準純愛至上主義」などが生成できる（試みてください。正解は三六二頁）。

記番に♥を付けた全一二項目が、ＲＬＩの「公理」である。そのすべてを満たすのがＲＬＩというわけだ。

＃ａ、＃ｂ、＃ｃを加えたのは、これがないと、「結婚と離婚を繰り返す」という形で、三位一体関係の相手を複数持つことができてしまうからだ。それは「オンリーユー・フォーエヴァー」の趣旨に反する。１〜６のもとでは、＃ａ、＃ｂ、＃ｃのうちどれか一つだけ登録すればあとの二つは自動的に成り立つ。ただ、１〜６のどれかを除外してＲＬＩを弱めるときにどれを残すべきかという議論をするために、三つとも明示的に用意しておくのがよい（ちなみに、＃ｃは誰もが当然視している、というＲＬＩ的建前が〈付録１〉で定義の不正確さをもたらした二要因の一つだった）。

Ａ、Ｂ、Ｃも、１〜６のもとではどれか一つ登録すれば十分だが、やはりすべて明記しておくのがよいだろう。Ａ、Ｂ、ＣがＲＬＩにとって必須の理念かどうかは、実は定かでない。Ａ、Ｂ、Ｃを否定して、「恋愛・セックス・結婚のどれも要らないならＯＫだよ、ただし一つでもほしいなら三つセットだからね」という両極完璧主義も「ロマンチック」の名に値しそうだからだ。ただし、三者のいずれも実現しない皆無状態が稀かまたは不安定であると仮定するなら、三位一体が実現された状態が一者のみの状態より必ず優れていること（１〜６）より、事実上、Ａ、Ｂ、Ｃは肯定されることになる。

1〜6も、すべて明示する必要はない。たとえば、2と3があれば1が導かれ、4と6があれば5が導かれる（M↔S↔Lパターン）。1と4があれば2が導かれ、3と5があれば6が導かれる（L↔M↔Sパターン）。1と6があれば3が導かれ、2と5があれば4が導かれる。（M↔L↔Sパターン）。

♥

本書は、2：性愛主義に反対する8：反性愛主義の立場をとることになった。ただし、RLIから2だけを除去するのは論理的に不可能である。1、4から2が導かれてしまうからだ。したがって、1か4の少なくとも一方を放棄しなければならない。どちらを放棄するのが現実的かは、「結婚」をどういうものと捉えるかに左右される。

本書のような穏健な8：「婚前セックスに慎重であれ」ではなく「婚前セックスは許されない」という厳しい立場を唱える人も当然いる。そう唱える論者が男である場合、男にとって「セックスなき恋愛」がしんどいためか、恋愛そのものの価値を否定する方向へ行きやすい。D&1&3の松田（1996）、～A&3&5&6の小谷野（1999）など。結婚を排斥することでも同じ効果（男の不快を和らげる効果）が得られる。F&9の立場から、結婚制度さえなければ愛もセックスも平等配分されるのにという山中（2011）、その進化論的背景に使えるのがライアン&ジェタ（2014）。

RLIとその対立仮説とを整理することは、巷にあふれる性愛イデオロギーをそれぞれ位置づけ、内部的整合性を検証し、互いの論理関係を整理するのに役立つだろう。ドウォーキン（1990）など一部フェミニストの「すべてのセックスはレイプである」なるスローガンは（A→8）&（B→12）&

（C→10∨11）を含意し、反男性中心主義と反フェミニズムを独特の仕方で結合したハキム（2012）は8&12を軸としている。アメリカでキリスト教徒の猛批判を受けて裁判になったラッセル（1996）は5&6&7&9、ナンパを勧める宮台（2013）はA&B&7&9&12、等となるだろうか。

一夫一妻制は、一夫一妻婚を「制度」としたもので、理念的には〔C&4&5&＃c&結婚後に限定した3〕という思想と言える。処女厨は、「〔一夫一妻制〕は一夫一妻婚を不安定な状態に拘束するものであるから〔一夫一妻制&3〕へと強めて安定させるべし」という立場と言えるだろう。すなわち、処女厨は〔一夫一妻制〕→〔一夫一妻制&3〕という主張である。それは〔一夫一妻制→3〕と同じことだ。

別の言い方をすると、処女厨は、一夫一妻制のもとでは3でなければならないのだから、一夫一妻制の条件である「結婚後に限定した3」を「無条件の3」に強めろ、という主張と考えられる。つまり、「結婚後に貞操道徳を要求するなら、結婚前にも貞操道徳を適用せよ」という主張なのである。

問いの答え

超純愛至上主義　∀x□∃y（Sxy &□Lxy）　セックスする〈運命の恋人〉を持つべし
超性愛至上主義　∀x□∃y（Lxy &□Sxy）　愛する〈運命のセフレ〉を持つべし
準純愛至上主義　□∀x∃y（Sxy &Lxy）　誰もが恋人とセックスする社会であるべし

付録3　背理法としての×♀厨

〈付録2〉のように整理すると、似て非なる立場を明確に区別できる。たとえば処女厨&童貞厨（以下、「&童貞厨」は省略する）とOEO思想はどう違うか？

処女厨は結婚とセックスの関係に関する概念なので、3：純潔主義に相当する。正確には、〈付録2〉末尾で見たように〔一夫一妻制→3〕という立場である。OEO思想は恋愛を中軸とする概念なので、5：恋愛結婚主義と6：純愛主義、そして恋愛の一途主義#aを合わせたものである。すなわち5&6&#a。

処女厨とOEO思想は、生涯恋人なし、生涯処女、生涯童貞、生涯未婚という状態もあってよいと認める。そこがRLIと違う。RLIは、前述のように事実上A&B&Cを含む性愛観だからである。

処女厨とOEO思想では、A、B、Cを肯定すべきかどうかはどちらでもよい（D、E、Fについても同様）。

したがって、RLIとは違い、処女厨とOEO思想では、結婚制度が存在しない社会を肯定的選択肢として想定することができる（セックスや恋愛が存在しない世界というのは考えにくいので、以下、結婚制度の有無をめぐる論点に集中する)。処女厨とOEO思想は、C:結婚至上主義「誰もが結婚すべきである」にはとくに同意も反対もしないだろう。

結婚制度のない社会には、処女厨の言う貞操の概念はない。処女厨が非難すべき不貞な非処女はいないことになるからだ。処女厨は、結婚のない社会での女の性的振る舞いには注文はないはずである。他方、OEO思想では、結婚制度のない社会であっても、ただ一人を愛し添い遂げることをしない男女は、批判の的または憐憫の対象になるだろう。

つまるところ、処女厨は、結婚制度(一夫一妻制)を前提としたときに限って貞操を要求する立場(「恋人は非処女でもいいが妻は処女に限る」)であるのに対し、OEO思想は、無条件で貞操を要求する立場(「恋人だろうが妻だろうが処女に限る」)だと言えるだろう。そしてRLIは、結婚制度と貞操をともに要求する立場(「みなが妻となりかつ処女であるべし」)である。

RLI、およびその変種である処女厨とOEO思想は、不合理な貞操道徳、あるいは困難な貞操道徳を押しつけることで批判されることが多い。三説に対する批判はそれぞれ何を意味しうるのか。結婚制度をめぐる以上の整理をもとにして、三者を比較してみよう。

RLIは、現在の結婚制度そのものを肯定する思想なので、フェミニストをはじめとする家父長制否定論者はRLIを必然的に否定せざるをえない。RLIから不条理な貞操道徳が導かれるかどうかにかかわらず、RLIそのものが否定されねばならない。RLIは、批判者に対して、結婚制度の評価について新たな認識をもたらしはしない。

OEO思想は、結婚制度を認めようが認めまいが、特定の貞操道徳を導くものである。したがって、

ＯＥＯ思想が不条理な貞操道徳をもたらすからといって、結婚制度にその不条理の原因があると言うことはできない。不条理な貞操道徳に反対する人々は、ＯＥＯ思想を否定すべきではあるが、結婚制度の評価については新たな手掛かりを得ることはできない。

処女厨は、結婚制度を認めたときだけ特定の貞操道徳を導くものである。したがって、処女厨のもたらす貞操道徳が不条理だとすれば、その前提である結婚制度に原因があると考えられる。処女厨言説の帰結に反対する人々は、結婚制度を拒否する動機が強化されるのである。

つまり、貞操道徳を含む結婚制度を否定する人々、たとえば大方のフェミニストは、処女厨にさしあたり反発を覚えるだろうが、フェミニストが否定すべきなのは処女厨の論理そのものではなく結婚制度だけかもしれないということだ。一夫一妻制度を前提しなければ、処女厨がもっともらしい理屈とともに大仰な貞操礼賛を触れ回ることもないのだから。

♥

個々の処女厨にはいろいろなタイプがいるだろう。①一夫一妻制を肯定した上で純潔主義を導き出し、純潔主義を主張する者、②一夫一妻制を認めるなら純潔主義が必要だ、という論理関係だけを主張している者、③一夫一妻制の不合理に苛立つあまり、無理を承知の純潔主義を叫ぶ者、等々。いずれの場合も、すなわち処女厨自身の意図にかかわらず、処女厨言説は結婚反対論を補強するのに使うことができる。とくに、処女厨の論理には賛成だが結論（「誰もが結婚相手には婚前を含め無条件の貞操を要求する権利がある！」）には反対だ、という人々は、処女厨という強力な結婚反対論を手に入れたことになる。

妻にしない女に対しては、処女厨は処女を求めない。ただの恋愛やセックスなら非処女歓迎。つまり結婚制度のせいで、そして結婚相手以外は愛さないという「1：結婚前提主義」的風潮も影響して処女厨は非処女を愛しにくくなっているのであって、結婚という概念さえ消えれば、処女厨も非処女を十分愛せるかもしれないのである。

ある意味、すべての元凶は結婚というわけだ。

こうしてみると、処女厨言説は、〈「完璧な貞操」という無理難題を結論として提示することにより、結婚制度という前提を反駁してみせた言説〉として読むことができる。「結婚制度」という前提から「完璧な貞操」という「不合理な結論」を導いて、前提の不合理を証明するという**「背理法」**だったのである。

この理屈は、私が以前『戦争論理学』で提示した背理法と同じものである。すなわち、「原爆投下肯定論（戦争を早期終結させてより多くの人命を救うための他の手段がなかったがゆえに広島・長崎への原爆投下は正しかった、という立論）が反戦平和運動を強力に支持する」というロジック（三浦、2008, pp.214-6）と同じものである。

総力戦が起こったという前提のもとでは、原爆投下のような途方もない非人道的行為を正当化する論証がいとも簡単に成り立ち、しかもその論証は正しい。したがって、総力戦は絶対に起こしてはならない。そして局地戦も総力戦に発展しかねないので絶対にいけない。すべての元凶は戦争。……というわけで、原爆投下肯定論は、反戦主義者にとって強力な味方になる。同様に、「一夫一妻制という前提のもとでは、貞操への全面的執着が正当化される」という処女厨の理屈は、反結婚論者にとっては、強力な味方になるのだ。

原爆投下肯定論は一見好戦的で冷酷な立場に感じられるが、実は、「たとえ戦争でも原爆はダメ」という立場に比べて、より強い戦争反対論、徹底的平和主義を含意する。同様に、処女厨は、強硬な貞操要求ゆえに一夫一妻制への固執であるように見えて、実は逆の含意がある。保守的な見かけとは反対の革新的効果を持つ点で、二つはよく似ているのだ。

もちろん、完璧な貞操は可能であり有利、という純潔主義の立場をとるならば、処女厨言説から「結婚制度反対論」は導かれない。平和時の政治的手段としても核兵器使用は悪くない、という立場をとるならば原爆投下肯定論から「戦争反対論」が導かれないのと同じだ。

ただし、純潔主義＋結婚至上主義で安定できるかどうか。

完璧な貞操が可能であり有利、つまり合理的だと認められても、単に「だから処女を守れ」ですむとは限らない。結婚制度が維持され、処女死守が規範的戦略になったとしても、規範を守れない非処女は必ず存在し、処女厨の罵倒は存続するだろう。処女規範が合理的である以上処女厨の罵倒は必然的合理的であり、しかし人権侵害的でもあり、かつ処女厨自身にも押しとどめられないものであるという点で、社会的葛藤を生む可能性がある。

そうなると、処女厨の論理と結論に賛成できるにもかかわらず「非処女バッシングそのものは不当であり、ひどすぎると思う」と感じる人は、「非処女侮蔑の差別的風潮の元凶は処女厨ではなく、一夫一妻的結婚制度にあり」と気づくかもしれない。

結婚制度と処女規範を守るよりも、結婚制度を放棄した方が、社会的葛藤が消えて合理的だ、と気づくかもしれない。

いずれにしても処女厨が執拗に攻撃している相手は始めから非処女ではなく、一夫一妻制だったのだ――、と誰もが納得できる可能性は高い。

逆に言うと、処女厨の論理そのものを否定しようとするアンチ処女厨は、一夫一妻制という前提からだろうが非処女叩きの暴論が正当化されるはずがない、という立場をとるので、結婚肯定派である可能性が高い。少なくとも、処女厨支持者に比べてアンチ処女厨の方が結婚肯定派である確率が高い。アンチ処女厨は、「一夫一妻制から不合理は生じない」という立場、とくにC：結婚至上主義を支持しているからこそ、Cから不快な結論を導く処女厨を嫌っている可能性があるからだ。

第6章で二二個の炎上要因を摘出したが、この「反結婚制度」的含み（体制打破のメッセージ）こそが二三番目の、最強の炎上要因だったのかもしれない。

つまり、単に「問題が大きい」がゆえに処女厨言説は物議を醸す、というわかりやすい話だったのかもしれない。

あとがき

「処女非処女論争」は、数あるシモネタの中でも最悪のシモネタのようです。シモの話となると目を輝かせ身を乗り出すタイプの男が、〈この話題〉にさしかかるや顔をしかめて立ち去ってしまう、という現場を私は何度も目撃しました。本書執筆中に私が、酒の席で空気読まずに〈この話題〉を掘り下げたため、絶交状態になった人もいます。ドギツさの尺度で言えば極めてマイルドな部類に入るのに、これほど多くの男女を不快にさせるシモネタは他にないでしょう。最悪最強のシモネタなのです。

これほど嫌われるという裏には、何かあるのでしょう。

何かある。

それだけで、研究テーマとしての価値は十分です。その「何か」を突き止めたいというのが、本書執筆の主な動機でした。

「処女非処女論争」が嫌われる諸理由は第6章（そして〈付録3〉）で探究したとおりです。改めて意識したがる人などほとんどいない、つまり売れないテーマだと言わざるをえません。みんなが喜ぶ大らかなセックス特集とは真逆の、トラウマ的トピックをえぐっているのですから。

個人的トラウマや進化論的本能に加えて、イデオロギー的背景が絡みがちなのがまた厄介です。男女の問題といったら、直ちに「あの政治的立場」が作動してくるので。

あの政治的立場とは、男女の生物学的本性を否定して「人間は文化的鍛錬や教育の力でどうにでもなる」と考える文化論的立場のことです。

「男と女には価値観の大きな違いがなく、セックス観にも違いがなく、性欲だって実は大差がない。したがって、性行動について女が男のようにならなければ「自由」を享受していることにはならない」

これは明らかに誤ったメッセージですが、こういった言説を真に受けて、「抑圧された不自由な処女」と思われたくないあまり無理してセックスに乗り出す女たちが、どれほど見事に男権的欲望社会の術中にはまったことか。「自由な社会」は「セックスを求めて結婚を先送りにしたい」男にとっての極楽であり、「結婚を求めてセックスを先送りにしてきた」女にとっての煉獄でしょう（齊藤、2009他参照）。こんな簡単なこともわからない哀れな女が多すぎる。処女厨が熱くなるわけです。

別にいいじゃないか、と思う人が大半かもしれません。とくに男は。「女が勝手に誤解して、フリーセックスに協力してくれている。こんなうまい話はない。女も自由意思でこの風潮に乗っているのだから、誰も悪くない。女の機嫌とってりゃ楽で得で円満じゃないか」

そういうわけにもいきません。二つの理由で。

第一に、本当に円満にいくのかどうか。男並みに性欲が強くて、セックスが好きで、非処女化することの損を補って余りある快楽が得られる女ならば、自由にセックスするがいいでしょう。そこに批判の余地などありません。

しかし大多数の女は、男と違って性欲処理の必要に迫られることなく慎重に判断できる動物のようです。ならばその強みを活かさない手はないでしょう。セックスをお預けにしたまま男の誠実さを試して結婚に持ち込むという正攻法が現代社会でも依然有効であるにもかかわらず、世の潮流に不安を覚えて彼氏ととりあえずヤッてしまいそうor流されそう——そういう女に対しては、「ちょっと待て。本当にいいのか。これだけのことを考えてからでも遅くはないぞ」と知恵袋のURLを送る警告者がいてもいい。

セックスして後悔する男は皆無だが、セックスして後悔する女は意外と多い。これは不必要なセックスが世にあふれている証拠です。下半身問題は、どう転んでも男は得しがち、女は損しがちですが、女が損しないよう微調整された唯一有効な規範装置が、「貞操観念」でした。それが崩れた社会には、男女非対称の不幸感が復活してきます。大して運命を感じもしない男からのセックス要求を女が断ろうとするとき、貞操観念を口実にするという伝統的な技が使いにくくなったからです。「貞操」「純潔」というと倫理的な理念のように聞こえますが、本文で再三強調したように、これは道徳や善悪の問題ではなく、損得の問題なのです。

「恋愛と性の自由市場化」に反対する保守的論客が現代日本には多いらしいですが、自由それ自体を否定するのはまずいでしょう。行きずりのセックスでも売買春でも乱交パーティーでも、本当にやりたい者どうしならばやらせればいい。自由が不幸の源なのではなく、自由を装った不自由が不幸の源であるわけなので。

売買春反対派は、売買春をたとえば「性的人格権の侵害（女性を性欲処理の道具として使用するという加害）」と規定して弾劾したりしますが、セックスワーカーが高額の対価を得ているという事実をなぜか肯定的に評価しません（中里、2007, p. 227)。売春婦は自らのエロティック・キャピタルを堂々運用しており、元がとれているわけで、それができずに「性的人格権を侵害」されっぱなしなのは、むしろ「タダでやり逃げ」されている素人女性たちでしょう。

性的人格権問題として弾劾すべきは、自覚的な売買春ではなく、無自覚的な恋愛文化ではないでしょうか。つまり男の本音を学ばぬまま傷つく女を大量に生んでいる無責任な性愛至上主義的風潮です。

性愛至上主義者がむやみにセックスを称揚するのは、女の性的人格権放棄の教唆であり、不自由化の幇助でしょう。本来、性の自由とは、男にとっては「愛がなくてもヤル自由」、女にとっては「愛があってもヤラセない自由」です。それが現在は、男女とも「愛があればヤルべしという自由」に一元化されているらしい。これは男女の中間をとった公平な自由のように見えますが、実は男にとってはるかに有利な「自由」概念にすぎないのです（愛などいくらでも偽装できるので）。

さて、フリーセックス万歳ではすまされない第二の理由。こちらは男の幸福にかかわる問題です。ポイントはもちろん、男の大多数が、症状の軽重はともかくとして処女厨であるということ。

健康でありさえすれば何歳になっても新鮮な精子を放出できる男は、結婚を急ぐべき動機が薄い。なので、妻とするにふさわしい処女と出会うまで万年恋愛を決め込むのもへっちゃらです。だからといってすべての男がそれでいいと思っているわけではありません。安定した家庭で信頼できる女と長く連れ添いたい男、自分と極端に年の違わぬ我が子と遊びたい男、そういった「誠実な男」もたくさんいます。そして問題は、それら誠実な男、高スペック男子、原始的本能に左右されない文化的な男ほど、相手の女に貞節を求める（意識ではなく生理で）という現実なのです。

文明を担う主力層の大半が処女厨であり、その中には結婚願望を持つ男がかなり含まれています。このことから、社会全体の発展のためには、処女が多数存在していなければならない、ということが帰結します。処女が少ないと、不本意な結婚をする男、結婚を控える男が多くなり、少子化が進み、社会全体の効率と幸福度が落ちてゆくのです。

もちろん、女自身が処女でいることを望んでいないなら、「処女が多数存在しているべし」なんて独善的な押しつけでしかないでしょう。性欲が強く、処女性など惜しくない女がたくさんいるのは事実です。しかし、やり逃げ被害を後悔する女が多いのもまた紛れもない事実。その現状に照らせば、女の思うとおりに事が運べば処女率が上がる、というのは確実です。ならば押しつけの必要もない。現状あるがままを皆が知ればよい。イメージに踊らされることのない批判的思考力と知識を個々人が身につければよいだけです。

第5章で述べたように、いずれは処女厨本能が環境の変化に合わせて別の現われ方をするようになり、処女を重んじることが男女にとって無意味になる時代が来るかもしれません。ただしそのような時代は、現存の結婚制度が消滅し、人間的情緒と価値観、恋愛観、家族観が根本的に変化した時代でしょう。かなり先のことになりますね。

♥

本書は、序章に述べたように「男女の相互理解」のための体系的考察を志してきたわけですが、紆余曲折を経た解明プロセスの落着したところは意外と単純です。そこを要約しているとも言える意見をウェブから引用しましょう。

質問者 moscowmule999さん 2010/8/2010:06:05
（前略）我々男は結婚予定のない相手の処女を簡単に奪いますよね。ですがこれは本来男のせいではなく女性の認識の甘さだと思っています。（中略）
小学生の性教育の段階で、処女を貴重なものとして認識させ、非処女に軽い偏見を教えても良いと思います。
（後略）

ベストアンサーに選ばれた回答 sky_over_the_earthさん 2010/8/2216:59:10
（前略）もはや避妊や性的リスクの是非を説くだけでは性は止められない。（中略）もっと精神的にガツーンと来るのが良い。それが「処女は好まれる」だ。

(http://detail.chiebukuro.yahoo.co.jp/qa/question_detail/q1245582897)

たしかに「処女はモテる」という教訓は、性道徳的に効果がありそうです。恋愛市場で処女がモテるとは言いがたい現状ですが、結婚市場では紛れもなく逆。ということは、処女が増えれば、処女を嫌がらない誠実男が恋愛強者となって、処女敬遠派のチャラ男どもを駆逐することになります。つまり、恋愛市場でも本当に処女がモテるようになるはずです。処女がモテるとなれば、現在、モテを重視するあまり競って非処女化している階層の女ほど熱心に処女を守るようになるでしょう。性病も中絶も減り、幸福な結婚が増える——めでたい結果となるわけです。

♥

それにしても恋愛中、男女、とくに男はセックスせずに我慢できるのでしょうか?

もちろんできるはず。性的接触は性器の挿入だけではないので。

心身の本能を満足させる愛の確かめ方には、無数のバリエーションがあります。本来、子作りのためになされる性器挿入を、結婚もしない男女がわざわざ不自然なゴムまで付けてせっせとやること自体が律儀すぎるというか、変態的なのでは? ケモノならぬ人間は、原始的な挿入(の薄皮越し劣化模倣)以外の、文化的な性愛にもっと目覚めるべきでしょう。挿入以外の文化的な性愛とは?——これは本書からはみ出すテーマなので、次作に回すことにいたしますが。

参考資料

参考にした文献は多数にのぼるが、基本的な統計・傾向や、進化心理学の知見の確認が主で、特定の文献にしか載っていない独自研究はほとんど使っていない。そこで、比較的入手しやすい本を中心に、一著者一冊に限って、載せておくことにする。

内容面の参考資料

処女厨、アンチ処女厨の言説

インターネットで「非処女」を検索すれば、2ちゃんねる、Yahoo! 知恵袋をはじめとする記事が大量に出てくる。多数のサイトに引用されている有名投稿はいくつか本文に引用したが、もちろん他にもたくさんある。「やり逃げ（やり捨て）」「婚約解消（婚約破棄）」でも検索してみていただきたい。

セクシュアリティ研究にインターネット上の素材を活用するという基本的方法

オギ・オーガス&サイ・ガダム（2012）『性欲の科学――なぜ男は「素人」に興奮し、女は「男同士」に萌えるのか』、坂

東智子訳、阪急コミュニケーションズ

基本的データ

飯田泰之&荻上チキ（2013）『夜の経済学』、扶桑社
NHK「日本人の性」プロジェクト編（2002）『データブックNHK日本人の性行動・性意識』、日本放送出版協会
加藤司（2009）『離婚の心理学――パートナーを失う原因とその対処』、ナカニシヤ出版
門倉貴史（2009）『セックス格差社会』、宝島SUGOI文庫
日本性教育協会編（2013）『「若者の性」白書　青少年の性行動全国調査報告　第7回』、小学館

社会的観点から

赤川学（1999）『セクシュアリティの歴史社会学』、勁草書房
上野千鶴子（2010）『女ぎらい――ニッポンのミソジニー』、紀伊國屋書店
大場真代（2014）『モンスターウーマン――「性」に翻弄される女たち』、宝島社新書
加藤秀一（2004）『〈恋愛結婚〉は何をもたらしたか』、ちくま新書
北原みのり（2011）『アンアンのセックスできれいになれた?』、朝日新聞出版
佐伯順子（2008）『「愛」と「性」の文化史』、角川選書
坂爪真吾（2014）『男子の貞操――僕らの性は、僕らが語る』、ちくま新書
杉浦由美子（2011）『20代女性がセックスしてない――彼女たちはなぜ男に求められない?』、角川書店
ティモシー・ベイネケ（1988）『レイプ・男からの発言』、鈴木晶、幾島幸子訳、筑摩書房
牟田和恵（2013）『部長、その恋愛はセクハラです!』、集英社新書

森永卓郎（1997）『〈非婚〉のすすめ』、講談社現代新書
山田昌弘（2007）『少子社会日本――もうひとつの格差のゆくえ』、岩波新書
渡部伸（2007）『中年童貞――少子化時代の恋愛格差』、扶桑社新書
Harden, K. Paige（2012）“True love waits? A sibling-comparison study of age at first sexual intercourse and romantic relationships in young adulthood”. *Psychological Science*, 23, 1324-1336, http://pss.sagepub.com/content/23/11/1324
Hendrick, Bill（2010）“Benefits in Delaying Sex Until Marriage” *WebMD Health News*. http://www.webmd.com/sex-relationships/news/20101227/theres-benefits-in-delaying-sex-until-marriage
Kahn, Joan R.& London, Kathryn A.（1991）“Premarital Sex and the Risk of Divorce”, *Journal of Marriage and the Family* 53: 845-855, http://www.jstor.org/pss/352992

医学・心理学・教育学の観点から

シーナ・アイエンガー（2014）『選択の科学――コロンビア大学ビジネススクール特別講義』、櫻井祐子訳、文春文庫
麻生一枝（2010）『科学でわかる男と女の心と脳――男はなぜ若い子が好きか？　女はなぜ金持ちが好きか？』、ソフトバンククリエイティブ
阿部輝夫（2004）『セックスレスの精神医学』、ちくま新書
今井博久（2007）「高校生のクラミジア感染症の蔓延状況と予防対策」『日本化学療法学会雑誌』Vol. 55 No.2
小倉千加子（2007）『結婚の条件』、朝日文庫
北村邦夫（2011）『セックス嫌いな若者たち』、メディアファクトリー
河野美代子（1999）『さらば、悲しみの性　新版』、集英社文庫
齊藤勇（2009）『面白くてよくわかる！恋愛心理学』、アスペクト

澤田順次郎（1928）『性的本能享楽の真相』、南海書院
バリー・シュワルツ（2012）『なぜ選ぶたびに後悔するのか――オプション過剰時代の賢い選択術　新装版』、瑞穂のりこ訳、武田ランダムハウスジャパン
橋本紀子監修（2011）『こんなに違う！世界の性教育』、メディアファクトリー

法律的観点から

長谷川裕雅（2012）『なぜ酔った女性を口説くのは「非常に危険」なのか？』、プレジデント社

性差の進化心理学

NHKスペシャル（2009）『女と男　最新科学が読み解く性』、DVD-BOX、NHKエンタープライズ
蔵琢也（1993）『美しさをめぐる進化論――容貌の社会生物学』、勁草書房
坂口菊恵（2009）『ナンパを科学する――ヒトのふたつの性戦略』、東京書籍
キャスリン・サーモン＆ドナルド・サイモンズ（2004）『女だけが楽しむ「ポルノ」の秘密』、竹内久美子訳、新潮社
ビクター・S・ジョンストン（2001）『人はなぜ感じるのか？』、長谷川眞理子訳、日経BP社
ランディ・ソーンヒル＆クレイグ・パーマー（2006）『人はなぜレイプするのか』、望月弘子訳、青灯社
ジャレド・ダイアモンド（2013）『人間の性はなぜ奇妙に進化したのか』、長谷川寿一訳、草思社文庫
マーティン・デイリー＆マーゴ・ウィルソン（2002）『シンデレラがいじめられるほんとうの理由』、竹内久美子訳、新潮社
デヴィッド・M・バス（2000）『女と男のだましあい――ヒトの性行動の進化』、狩野秀之訳、草思社
長谷川眞理子（1999）『オスの戦略　メスの戦略』、NHKライブラリー
スーザン・ピンカー（2009）『なぜ女は昇進を拒むのか――進化心理学が解く性差のパラドクス』、幾島幸子、古賀祥子訳、

早川書房
ヘレン・フィッシャー（1993）『愛はなぜ終わるのか――結婚・不倫・離婚の自然史』、吉田利子訳、草思社
キングズレー・ブラウン（2003）『女より男の給料が高いわけ』、竹内久美子訳、新潮社
ジェフリー・F・ミラー（2002）『恋人選びの心――性淘汰と人間性の進化』、I、II、長谷川眞理子訳、岩波書店
シャロン・モアレム（2010）『人はなぜSEXをするのか？――進化のための遺伝子の最新研究』、実川元子訳、アスペクト

進化心理学の「通説」への批判的論考

クリストファー・ライアン&カシルダ・ジェタ（2014）『性の進化論――女性のオルガスムは、なぜ霊長類にだけ発達したか？』、山本規雄訳、作品社

「適応度」という概念の再考

リチャード・ドーキンス（1987）『延長された表現型――自然淘汰の単位としての遺伝子』、日高敏隆、遠藤彰、遠藤知二訳、紀伊國屋書店

特定の価値観から

ニーナ・オニール&ジョージ・オニール（1975）『オープン・マリッジ――新しい結婚生活』、坂根厳夫、徳田喜三郎訳、河出書房新社
厨川白村（1922）『近代の恋愛観』、角川文庫（1950）
小谷野敦（1999）『もてない男――恋愛論を超えて』、ちくま新書
田村公江（2009）「性の商品化――性の自己決定とは」『岩波講座 哲学〈12〉性／愛の哲学』、岩波書店

アンドレア・ドウォーキン（1990）『インターコース――性的行為の政治学』、寺沢みづほ訳、青土社
中里見博（2007）『ポルノグラフィと性暴力――新たな法規制を求めて』、明石書店
キャサリン・ハキム（2012）『エロティック・キャピタル――すべてが手に入る自分磨き』、田口未和訳、共同通信社
松沢呉一、スタジオ・ポット編（2000）『売る売らないはワタシが決める――売春肯定宣言』、ポット出版
松田道雄（1996）『恋愛なんかやめておけ』、朝日文庫
宮台真司（2013）『「絶望の時代」の希望の恋愛学』、KADOKAWA
山中信彦（2011）『「まじめ」な日本の私――ことばにゆれる心と社会』、明石書店
与謝野晶子（1915）「処女と性慾」（1916）「婦人と性慾」『定本与謝野晶子全集』、第15巻、講談社（1980）
バートランド・ラッセル（1996）『ラッセル結婚論』、安藤貞雄訳、岩波文庫

論述形式面の参考文献

分析的思考について

リチャード・E・ニスベット（2004）『木を見る西洋人　森を見る東洋人――思考の違いはいかにして生まれるか』、村本由紀子訳、ダイヤモンド社

日常的判断・価値判断・政治的判断に関する分析哲学の実践

伊勢田哲治（2008）『動物からの倫理学入門』、名古屋大学出版会
上枝美典（2007）『「神」という謎――宗教哲学入門〔第二版〕』、世界思想社
ロバート・ステッカー（2013）『分析美学入門』、森功次訳、勁草書房

三浦俊彦（2008）『戦争論理学――あの原爆投下を考える62問』、二見書房

記号論理学による倫理の定式化

G・H・von ウリクト（2000）『規範と行動の論理学』、稲田静樹訳、東海大学出版会

索引

※「付録」にのみ出てくる言葉は除外。ただし、索引に立項した語は、付録に現われる箇所も拾う。

索引

さ行

索引

な行

は行

ま行

や行

ら行

わ行

アルファベット

三浦俊彦（みうら・としひこ）
1959年生まれ。東京大学大学院総合文化研究科博士課程修了。現在、和洋女子大学教授。専門は美学、分析哲学。小説家としても活躍。おもな著書に、『虚構世界の存在論』（勁草書房）、『可能世界の哲学』（NHKブックス）、『ラッセルのパラドクス』（岩波新書）、『ゼロからの論証』『多宇宙と輪廻転生』（以上、青土社）、『のぞき学原論』（三五館）、『論理パラドクス』『心理パラドクス』『思考実験リアルゲーム』（以上、二見書房）など多数。

下半身の論理学

2014年11月 6 日　第1刷印刷
2014年11月20日　第1刷発行

著者　三浦俊彦

発行者　清水一人
発行所　青土社
東京都千代田区神田神保町1-29　市瀬ビル　〒101-0051
電話　03-3291-9831（編集）　03-3294-7829（営業）
振替　00190-7-192955

印刷所　ディグ（本文）
方英社（カバー・表紙・扉）
製本所　小泉製本

装幀　小林 剛（UNA）

ISBN978-4-7917-6822-6